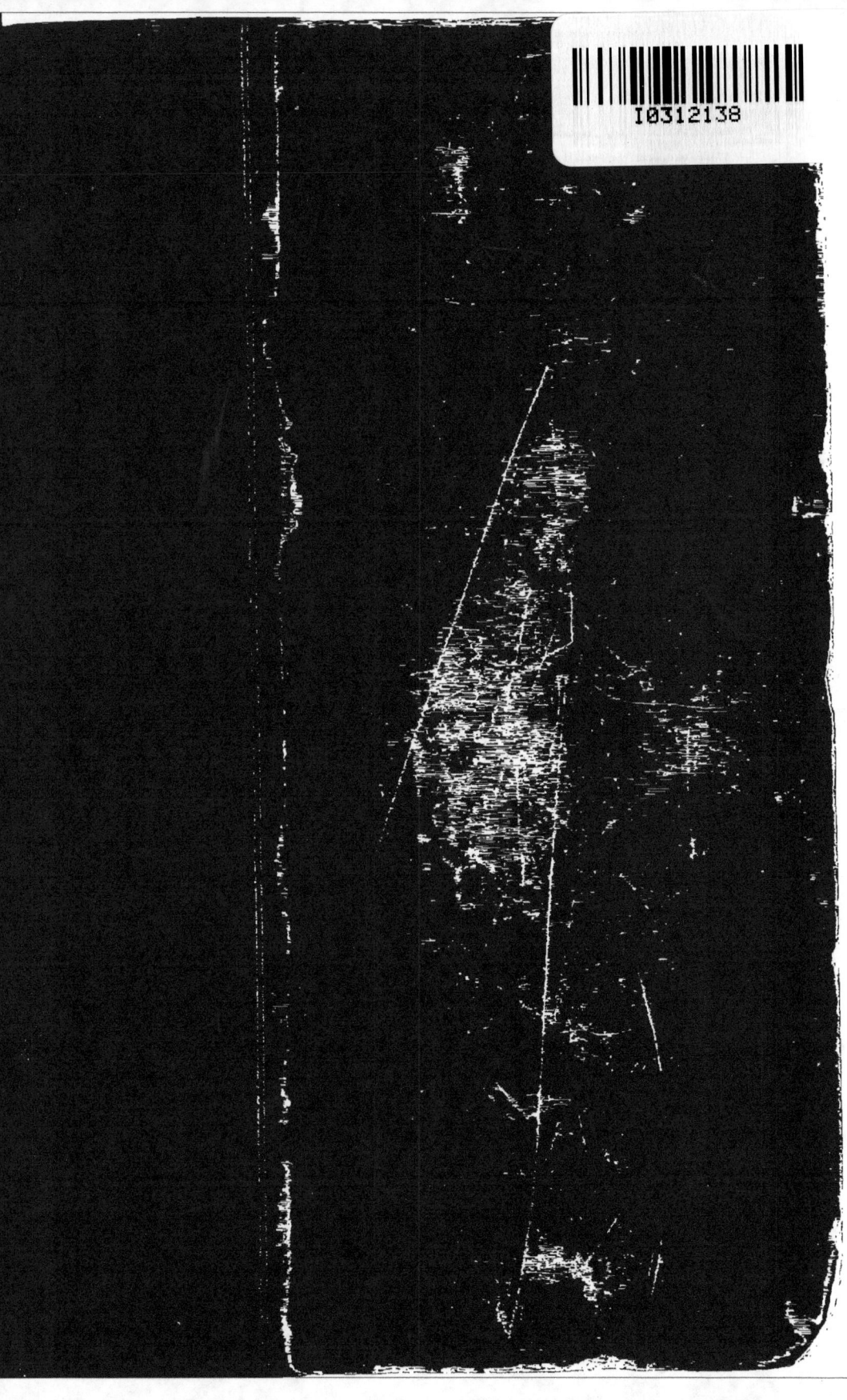

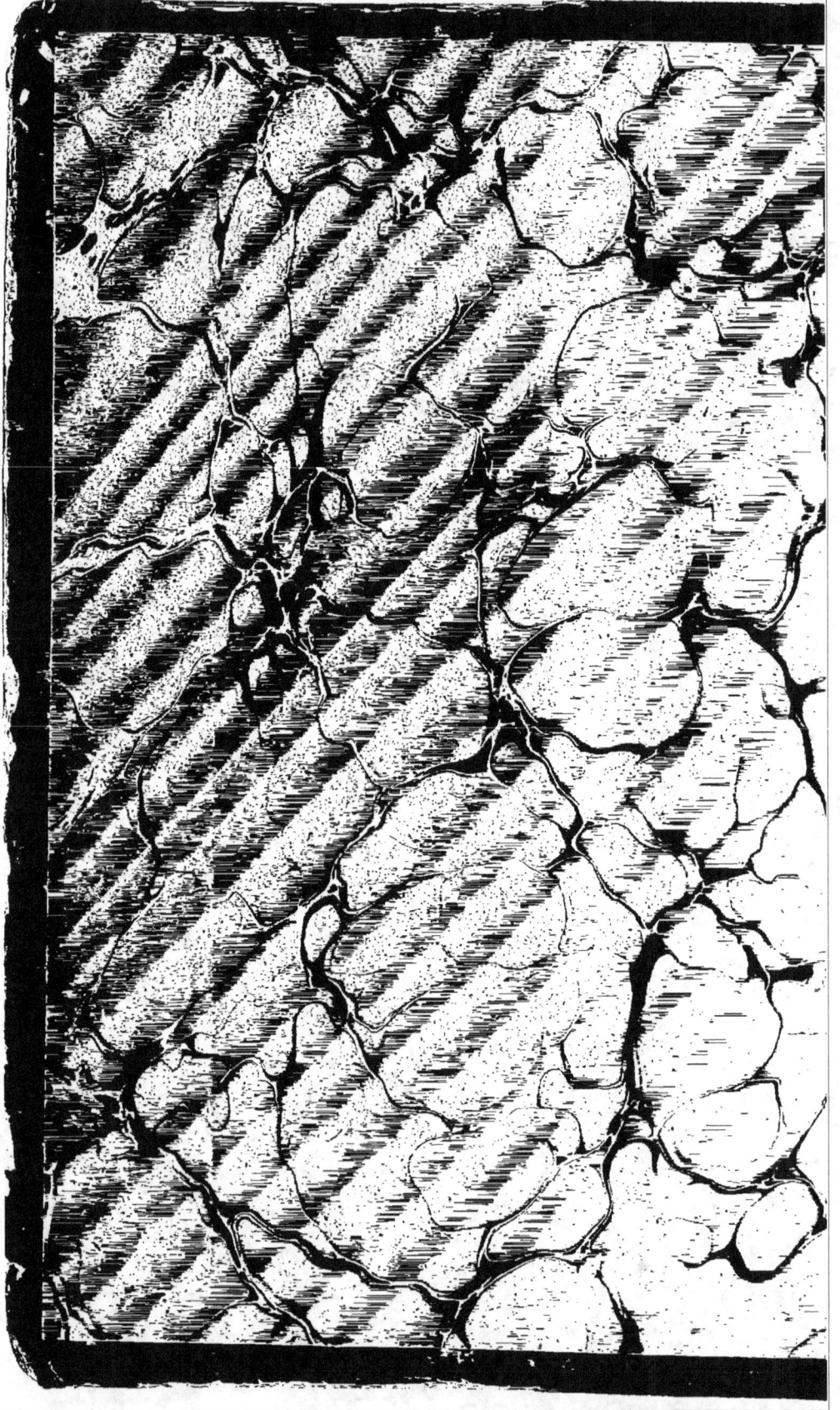

FEUILLES DÉTACHÉES

FAISANT SUITE AUX

SOUVENIRS D'ENFANCE ET DE JEUNESSE

PAR

ERNEST RENAN

MEMBRE DE L'INSTITUT
(ACADÉMIE FRANÇAISE ET ACADÉMIE DES INSCRIPTIONS)

PARIS
CALMANN LÉVY, ÉDITEUR
RUE AUBER 3, ET BOULEVARD DES ITALIENS, 15
A LA LIBRAIRIE NOUVELLE

1892

FEUILLES DÉTACHÉES

CALMANN LÉVY, ÉDITEUR

ŒUVRES COMPLÈTES D'ERNEST RENAN

HISTOIRE DES ORIGINES DU CHRISTIANISME

Vie de Jésus.
Les Apôtres.
Saint Paul, avec cartes des voyages de saint Paul.
L'Antechrist.

Les Évangiles et la seconde génération chrétienne.
L'Église chrétienne.
Marc-Aurèle et la fin du monde antique.

Index Général pour les sept volumes de l'Histoire des Origines du Christianisme.

FORMAT IN-8°

Le Livre de Job, traduit de l'hébreu, avec une étude sur le plan, l'âge et le caractère du poème. . . . . 1 vol.
Le Cantique des Cantiques, traduit de l'hébreu, avec une étude sur le plan, l'âge et le caractère du poème. . . . . —
L'Ecclésiaste, traduit de l'hébreu, avec une étude sur l'âge et le caractère du livre. . . . . —
Histoire générale des langues sémitiques. . . . . —
Histoire du peuple d'Israël, tomes I, II et III. . . . . 3 —
Études d'histoire religieuse. . . . . 1 —
Nouvelles études d'histoire religieuse. . . . . —
Averroès et l'averroïsme, essai historique. . . . . —
Essais de morale et de critique . . . . —
Mélanges d'histoire et de voyages . . . . —
Questions contemporaines . . . . —
La Réforme intellectuelle et morale . . . . —
De l'origine du langage . . . . —
Dialogues philosophiques . . . . —
Drames philosophiques, édition complète . . . . —
Caliban, drame philosophique . . . . —
L'Eau de Jouvence, drame philosophique . . . . —
Le Prêtre de Nemi, drame philosophique . . . . —
L'Abbesse de Jouarre, drame . . . . —
Vie de Jésus, édition illustrée . . . . —
Souvenirs d'Enfance et de Jeunesse . . . . —
Discours et Conférences . . . . —
L'Avenir de la Science . . . . —

Mission de Phénicie. — Cet ouvrage comprend un volume in-4° de 888 pages de texte, et un volume in-folio, composé de 70 planches, un titre et une table des planches.

FORMAT GRAND IN-18

Conférences d'Angleterre . . . . 1 vol.
Études d'histoire religieuse . . . . —
Vie de Jésus, édition populaire . . . . —
Souvenirs d'Enfance et de Jeunesse . . . . —
Pages choisies . . . . —

En collaboration avec M. VICTOR LE CLERC

Histoire littéraire de la France au XIV° siècle. — Deux volumes grand in-8°.

PARIS. — IMP. P. MOUILLOT, 13-15, QUAI VOLTAIRE. — 48385.

FEUILLES DÉTACHÉES

FAISANT SUITE AUX

SOUVENIRS D'ENFANCE ET DE JEUNESSE

PAR

ERNEST RENAN

MEMBRE DE L'INSTITUT
ACADÉMIE FRANÇAISE ET ACADÉMIE DES INSCRIPTIONS

PARIS

CALMANN LÉVY, ÉDITEUR

ANCIENNE MAISON MICHEL LÉVY FRÈRES

3, RUE AUBER, 3

1892

Droits de reproduction et de traduction réservés pour tous les pays,
y compris la Suède et la Norvège.

PRÉFACE

La composition de ce volume me fut suggérée par mon cher ami Calmann Lévy, dans une des dernières visites qu'il me fit au Collège de France, vers le mois de mai dernier. Nous supputions ensemble les délais qu'entraînerait l'achèvement du quatrième volume de l'*Histoire du peuple d'Israël*. Il résultait de notre calcul que ce volume ne paraîtrait pas avant la fin de 1892. « Ne pourriez-vous, dit Calmann, me donner, en attendant, un volume de mélanges pour l'hiver prochain? » Je lui énumérai, en effet, quelques articles instructifs, qui n'avaient jamais été réunis. « Non, me dit-il; prenez-moi cette fois pour mesure du public. Ce que nous voulons de vous en ce moment, c'est un volume dans le goût de vos *Souvenirs*, intéressant pour tous, simple, personnel. — J'ai bien, lui dis-je, quelques vieilles histoires bretonnes déjà écrites. Il m'en viendra peut-être d'autres. Mais, pour que cela fasse un volume, il faudra des années. — Vous avez aussi de petits discours, des dîners bretons, des conférences. Ne pourriez-vous avec cela composer un volume qui ferait une sorte de suite aux *Souvenirs?* »

J'ai reproché plusieurs fois aux esprits de notre temps d'être trop subjectifs, de s'occuper trop d'eux-mêmes, de n'être pas assez entraînés, absorbés par l'objet, c'est-à-dire par ce qui est devant nous, le monde, la nature, l'histoire. Parler de soi est toujours mal. Cela suppose qu'on pense beaucoup à soi ; or le temps donné à penser à soi est un vol fait à Dieu, comme on aurait dit autrefois. Dans le temps où je commençai à donner, dans la *Revue des Deux Mondes,* la série de mes confidences, je rencontrai Jules Sandeau qui me dit avoir trouvé du plaisir à les lire. « *Dulcia vitia!* lui répondis-je ; le public, maintenant indulgent, se vengera un jour. Et comment saurai-je qu'il est à la veille de changer d'avis?... — Non, Renan, me dit-il, le public sera toujours content, quand vous lui parlerez de vous. » L'opinion de Sandeau m'a mené peut-être un peu loin ; mais que mes amis plus sévères, qui traitent ces petits volumes de frivolités, se rassurent ; je n'en ferai plus. Je joue depuis quelque temps un jeu fort dangereux : parler sans cesse de mourir en continuant d'occuper la place que des jeunes gens de génie sont pressés de prendre! J'ai peur d'être bientôt sommé de tenir parole; je vais m'arrêter.

Quelques jours après l'entretien que j'avais eu avec mon cher Calmann, j'appris un matin le coup fatal qui nous l'avait enlevé. Grande fut ma douleur. Calmann était un des hommes les meilleurs que j'aie connus. Il était vraiment de la tribu de ceux qui veulent la justice. Chez lui, nulle présomption, nul orgueil, aucun de ces défauts qui égarent les hommes en les rendant malheureux. La sérénité de son âme était celle d'un homme de bien, sûr d'être d'accord avec une règle supérieure. Il avait la vraie piété, celle qui vient d'une tradition reçue par le cœur, et il suivait le précepte de Hillel : « Soyez disciples d'Aaron, qui aimait la paix. »

L'affreux égoïsme contemporain n'avait

point atteint sa maison ; car lui-même n'était pas égoïste. Le profond sentiment d'affection et de respect qu'avaient pour lui ses collaborateurs était quelque chose de touchant. Il avait résolu pour son compte la grande difficulté de notre temps, qui est d'attacher de nombreux subordonnés à une œuvre commune. Il l'avait résolue en se faisant aimer d'eux, en leur faisant aimer leur travail. Ah ! si tous les chefs de grande industrie savaient l'imiter !... Les plaies qui nous dévorent et qui menacent la vie des sociétés modernes seraient bien vite guéries.

C'est surtout parmi les siens qu'il était lui-même, calme, heureux, sûr de revivre en une famille pleinement d'accord avec lui. Chaque jour, il jouait une heure avec ses petits-fils, goûtant cette grande joie de voir les fenêtres de la vie s'ouvrir d'un côté quand elles se ferment de l'autre. Le culte qu'il avait pour son frère, de son vivant et après sa mort, venait de l'admiration qu'il eut dès son enfance pour l'étonnante intelligence de Michel. Cette tête prodigieusement lucide, cette activité surprenante le subjuguaient. Il n'eût pas créé la maison; mais il était bien fait pour la maintenir et la continuer. Son rare jugement lui fit éviter toutes les fautes; grâce à lui, la grande entreprise de publicité fondée par Michel resta, au service des lettres françaises, un puissant instrument de diffusion. Les heures qu'il venait passer dans mon cabinet m'étaient fort douces; j'ai besoin de droiture autour de moi; j'aime que les pages sur lesquelles j'écris soient bien réglées, et, en vieillissant, ma grande joie est de retrouver d'anciens souvenirs. Adieu, cher Calmann!

C'est par la promesse faite à un ami mort que je m'excuse de présenter encore au public un de ces recueils de morceaux détachés, où s'abrite trop souvent la paresse littéraire de notre siècle. Je n'essaierai pas de soutenir que le présent volume offre beaucoup d'unité. Je l'ai composé presque tout entier de fantaisies sans conséquence, ou de jugements courts sur des matières littéraires. Je me reproche souvent, à mon âge, où je ne devrais plus m'occuper que de vérités éternelles, de donner une partie des jours qui me sont comptés à recueillir des pensées que plusieurs qualifieront de fadaises. Ce qui diminue mes torts, c'est que je ne me suis livré à ce travail qu'après avoir terminé l'œuvre sérieuse de ma vieillesse, l'*Histoire du peuple d'Israël*. Beaucoup de lecteurs avaient bien voulu m'enjoindre amicalement de m'interdire tout travail épisodique jusqu'à ce que j'eusse achevé cet ouvrage, qui complète l'*Histoire des origines du christianisme*. J'ai suivi leur conseil. L'*Histoire du peuple d'Israël*, jusqu'à l'apparition du christianisme, est finie. Il me faudra beaucoup de temps encore pour en corriger les épreuves; mais le fond du livre est fixé. Si je venais à mourir demain, l'ouvrage, avec l'aide d'un bon correcteur, pourrait paraître. L'arche de pont qui me restait à jeter entre le judaïsme et le christianisme est établie. Dans la *Vie de Jésus,* j'ai essayé de montrer la majestueuse croissance de l'arbre galiléen depuis le col de ses racines jusqu'à son sommet, où chantent les oiseaux du ciel. Dans le volume que j'ai fini l'été dernier, je pense avoir réussi à faire connaître le sous-sol où poussèrent les racines de Jésus. Ainsi mon principal devoir est accompli. A l'Académie des Inscriptions et Belles-Lettres, le travail sur les rabbins touche aussi à son terme, et le *Corpus inscriptionum semiticarum* est en excellentes mains. Tout cela me cause une grande satisfaction intérieure; et voilà ce qui m'a fait croire qu'après avoir ainsi payé presque toutes mes dettes, je pouvais bien m'amuser un peu, et, sans scrupules, m'abandonner à la joie de recueillir ces feuilles, souvent légères. Mon temps a été si bon pour moi, il m'a pardonné tant de défauts que, cette fois, j'espère, il aura encore pour moi son indulgence accoutumée.

J'aurais cru déserter les problèmes qui doivent être l'obsession de toute noble vie, si je n'avais mis en ce volume, à côté d'articles qui paraîtront légers, quelques essais de philosophie, en particulier mon Examen de conscience, sorte de bilan philosophique, que j'écrivis en 1888. Je n'ai pas beaucoup modifié depuis ma façon d'envisager l'univers. De plus en plus, je crois que nous savons très peu de chose de ce que nous voudrions le plus savoir. En philosophie, il faut avoir confiance en la bonté infinie et se garder des vains empressements. On ne gagne rien à importuner la vérité, à la solliciter tous les jours. La vérité est sourde et froide ; nos ardeurs ne la touchent pas. *Die neue Philosophie... Die neuere Philosophie... Die neueste Philosophie...* Mon Dieu ! que ces surenchères sont naïves ! Pourquoi se disputer ainsi la priorité de l'erreur ? Sachons attendre ; il n'y a peut-être rien au bout ; ou bien, qui sait si la vérité n'est pas triste ? Ne soyons pas si pressés de la connaître.

Je suis peiné de l'espèce d'agitation que je vois dans la jeunesse, qui, par le privilège de son âge, devrait être si sereine. On dirait que ces jeunes gens n'ont lu ni l'histoire de la philosophie ni l'Ecclésiaste. « Ce qui a été, c'est ce qui sera... » Mais, chers enfants, c'est inutile de se donner tant de mal à la tête, pour n'arriver qu'à changer d'erreur. Amusez-vous, puisque vous avez vingt ans ; travaillez aussi. Si nous ne voyons rien en métaphysique, en revanche, la physique, la chimie, l'astronomie, la géologie, l'histoire sont pleines de révélations. Que de choses vous saurez dans quarante ou cinquante ans, que je ne saurai jamais ! Que de problèmes vous verrez résolus ! Quel sera le développement du germe intérieur de l'empereur Guillaume II ? Qu'adviendra-t-il du conflit des nationalités européennes ? Quel tour prendront les questions sociales ? Sortira-t-il quelque chose du mouvement socialiste proprement dit ? Quel sera le sort prochain de la papauté ? Hélas ! je mourrai avant d'avoir rien vu de tout cela si ce n'est par conjecture, et vous, vous contemplerez ces énigmes comme des faits accomplis !... On prétend qu'il existe dans le Liban de vieux testaments arabes où le mort met pour condition à ses donations qu'on viendra l'avertir dans son tombeau, quand les

Français seront maîtres du pays. Je me dis, en effet, par moments, qu'il y a telle nouvelle qui, glissée furtivement à mon oreille dans mon tombeau, pourrait me faire tressaillir au point de me ressusciter. Mais j'ai tant de fois lu dans la Bible qu'au fond du *scheol* on ne sait rien de ce qui se passe sur la terre, qu'on n'y entend rien, qu'on ne s'y souvient de rien!... Non, je ne mettrai aucune clause de ce genre au bas de mon testament.

Pourquoi se révolter contre des vérités vieilles comme le monde? Est-ce d'hier qu'on a découvert que l'homme est une créature fragile et périssable? Je ne suis pas de ceux dont parle ce très ancien prophète, *qui nihil patiebantur super contritione Joseph*. Ce pauvre Joseph, je le plains. Je plains les jeunes, rongés par un pessimisme qui ne veut pas être consolé. On lit souvent sur les tombes antiques : « Courage, cher un tel; personne n'est immortel ; Hercule lui-même est mort ». On peut trouver la consolation un peu faible ; elle est réelle cependant. Marc-Aurèle, chers amis, nous était supérieur à tous en bonté, et Marc-Aurèle s'en est contenté. Avons-nous jamais cru que nous ne mourrions pas ? Mourons calmes, dans la communion de l'humanité et la religion de l'avenir. L'existence du monde est assurée pour longtemps. La France, en sa marche étourdie de comète, s'en tirera peut-être mieux que certains indices ne le feraient croire. L'avenir de la science est garanti ; car, dans le grand livre scientifique, tout s'ajoute et rien ne se perd. L'erreur ne fonde pas; aucune erreur ne dure très longtemps. Soyons tranquilles. Avant mille ans, espérons-le, la terre aura trouvé le moyen de suppléer au charbon de terre épuisé, et, jusqu'à un certain point, à la vertu diminuée.

On traversera de mauvais jours. Les valeurs morales baissent, cela est sûr ; le sacrifice disparaît presque ; on voit venir le jour où tout sera syndiqué, où l'égoïsme organisé remplacera l'amour et le dévouement. Notre siècle a créé des outillages matériels de plus en plus perfectionnés, sans s'apercevoir que le fonctionnement de ces outillages suppose un certain degré de moralité, de conscience, d'abnégation. Il y aura d'étranges tiraillements. Les deux choses qui jusqu'ici ont seules résisté à la chute du respect, l'armée et l'Église, seront bientôt entraînées par le torrent général. N'importe ; les ressources de l'humanité sont infinies. Les œuvres éternelles s'accompliront, sans que la source des forces vives, remontant toujours à la surface, soit jamais tarie. La science, surtout, continuera de nous étonner par ses révélations, qui mettront l'infini de l'espace et du temps à la place d'un créationisme mesquin, qui ne satisfait même plus l'imagination d'un enfant.

Le besoin de conscience éternelle qui nous tourmente est-il, d'ailleurs, une simple illusion? Non, non. En pareille matière, les négations formelles sont aussi téméraires que les affirmations absolues. Les parallèles se rencontrent à l'infini; la religion aussi est vraie à l'infini. Quand Dieu sera complet, il sera juste. Je suis convaincu que la vertu se trouvera un jour en définitive avoir été la meilleure part. Tenons ferme; subissons les railleries des prétendus avisés. Le mérite est d'affirmer le devoir contre l'apparente évidence. Si la vertu était un bon placement, les gens d'affaires, qui sont très sagaces, l'auraient depuis longtemps remarqué; ils seraient tous vertueux. Non, c'est un mauvais placement dans l'ordre fini; mais, à l'infini, les contradictions s'effacent; les négations s'évanouissent.

Rien ne nous prouve qu'il existe dans le monde une conscience centrale, une âme de l'univers ; mais rien ne prouve non plus le contraire. Nous ne remarquons dans l'univers aucun signe d'action voulue et réfléchie. On peut affirmer que, depuis des milliers de siècles, il n'y a pas eu d'action de ce genre. Mais des milliers de siècles ne sont rien dans l'infini. Ce que nous appelons long est très court relativement à une autre mesure de grandeur. Quand le chimiste a disposé une expérience qui doit durer un an, il ne touche plus à ses appareils pendant le temps fixé. Tout ce qui se passe au fond des cornues est réglé alors par les lois de l'inconscience absolue : ce qui n'empêche pas qu'une volonté est intervenue au commencement de l'expérience et interviendra à la fin. Des millions de microbes ont pu se produire dans l'appareil, durant l'intervalle. Si ces microbes avaient une intelligence suffisante, ils pourraient se laisser aller à dire : « Ce monde n'est régi par aucune volonté particulière. » Ils auraient raison pour la courte période livrée à leurs observations ; mais, pour l'ensemble du grand univers, ils se tromperaient.

Ce que nous appelons le temps infini est peut-être une minute entre deux miracles. « Nous ne savons pas », voilà tout ce qu'on peut dire de clair sur ce qui est au delà du fini. Ne nions rien, n'affirmons rien, espérons. Gardons une place, dans les funérailles, pour la musique et l'encens. Un immense abaissement moral, et peut-être intellectuel, suivrait le jour où la religion disparaîtrait du monde. Nous pouvons nous passer de religion, parce que d'autres en ont pour nous. Ceux qui ne croient pas sont entraînés par la masse plus ou moins croyante ; mais le jour où la masse n'aurait plus d'élan, les braves eux-mêmes iraient mollement à l'assaut. On tirera beaucoup moins d'une humanité ne croyant pas à l'immortalité de l'âme que d'une humanité y croyant. L'homme vaut en proportion du sentiment religieux qu'il emporte avec lui de sa première éducation et qui parfume toute sa vie. Les personnes religieuses vivent d'une ombre. Nous vivons de l'ombre d'une ombre. De quoi vivra-t-on après nous ?

Ne disputons pas sur la dose ni sur la formule de la religion ; bornons-nous à ne pas la nier ; gardons la catégorie de l'inconnu, la possibilité de rêver. Il ne faut pas que la ruine, devenue inévitable, des religions prétendues révélées, entraîne la disparition du sentiment religieux. Le christianisme nous a rendus trop difficiles, trop exigeants. Nous voulons le ciel, rien de moins, et nous le voulons à coup sûr. Contentons-nous de plus petits profits. Il y a quelques années, M. de Rothschild soutenait avec vivacité, au consistoire israélite, la doctrine de l'immortalité de l'âme ; un savant israélite de la plus vieille école, qui me le racontait, ajoutait cette réflexion : « Comprend-on cela ? Un homme si riche... vouloir encore le paradis par-dessus le marché !... Qu'il nous laisse cela, à nous autres pauvres diables. »

Le moyen âge avait à cet égard des vues remarquablement philosophiques. Les bêtes, en un sens, étaient alors mieux traitées que les hommes. Les hommes, ayant la vie éternelle, devaient supporter ici-bas toutes les injustices sans se plaindre ; mais les bêtes, pour que la justice de Dieu fût en règle avec elles, recevaient en ce monde la récompense de ce qu'elles avaient fait de bien. On raconte que des religieuses avaient formé une biche à être dévote à la Vierge. La petite bête s'agenouillait sur un prie-Dieu devant l'image sainte ; elle était pleine de piété. Les biches n'ayant pas d'âme immortelle et ne pouvant par conséquent entrer dans le paradis, les religieuses tenaient beaucoup à ce que leur petite protégée eût ici-bas les douceurs qu'elle avait méritées; elles la bourraient de confitures. Presque la même chose se lit dans les Vies des Pères du désert. Le lion que saint Antoine fait venir pour enterrer saint Paul travaille de ses griffes avec une étonnante ardeur. Pour salaire, saint Antoine lui donne sa bénédiction, laquelle a pour effet de lui faire tout de suite rencontrer un mouton, qu'il mange. En cette histoire, la justice est satisfaite à l'égard du lion; l'est-elle également à l'égard du mouton? Non, je l'avoue. Il est clair qu'il n'y a pas, dans toute l'organisation du monde, une trace de justice pour les moutons.

Comme la biche des religieuses, habituons-nous, faute de mieux, à nous contenter de petites friandises; tâchons d'y trouver du goût. Soyons austères pour nous-mêmes; mais n'appauvrissons pas la vie. Il ne faut pas écouter sur tout ceci les raffinés littéraires de nos jours. Ne privons pas l'humanité de ses joies; jouissons de la voir jouir. La joie des autres est une grande part de la nôtre; elle constitue cette grande récompense de la vie honnête, qui est la gaieté.

On m'a reproché de beaucoup prôner cette religion, facile en apparence, en réalité la plus difficile de toutes. N'est pas gai qui veut. Il faut pour cela être d'une vieille race, non blasée; il faut aussi être content de sa vie. Ma vie a été ce que je voulais, ce que je concevais comme le meilleur. Si j'avais à la reprendre, je n'y changerais pas grand'chose. D'un autre côté, je crains peu de l'avenir. J'aurai ma biographie et ma légende. Ma légende?... Ayant un peu la pratique des écrivains ecclésiastiques, je pourrais la tracer d'avance. Les légendes des ennemis de l'Église officielle sont toutes coulées dans le même moule. La fin que le livre des *Actes* attribue à Judas (*crepuit medius*) en est la base obligée. Pour une partie de la tradition, je finirai comme cela, d'une façon combinée d'Arius et de Voltaire. Mon Dieu! que je serai noir! Je le serai d'autant plus que l'Église, quand elle se sentira perdue, finira par la méchanceté; elle mordra comme un chien enragé.

Malgré tout, j'ai confiance en la raison. La partie éclairée de l'humanité, la seule dont je tienne compte, fera de moi quelque estime. Dans cinq cents ans, la commission de l'*Histoire littéraire de la France* de l'Académie des Inscriptions et Belles-Lettres rédigera ma notice. Elle aura à discuter des documents singuliers. Elle lira, dans des livres approuvés par l'Église, que j'ai reçu un million de M. de Rothschild pour écrire la *Vie de Jésus*, à peu près autant de l'empereur Napoléon III, qui, plus tard, m'ayant destitué, me donna une riche pension sur le *Journal des Savants*[1]. La commission débrouillera tout cela comme elle pourra, d'après les règles de la critique; je suis sûr que son jugement fera loi auprès des gens sensés de l'avenir.

Je ne crains vraiment que les textes apocryphes. Il y a déjà une masse considérable de phrases, de mots, d'anecdotes qui me sont attribués et défraient la presse catholique. Le clergé cite en général de seconde main; il achète peu de livres; il prend ses citations dans de petites revues cléricales de bas étage. Déjà presque tout ce que les polémistes religieux me prêtent est sophistiqué ou plein de contresens. Je supplie les amis de la vérité de n'admettre comme de

---

1. Je suis entré au *Journal des Savants* en 1873. Le traitement fixe y est de 500 francs.

moi que ce qui a paru dans les volumes publiés par la maison Lévy. A l'époque où je donnai la *Vie de Jésus*, des journaux payés par les jésuites publièrent des autographes prétendus de moi, contre lesquels je n'ai jamais réclamé. C'est là que la commission de l'*Histoire littéraire*, au xxive siècle, trouvera l'occasion de montrer sa sagacité. Si la critique, au lieu de faire des progrès, venait à s'affaiblir... alors je serais perdu. Mais si l'humanité est destinée au crétinisme, je ne tiens plus à son estime ; elle peut penser de moi toutes les sottises qu'elle voudra.

Et puis, cinq cents ans c'est bien long. L'homme a sur la mort des idées si enfantines qu'il se figure moins mort quand on l'enterre que cinq cents ans après. Nous ne nous soucions pas autant de ce que l'on dira de nous au bout de quelques siècles que de ce qu'on dit de nous le jour de nos funérailles, jour où nous nous figurons vivre encore et être comme le héros endormi de la fête. Ah ! mon Dieu !...

J'ai conté ailleurs comment une personne pieuse, du côté de Nantes, qui croit évidemment que je vis dans les fêtes et les dissipations, m'écrit tous les mois ces mots : *Il y a un enfer*. Cette personne, que je remercie de sa bonne intention, ne m'effraie pas autant qu'elle le pense. Je voudrais être sûr qu'il y a un enfer ; car je préfère l'hypothèse de l'enfer à celle du néant. Beaucoup de théologiens pensent que pour les damnés il vaut mieux être que n'être pas, et que ces malheureux sont peut-être accessibles à plus d'une bonne pensée. Pour moi, je m'imagine que, si l'Éternel, en sa sévérité, m'envoyait d'abord en ce mauvais lieu, je réussirais à m'en tirer. J'enverrais à mon créateur des suppliques qui le feraient sourire. Les raisonnements que je lui ferais pour lui prouver que c'est par sa faute que je suis damné seraient si subtils qu'il aurait de la peine à y répondre. Peut-être m'admettrait-il en son saint paradis, où l'on doit s'ennuyer beaucoup. Parmi les enfants de Dieu, il laisse bien de temps en temps entrer le *Satan*, le critique, pour dérider un peu l'assemblée.

A vrai dire, comme je l'ai déjà laissé entendre, le lot qui m'irait le mieux en toute justice, ce n'est pas l'enfer, c'est le purgatoire, lieu mélancolique et charmant où ceux qui ont quelque peine correctionnelle à purger seront très bien pour attendre. Je me figure le purgatoire comme un immense parc, éclairé d'un jour polaire et percé de charmilles sombres, où s'épurent les amours commencés sur la terre, en attendant la complète éthérisation. Que de romans exquis s'achèvent là ! Comme on ne doit pas être pressé d'en sortir, vu surtout le peu d'attraction du paradis ! Ce qui parfois ne me fait pas beaucoup désirer ce lieu de délices, c'est sa monotonie. Y pourra-t-on changer de place? Mon Dieu ! qu'on aura vite épuisé son voisin ou sa voisine ! Les voyages de planètes en planètes m'iraient assez ; mais ils n'iraient guère aux vieilles dévotes, qui, dit-on, formeront la majorité des élus. Que la volonté de Dieu soit faite !

Lors de mon premier voyage en Syrie, je reçus l'hospitalité dans une patriarcale maison du Liban, où se trouvait un vieux père d'une haute piété, qui se prit pour moi de beaucoup d'affection. Quand parut la *Vie de Jésus*, il entendit beaucoup de sermons contre moi et entra dans de grands doutes. Il s'adressa à son fils Dominique, au courant des choses françaises et qui m'avait accompagné dans mes voyages. « Dis-moi, mon fils, quelles sont donc les erreurs de M. Renan. Procédons par ordre. Parmi les choses auxquelles il faut croire, il y a d'abord Dieu le Père. Voyons, croit-il à Dieu le Père? — Oh! oui, lui répondit Dominique. Sur ce point-là, il est d'une solidité à toute épreuve. — Sais-tu que c'est beaucoup, mon fils? C'est beaucoup! » répondit le vieillard.

Ne renonçons pas à Dieu le Père; ne nions pas la possibilité d'un jour final de justice. Nous n'avons jamais été dans une de ces situations tragiques où Dieu est en quelque sorte le confident et le consolateur nécessaire. Que voulez-vous que fassent, si ce n'est lever les yeux au ciel, une femme pure accusée injustement, un innocent victime d'une erreur judiciaire irréparable, un homme qui meurt en accomplissant un acte de dévouement, un sage massacré par des soldats barbares? Où chercher le témoin vrai, si ce n'est en haut? Même dans nos vies paisibles, où les grandes épreuves sont rares, que de fois nous éprouvons le besoin d'en appeler à l'absolue vérité des choses, de lui dire : « Parle, parle ! » Les moments de ce genre sont peut-être ceux où nous sommes dans le vrai. Mais ce qu'il y a d'inouï, c'est que jamais rien n'indique que notre protestation ait touché quelque chose. Quand Nemrod lançait ses flèches contre le ciel, elles lui revenaient ensanglantées. Nous autres, nous n'obtenons aucune réponse. O Dieu, que nous adorons malgré nous, que nous prions vingt fois par jour sans le savoir, tu es vraiment un Dieu caché !

Je voudrais que ce petit volume apportât au lecteur un peu de la jouissance que j'ai goûtée en le composant. Il complète mes *Souvenirs*, et mes souvenirs sont une partie essentielle de mon œuvre. Qu'ils augmentent ou qu'ils diminuent mon autorité philosophique, ils expliquent, ils montrent l'origine de mes jugements, vrais ou faux.

Ma mère, avec laquelle j'ai été si pauvre, à côté de laquelle j'ai travaillé des heures, n'interrompant mon travail que pour lui dire : « Maman, êtes-vous contente de moi? » mes petites amies d'enfance qui m'enchantaient par leur gentillesse discrète, ma sœur Henriette, si haute, si pure, qui, à vingt ans, m'entraîna dans la voie de la raison et me tendit la main pour franchir un passage difficile, ont embaumé le commencement de ma vie d'un arome qui durera jusqu'à la mort. J'ai été élevé par des femmes et par des prêtres; l'explication de mes qualités et de mes défauts est toute là. En Bretagne, les femmes sont supérieures aux hommes, grondent les hommes, les traitent avec hauteur. Les prêtres avaient aussi autrefois une grande supériorité sur les laïques; souvent les femmes (en tout honneur, bien entendu) aimaient mieux leur curé que leur mari. L'espèce d'embarras que j'éprouve avec ceux qui ne sont pas voués aux choses intellectuelles ou morales vient du mépris que mes maîtres m'enseignaient pour les laïques. Il y a dans ma gaucherie du dédain de prêtre et du dédain de femme. Dans ma manière de sentir, je suis femme aux trois quarts.

On est poursuivi toute sa vie des têtes de jeunes filles qu'on a vues à seize ans. Voilà ce qui me ramène sans cesse à ces vieilles images presque effacées. Si en cela j'ai tort, c'est l'indulgence que le public a montrée pour mes *Souvenirs d'enfance* qui m'a induit à mal faire. Je dois dire que ma philosophie y est aussi pour quelque chose. Sur bien des points, il me semble que les gens du monde, avec leur bon sens en apparence superficiel, ont raison contre les hommes d'école. Ils voient mieux les ensembles vivants. Pas un philosophe qui se soit occupé de l'amour. Or je persiste à trouver que l'amour est un mystère étrange et la plus évidente de nos attaches avec l'univers. Sur ce point, je suis plein de discours; je veux sans cesse recommencer à développer ce que j'ai déjà plusieurs fois expliqué par le détail.

Comment, me dira-t-on, parlez-vous toujours de ce que vous connaissez si peu? Oh! ici, je proteste. En ces matières, être trop connaisseur, c'est être incompétent. Le plus touchant miracle du moyen âge est celui que Gauthier de Coinci nous raconte de ce pauvre diacre de Laon, qui souffrait le martyre pour tenir son vœu de chasteté. Un jour, obsédé de tentations, il s'endormit tout en larmes. La Vierge lui apparut durant son sommeil, mit ses seins à portée de ses lèvres et le laissa boire de son lait. Cette divine ambroisie le guérit pour toujours. Après un tel rêve de l'amour, il put, le reste de sa vie, se passer de la réalité.

La piété du xviiᵉ siècle, si différente de celle du moyen âge, eut un sentiment analogue. Arnauld avait raison dans son livre *De la fréquente communion*. Les jansénistes pensaient très justement que l'abus de la communion en enlève le goût, en diminue la saveur. On peut dire la même chose de l'amour. Ceux qui en parlent le mieux, sont ceux qui en ont le moins abusé et l'ont considéré comme un acte religieux. Oui, un acte religieux, un moment sacré où l'homme s'élève au-dessus de son habituelle médiocrité, voit ses facultés de jouissance et de sympathie exaltées à leur comble, et du même coup transmet la vie. Chère et touchante aberration ! L'amour est aussi éternel que la religion. L'amour est la meilleure preuve de Dieu ; c'est notre lien ombilical avec la nature, notre vraie communion avec l'infini.

Père céleste, je te remercie de la vie.

Elle m'a été douce et précieuse, entouré que j'ai été d'êtres excellents, qui ne m'ont jamais laissé douter de tes desseins. Je n'ai pas été sans péché ; j'ai eu les défauts de tous les hommes ; mais, quoi qu'en disent ceux qui s'intitulent tes prêtres, je n'ai pas commis de très mauvaise action. J'ai aimé la vérité, et j'y ai fait des sacrifices. J'ai désiré ton jour, et j'y crois encore. Quand mes anciennes croyances se sont écroulées, au lieu de pleurer et de m'irriter contre toi, j'ai pris le parti de faire contre mauvaise fortune bon cœur. Pleurer eût été lâche, et m'irriter contre toi eût été la plus complète des absurdités.

FEUILLES DÉTACHÉES

I

EMMA KOSILIS

Parmi les traits d'idéalisme du caractère breton, il en est un que je me suis reproché de n'avoir pas suffisamment expliqué dans mes *Souvenirs d'enfance*, c'est la capacité de vivre et de mourir d'une seule idée, l'amour inexprimé, toujours égal à lui-même, persistant jusqu'à la mort.

Ce trait m'a été rappelé par ces domestiques bretonnes qui, amenées à Paris dans des maisons honnêtes, peuvent rester des années sans sortir, traversant Paris sans le regarder, l'œil vague, ne demandant qu'une chose, c'est de vivre seules, à part, sûres de n'être vues de personne. Presque toujours une pensée secrète les remplit. La rêverie mystique s'y mêle quelquefois ; mais elle est rarement la cause principale de ce besoin de solitude obstiné.

Le plus souvent, ce qui en fait le fond, c'est un amour d'enfance, comprimé, chimérique, se doublant d'un instinct moral excessivement fort. Inavoué pour le dehors, ce sentiment règne au dedans, comme en un silence absolu. Rien n'existe pour un tel état d'âme, rien ne plaît que la pensée chère. On la caresse des heures et des heures. Pendant des années, cela peut suffire, et cela rend indifférent à tout le reste.

***

La vieille physiologie désignait ces sortes de tempéraments du nom de mélancoliques, et leur attribuait toutes les choses extraordinaires qui se font dans le monde. Il y a peu de fortes vies, en effet, à la base desquelles ne se trouve le *secretum meum mihi* des grands solitaires et des grands hommes. L'amour de la solitude vient d'ordinaire d'une pensée intérieure qui dévore tout autour d'elle. Un jour, je citai à ma sœur le mot de Thomas à Kempis : *In angello cum libello*. Elle trouva le mot si joli qu'elle se prit à me le répéter sans cesse comme sa devise. Vivre entre soi et Dieu est la condition pour agir sur les hommes et les dompter.

Les grandes applications patriotiques, scientifiques, charitables, de la vie, viennent toutes de l'entretien prolongé avec soi-même. Les hommes ne sauront jamais rien de ces exemples extraordinaires de force morale dont se réjouit l'Éternel, ce jaloux témoin des âmes, qui garde pour lui les plus beaux spectacles. Le tempérament mélancolique, le dirai-je? est un peu le tempérament de l'Éternel. La *delectatio morosa* du moyen âge est, en un sens, la formule suprême de l'univers.

La lenteur de corps de la race bretonne, cette possibilité, même chez les enfants, de rester immobiles durant des heures, tient en grande partie à ce besoin de longues voluptés, de contemplation, si j'ose le dire, paresseuse, qui se combine mal avec l'activité extérieure et semble exiger un complet repos des sens. Cette race a peu de désirs, peu de besoins ; en amour, elle sait attendre. Ma sœur me racontait, à ce sujet, un trait qu'elle admirait beaucoup ; c'était l'histoire de la mère d'une de ses amies. Elle s'y complaisait, parce qu'il y avait là un cas d'amour héroïque, qui rentrait singulièrement dans son propre caractère. J'avais oublié cette histoire ; quelques circonstances récentes me l'ont remise en mémoire. Ma sœur m'a souvent dit le nom de la respectable personne à laquelle elle avait voué un si grand culte. Je l'appellerai Emma Kosilis[1].

Elle n'était pas parfaitement jolie ; mais sa figure, disait ma sœur, avait un charme indicible. Ses yeux étaient d'une exquise langueur, ses sourcils, où s'exprimaient les plus imperceptibles frémissements d'une pudeur timide, avaient l'air d'avoir une âme. Sa peau était si

---

1. *Kosilis* veut dire en breton « Vieille Église ».

fine que la plus légère accélération de la vie s'y trahissait par des rougeurs fugitives, indice d'un secret qu'elle ne disait pas. C'était, en un mot, ce quelque chose de candide et de pur qui saisit si profondément le cœur de Charles II, en cette petite Bretonne, mademoiselle de Quéroualle. C'était ce teint virginal qui, sous la coiffe des petites figurantes d'un pardon de Bretagne, produit comme un flot d'innocence et vous rend meilleur durant des heures. Meilleur ou pire ? La Bretagne est le pays où la différence entre les hommes et les femmes est la plus grande, et comme, en ces pays primitifs, la barbarie n'est jamais loin, il arrive quelquefois que cette nacre féminine donne aux hommes d'étranges accès nerveux. On a trouvé des jeunes filles assassinées sans avoir été violées. Il y eut autrefois des cas de pareils assassinats sans motifs, commis sur de jeunes prêtres ; mais il y a longtemps que ces actes de folie ne se voient plus.

A cet ordre d'idées se rapporte un trait particulier des mœurs en Bretagne, je veux dire l'absence totale de bijoux et même de fleurs dans la parure des femmes. Le clergé y est opposé, et, certes, en ce qui est des bijoux, il a bien raison.

Dans la nudité antique, le bijou avait sa raison d'être, et la Grèce, tirant parti de certaines erreurs de l'Orient, osa attaquer ce problème, délicat entre tous, d'orner par des appliques faites sur le vif le chef-d'œuvre de la nature, le corps de la femme vraiment belle. Mais, dans nos froids climats, et avec les idées de la modestie chrétienne, le bijou n'a plus de raison d'être. Pour moi, j'éprouve toujours pour de tels ornements d'attache une sorte d'antipathie. Et que font, grand Dieu! ces pendeloques de sauvages, ces oripeaux de Bédouines à la seule chose qui importe, la douceur et l'innocence du regard? La vertu, la candeur s'expriment-elles par des bijoux? A-t-on jamais inventé un bijou pour les yeux? Il y a l'odieux *henné* sans doute; mais une femme qui se respecte s'en est-elle jamais servie? Affreuse idée de peindre en noir les balustres d'or de la Jérusalem céleste, de salir les bords de la fontaine sacrée au fond de laquelle nous voyons Dieu et son paradis. Le dirai-je ? La couleur elle-même, mise au service de la beauté, me dérange et me trouble. Le blanc et le noir suffisent ; ils laissent place, mieux que tous les atours, aux rêves de la chair amoureuse et voilée. L'amour implique la règle de l'amour ; il suppose chez la femme la candeur et la pudeur. Il y a là un mensonge que la nature a voulu et qui certainement sert à ses fins.

Une des légendes que l'imagination populaire a groupées autour d'Anne de Bretagne rend bien cette nuance du charme féminin qui a été dévolue à notre bonne petite race. Et ce que l'on dit du pays de Galles ne dément pas l'unité des deux populations ; le caractère d'Imogène, dans *Cymbeline*, est essentiellement un caractère breton. J'irai plus loin. Le charme de la femme anglaise, à la fois si chaste et si voluptueuse, est, selon moi, quelque chose de celtique, non d'anglo-saxon. Mais, pour expliquer ce point, il faudrait exposer mes idées sur l'ethnographie de l'Angleterre, et ce n'est pas ici le lieu.

On raconte donc que, dans un des entretiens que la dernière souveraine, si populaire, de la Bretagne avait avec sainte Anne, qui ne savait rien lui refuser, la duchesse demanda à sa puissante patronne un don particulier pour les dames de sa province. La sainte lui accorda la chasteté, et, depuis ce temps, il est sans exemple qu'une dame bretonne ait manqué à ses devoirs.

Voilà, certes, un très grand point obtenu ; la duchesse, cependant, ne s'en contenta pas, et demanda à la sainte d'y joindre la beauté. Sainte Anne fut assez embarrassée et finit par avouer que la beauté n'est pas de son domaine. La Vierge Marie se l'est réservée. La reine du Ciel dispose seule de ce don unique, rare, excellent entre tous. A défaut de la beauté, cependant, sainte Anne, après y avoir réfléchi, accorda ceci à sa filleule, c'est que ces mêmes dames à qui elle ne pouvait accorder que le don de chasteté feraient avec cette vertu ce que d'autres font avec leur beauté.

Les effets de la beauté obtenus par le charme habilement ménagé de la vertu, voilà bien le don de sainte Anne. Selon un hymne du moyen âge, attribué à l'abbesse Herrade, tel serait aussi le goût du Christ. Il n'aime que les jeunes filles mignonnes et modestes :

> *Pulchras vult virgunculas,*
> *Turpes pellit feminas.*

Turpes, ici, veut dire laides et vulgaires en leurs mœurs. Comment le christianisme, toujours si moral, a-t-il pu ainsi condamner la laideur, qui, selon les apparences, n'est pas toujours volontaire? Par une raison profonde ; c'est qu'une femme vraiment bonne n'est jamais laide. Il y a toujours de l'égoïsme dans la laideur. La digne personne à qui n'a pas été départi le don de la Vierge Marie peut toujours, avec sa bonne humeur, son dévouement, son bon cœur, se donner un équivalent de la beauté. Le charme n'a pas à se justifier ; son triomphe est la preuve de sa légitimité. J'avais un cousin qui devint ensuite le meilleur des hommes, mais qui, dans son enfance, était un démon, un vrai berserker. Seule, ma sœur, très douce petite fille de quinze ans, le faisait obéir. Il se cassa le bras en voulant dénicher pour elle des oiseaux dans le toit d'un hangar ; ma sœur fut obligée de rester un mois à côté de son lit pour le faire rester tranquille en ses appareils.

***

C'est ainsi, je le répète, qu'avec un petit air sage, contrastant avec sa jeunesse, et une légère expression de douce tristesse, la petite Quéroualle, sans être d'une beauté parfaite, ensorcela le roi Charles II, qui, dans sa brillante cour, ne voulut plus voir qu'elle ; ce que les protestants expliquèrent par une science diabolique des perversités féminines.

Mon Dieu ! les protestants, en cette circonstance, n'avaient pas tout à fait tort, et, si l'on soutient que la chasteté est, au fond, un comble de sensualité, la pudeur un comble de coquetterie, je ne contesterai pas. Il y a des femmes qui sont dangereuses par leur innocence. L'action du diable, en pareille matière, est bien difficile à distinguer de celle du bon Dieu.

Le Dieu blanc et le Dieu noir des Slaves bogomiles ne sont pas aussi opposés que ces bonnes gens le croyaient. Le manichéisme est, je crois, la seule erreur que je ne professe pas ; le monde est parfaitement un ; tout vient d'un seul Dieu ; toutes ses dissonances se fondent, à une certaine hauteur, en une harmonie suprême, qui est l'amour.

***

La petite Emma Kosilis ne savait rien de tout cela ; elle allait très sagement à l'église, avec son livre d'heures ; et le fait est que, vers l'âge de seize ou dix-huit ans, sans qu'elle s'en aperçût plus que de sa fleurissante jeunesse, il n'y eut de place, dans sa petite âme, que pour un jeune homme de vingt ou vingt-deux ans qu'elle voyait souvent, et que j'appellerai Émilien.

Cela n'eut pas de commencement. Ce fut une prise de possession absolument inaperçue. En ces pays de mœurs honnêtes, les rapports des jeunes gens des deux sexes sont bien plus libres et plus prolongés qu'en ce Paris soupçonneux, toujours porté à craindre le mal. Mon éducation morale fut ainsi faite par quelques amies d'enfance, très pures et très jolies ; maintenant encore, le bien, la raison, les bonnes et douces choses m'apparaissent sous la forme d'une petite fille sage de douze ou quatorze ans, qui me fait un signe discret. Une de mes plus vives émotions, quarante ans plus tard, fut quand une de ces amies d'enfance m'appela « mon cher Ernest ».

Emma voyait Émilien depuis qu'elle se connaissait elle-même; elle rêvait plutôt qu'elle ne pensait, et ainsi il arriva qu'un jour, sans qu'elle s'en doutât le moins du monde, Émilien se trouva occuper toute la cavité de son petit cœur.

Pour que nul, ici-bas, ne puisse se glorifier de ses mérites, l'élection amoureuse est, comme l'élection divine, tout à fait gratuite. Elle ignore ses propres motifs. Le jeune homme qu'aimait Emma était une bonne nature, un peu faible. Mais justement cette simplicité, cette absence de toute prétention plurent à la jeune fille. Elle n'eût pas remarqué un homme supérieur, et d'ailleurs le petit monde où elle vivait n'en eût pas fait rencontrer beaucoup sur son chemin. Il n'y avait place chez elle que pour l'instinct étrange, irréfléchi, qui ne donne pas ses raisons, méprise nos conventions et ne demande son absolution qu'à Dieu.

*

On m'a si fort lapidé, il y a quelques années, pour avoir, en ce bon pays de France, parlé de l'amour comme de quelque chose de sacré, de religieux, de mystique, que je m'imposerai cette fois d'être bref.

Notre pays, indulgent pour la polissonnerie, admet difficilement qu'on parle d'un ton sérieux du secret intime de la nature, de cette voix lointaine d'un monde qui veut être. On ne s'aperçoit pas qu'en laissant l'amour à l'état de non-sens, d'ordure ou de gaudriole, on argue l'Éternel d'ineptie. Quoi! l'œuvre par excellence, la continuation de la vie, aurait été attachée à un acte ridicule ou grossier!...

Pour moi, ce qui me paraît démonstratif de la nature divine de l'amour, c'est sa spontanéité. Il naît comme une fleur des champs ; il agit comme un aimant ; l'attraction newtonienne n'est pas plus subtile que lui. La science démontre que deux molécules, seules au monde, à quelque distance qu'on les suppose, se mettraient en route pour se rencontrer.

L'amour d'Emma était de ce genre, innocent parce qu'il était inconscient. Elle avait un petit sens très fin et très juste des belles et bonnes choses. Or, la femme ne s'attache pas aux pures abstractions ; elle aime le bien, quand le bien, pour elle, est quelqu'un d'existant et de vivant. Couvert par le manteau trompeur d'une sécurité enfantine, l'amour d'Emma devint bientôt une complète absorption. Durant des journées entières, elle restait immobile, livrée tout entière à une mollesse langoureuse, dont elle jouissait avec une parfaite quiétude, comme on jouit d'un vent tiède sans se demander d'où il vient, d'un fruit mûr sans craindre un poison qu'y aurait caché le Créateur.

Naturellement, elle ne dit rien de ce qu'elle éprouvait ni à celui qu'elle aimait, ni à sa famille, ni à ses compagnes. Voilà la faute, si l'on veut ; on va voir comme elle l'expia. Le monde où elle vivait était parfaitement honnête. Sa discrétion fut si absolue que personne ne sut rien de ce qui la remplissait. Elle savoura ainsi longuement son secret, et sûrement sa jouissance eût été diminuée par l'aveu.

Son maintien timide lui rendait facile, sans la moindre hypocrisie, cet air d'indifférence et de distraction voulue qu'on inculque aux jeunes filles. Ce qu'elle éprouvait était si vague, son imagination était si pure, les conversations qu'elle entendait avaient toujours été si convenables, que l'idée ne lui vint jamais qu'il y eût dans ce qu'elle ressentait quelque chose de coupable. Son cœur était droit devant elle. Une hésitation sur la nature de ce qui la rendait si heureuse, et dont elle ne savait pas le nom, eût été à ses yeux aussi coupable qu'un blasphème contre Dieu, contre l'Église et contre ses sacrements.

L'imprudence extrême d'une telle conduite, excusable seulement chez une enfant, se révéla bientôt. Pendant que la petite Emma ne vivait que de son amour, Émilien ne pensait guère à elle. Il la trouvait touchante comme tout le monde; mais il n'aurait jamais osé le lui dire. C'était un être médiocre et passif; il se laissait marier par sa mère; et puis était-il, après tout, bien coupable? Emma était si modeste qu'on ne la distinguait pas entre ses amies: on eût dit qu'elle ne cherchait qu'à se cacher.

*

Le coup fut subit comme la foudre: un jour qu'elle causait avec ses compagnes, dans une petite réunion, au fond d'un jardin, on parla de choses diverses. La nouvelle qui, ce jour-là, avait toute sa fraîcheur était le mariage d'Émilien avec Anna M... On en parla comme d'une chose certaine. Emma entendit tout. Tel était l'empire qu'elle avait sur elle-même, que personne ne se douta qu'un poignard lui avait traversé le cœur. Elle se tut, se leva peu après et se retira, sans laisser voir aucun signe de l'effroyable blessure qu'elle venait de recevoir.

Une autre nouvelle circulait quelques jours après dans la compagnie des mêmes jeunes filles assemblées dans le même jardin. Emma entrait comme sœur converse dans la communauté des dames Ursulines de la petite ville de... Comme Emma était très pieuse, cela ne surprit personne. Son secret avait appartenu si exclusivement à elle seule, que personne ne fit le rapprochement. L'idée ne vint pas que le mariage d'Émilien fût la cause de l'entrée d'Emma en religion. Les vocations religieuses étaient ordinaires dans la bourgeoisie des petites villes. L'entrée d'Emma dans la communauté des dames Ursulines fut trouvée toute simple et ne provoqua pas la moindre arrière-pensée.

Le couvent des dames Ursulines admettait, du reste, des degrés divers de vocation religieuse. A côté des sœurs liées à l'ordre par un vœu perpétuel, il y avait des personnes pieuses, portant un costume qui rappelait celui de l'ordre, moins le voile, et observant les mêmes pratiques que les religieuses sans prendre aucun engagement. La plupart prononçaient leurs vœux au bout de quelques années ; mais il y avait plus d'un exemple de sœurs converses qui étaient rentrées dans le siècle après des années passées dans la maison.

Ce fut à cette classe de religieuses que s'affilia la pauvre Emma. Tout fut ordinaire dans son admission, dans son noviciat, dans sa conduite au couvent. L'ennui est chose inconnue à ces races ; elles rêvent trop pour s'ennuyer. Ce que les autres appellent ainsi est pour elles délectation intime, soliloque dans l'infini. Emma était une religieuse de la plus parfaite régularité, pieuse comme les autres, jamais en faute, estimée de ses supérieures. Sa figure, pâle comme les linges blancs qui l'entouraient, avait le calme béat ordinaire aux religieuses. Assidue à la prière et aux exercices de piété, elle se plia vite aux habitudes religieuses du cloître. Au bout de quelques jours, le bercement lent et monotone d'une vie régulière l'eut endormie, et son état ordinaire devint une sorte de sommeil plein de douceur.

Avait-elle réussi à chasser de son cœur l'image qui l'avait envahi tout entier ? En aucune façon; elle ne l'avait pas même essayé. Le soupçon ne lui vint pas un instant que cette pensée fût coupable. C'était, comme dans le Cantique, un bouquet de myrrhe en son sein. Elle aurait douté de Dieu plutôt que de la droiture du sentiment qui la remplissait. Son amour était chez elle à l'état d'un rêve plein de douceur indéfiniment continué, d'une musique suave qui n'aurait eu qu'une note. Il n'y avait ni haut ni bas dans cet état de paix profonde. Elle ne distinguait pas son amour de sa piété, ni sa piété de son amour. Ses austérités surtout en étaient pénétrées. Elle y goûtait un charme extrême. Sentant par instinct qu'une femme doit jouir ou souffrir, elle trouvait à macérer sa chair une sorte de volupté. Elle éprouvait une joie intime à songer qu'elle souffrait tout cela pour celui qu'elle aimait, et à se dire qu'elle ne verrait jamais d'autre homme que lui. Son état de vague amour recevait des longues psalmodies du couvent une sorte d'excitation puissante et de renouvellement.

Il s'y joignait un sentiment que j'appellerais

volontiers l'orgueil de la réclusion, qui est le soutien de la religieuse et la cause de sa fierté. Derrière les rêves où se complaît la femme cloîtrée, il y a l'idée que son corps est un trésor si précieux, que des grilles, des verrous, de hauts murs sont nécessaires pour le mettre en sûreté. La sévérité de la garde ajoute au prix de l'objet gardé; une chose surveillée à ce point doit être inestimable. La femme a le sentiment de plaire par le moindre de ses actes; cela l'effraie presque. Il n'est pas rare de voir des femmes extrêmement belles avoir de l'aversion pour aller dans le monde. La femme vouée au célibat veut aussi presque toujours être séquestrée et voilée; elle n'aime pas à sortir. Elle éprouve une sorte de douceur à dire ainsi hautement que le bonheur qu'elle pourrait donner, elle le garde pour elle. Marquant son dédain pour les hommes, et se réservant aux caresses d'un amant invisible et jaloux, elle veut être sûre qu'elle ne sera vue que d'elle-même et de Dieu.

A ces intimes délectations se mêle, d'une façon discrète, un aveu de faiblesse, qui touche

les hommes. Il nous plaît que la femme se
défie de sa fragilité, qu'elle prenne des précautions contre elle-même, qu'elle se mette en
surveillance, et avoue ainsi implicitement que
peut-être, si on ne la gardait, elle pécherait.
La femme hardie, sûre d'elle-même, de certains pays modernes, nous est antipathique.
Nous aimons qu'on sente chez la femme l'embarras de son sexe, qu'elle ait un effort à faire
pour être vertueuse, qu'elle soit timide, craintive, gardienne vigilante de son trésor.

**

Chez des filles simples d'esprit comme
étaient les compagnes d'Emma, tout cela se
noyait dans un pathos mystique assez inoffensif. Chez elle, le cas se montrait plus compliqué. Telles étaient son innocence et la pureté de
son imagination, que jamais un scrupule ne lui
vint sur ses langueurs. Elle était si certaine
d'avoir raison qu'elle ne se crut jamais obligée
de s'en accuser en confession. Sa paix était
profonde. Les efforts que font d'ordinaire les
femmes séquestrées pour réprimer les pensées

qui ne doivent pas venir lui étaient inconnus. Sa réclusion fut absolue. Aucun homme ne vint jamais la demander au parloir. Les dames de sa famille la trouvaient si détachée de tout qu'elles cessèrent à peu près de la visiter.

Cela dura cinq ans, sans un trouble, sans un orage. La possibilité de retrouver Émilien se présenta-t-elle à son esprit ? Songea-t-elle par moments que celle qu'Émilien avait épousée, et qui avait été son amie, était d'une très faible santé ? Comme rien de ce qui se passait dans la petite ville n'était inconnu au couvent, elle savait qu'Anna avait deux petites filles. Son bon cœur, masquant un peu d'égoïsme, lui disait-il : Tu seras leur mère un jour ? Peut-être de telles pensées aspiraient-elles parfois à naître ; mais jamais elles ne revêtirent un corps. Elle était heureuse et ne souhaitait pas que son état prît fin. Elle eût été ainsi jusqu'à la mort, sans un regret, sans une amertume. Un instinct profond, cependant, l'empêchait de prononcer ses vœux. Ses supérieures lui en parlèrent plusieurs fois ; elle se retrancha sur des raisons d'humilité.

Elle était si modeste, en effet, qu'on trouva cela de sa part tout à fait naturel.

*_**

Or, cette possibilité qu'elle n'avait jamais nettement entrevue, mais qui, sans qu'elle le sût, avait été le mobile secret de sa vie inconsciente, devint tout à coup une réalité. Anna M... avait une sœur dans la maison des Ursulines. Un jour, selon l'usage, on demanda des prières pour la proche parente d'une des dames de la communauté qui était à l'agonie. Tout se sait très vite dans les couvents. Le nom de la personne à l'agonie fut répété le soir devant Emma. Les deux petites filles qui n'avaient plus de mère furent confiées à leur tante religieuse ; Emma put les caresser. Le lendemain, le glas funèbre de l'église principale annonçait la mort de la pauvre Anna. Puis ce furent les funérailles. Emma suivit par les sonneries toutes les phases de la messe, le *Sanctus*, l'élévation. Un service se faisait en même temps dans le couvent. Emma pria comme les autres, avec tant de calme apparent, que les anges eux-mêmes ne se seraient pas aperçus qu'elle priait pour une rivale.

Le trouble cependant commençait, et, quand les derniers carillons de la cathédrale eurent annoncé que le cercueil venait de descendre dans la fosse, elle se sentit dans un état qu'elle ne connaissait pas. Elle ne se retrouvait plus; elle pouvait à peine prier; elle essaya de revêtir son cilice et le trouva insupportable: les austérités qui lui étaient familières la révoltèrent. Elle s'interdit la communion pour huit jours. Sa paix était finie, sa piété profondément atteinte. A certaines heures, elle se crut égoïste, presque méchante. Nul recours à Dieu; elle se demandait si elle était en état de grâce; l'église n'avait plus pour elle de consolations; les longues méditations tranquilles qui faisaient ses délices étaient interrompues par de perpétuelles distractions, qu'elle ne pouvait chasser.

Ce fut le seul moment dangereux de sa vie. Il y eut là un mois où elle faillit se perdre. Certainement, si l'issue n'eût pas été ce que je vais dire, elle se serait révoltée. Elle fût peut-être restée au couvent; mais elle eût été une mauvaise religieuse, c'est-à-dire ce qu'il y a de pire et de plus malheureux en ce monde. Ses chaînes, si douces pendant que la jouissance était impossible et l'espoir perdu, lui étaient devenues intolérables. L'image aimée, qui, pendant des années, avait dormi au fond de son cœur, maintenant la troublait, la rendait folle, l'agitait mortellement.

Cette fois, elle se crut obligée de tout dire à son confesseur, qui était l'aumônier du couvent. C'était un homme d'esprit étroit, mais très sensé. Il voulut d'abord attendre ; puis il vit la gravité du mal. Après tout, Emma n'avait prononcé aucun vœu ; elle n'avait pas porté le costume de l'ordre, le bandeau n'avait pas serré son front. L'aumônier avait du cœur, de la bonté. Le secret de la confession lui interdisait de consulter son évêque ; il forma son opinion par ses propres raisonnements. Convaincu qu'il y allait du salut de sa fille spirituelle, il eut une pensée toute paternelle. Il fit confier les deux petites filles d'Anna aux soins personnels d'Emma. Il espérait donner ainsi un emploi à l'inquiétude qui commençait à s'emparer d'elle, et déverser sur ces orphelines le trop-plein de son cœur. Dans le cas où l'union d'Emma et d'Émilien deviendrait commandée, il comptait ménager des issues pour qu'on pût dire que tout s'était fait sur les instances d'Émilien, « désireux de procurer une seconde mère à ses enfants ». Il espérait que l'éclat, le scandale, comme on disait, seraient de la sorte évités.

Le père vint voir ses petites filles, et Emma les conduisit au parloir. Le coup fut terrible ; elle fondit en larmes. Émilien avait peu changé ; il était tel qu'elle avait continué depuis cinq ans à le voir en rêve. Quant à elle, son corps s'était complètement émacié. Le torrent de larmes qui l'inonda, malgré elle, l'énerva ; elle fut bien moins maîtresse d'elle-même qu'elle n'avait coutume de l'être ; dans un mouvement instinctif de ses yeux noyés de pleurs, Émilien vit son amour.

Cet homme, d'un esprit ordinaire, mais

réellement bon, put alors tout comprendre. Un éclair traversa son esprit ; des rapprochements instantanés se firent. Comme il avait un cœur très tendre, il fut profondément touché. La vue de ses deux petites filles, qu'il aimait beaucoup, entre les mains de cette femme excellente, l'émut jusqu'au fond des entrailles. Un amour respectueux s'empara de lui. Le souvenir pieux qu'il avait d'Anna se confondit avec ce nouveau sentiment. Il n'avait lu aucun roman ; il était étranger à toute littérature ; la faveur inouïe que le ciel lui envoyait ne lui inspira pas un moment de fatuité.

**

Quelques mois après, Emma et Émilien étaient unis par le mariage. Ce que personne n'avait su voir, tout le monde alors le vit. Ce fut le pays entier qui les maria. Emma était fort aimée pour sa bonté. L'opinion, d'ordinaire peu favorable aux religieuses qui quittaient leur couvent, lui fut très indulgente. Elle dissimula par de petits artifices de coiffure, qui n'étaient pas sans grâce, ses cheveux tombés sous les ciseaux du cloître; ses seins, comprimés par les austérités, se dilatèrent; elle reprit ses vingt-quatre ans. On fut enchanté de la revoir; on l'avait crue enterrée pour jamais.

Ma sœur estimait que la joie qu'éprouva cette héroïne de l'amour fidèle fut la plus grande que jamais un cœur de femme ait éprouvée. Sa passion, silencieuse pendant cinq ans et redoublée par la souffrance, était devenue une partie de son être. Le reste de sa vie, il n'y eut jamais dans son amour, c'est-à-dire dans son bonheur, le moindre affaiblissement. L'état où elle avait été durant les cinq ans qu'elle passa au couvent, et qui fut si violemment troublé par le glas annonçant la mort de sa rivale, dura sans un seul nuage.

Son mari, soutenu par une si merveilleuse preuve de fidélité, fut tout le temps sous l'impression d'un sentiment tendre et passionné. La loi de leur union fut celle qui se lit sur l'anneau de mariage de saint Louis :

Hors cet anel pourrions avoir amour?

Émilien sentait, malgré sa médiocrité, le

trésor incomparable qui lui avait été départi. Son amour devint une sorte de culte religieux. L'épreuve avait été unique, surhumaine. Cette résolution de fer : « Hors lui, nul ne me verra », prouvée par le fait le plus indéniable, quoique dépassant fort la capacité de sa propre nature, l'étonnait, le domptait, lui inspirait une sorte de crainte, comme quelque chose de mystérieux.

Chez elle, ce qui dominait tout, c'était le sentiment d'un énorme triomphe. « J'ai vaincu » était la pensée dominante de sa vie. Le souvenir du couvent des Ursulines lui resta toujours cher. Elle y retournait tous les ans passer quelques jours. Sa piété était peu raisonnée et par conséquent peu agressive. Elle voulut garder dans une armoire son costume du couvent. Au fond de son alcôve, était suspendue à un clou sa discipline de religieuse ; elle rappelait souvent à son mari ce qu'elle avait souffert pour lui, et comment, durant cinq ans, elle avait lutté de sa chair pour conserver son amour ; avec sa permission, elle portait le cilice à certains jours. Ainsi elle goûta, sans un moment d'intermittence, la plus parfaite félicité qu'on puisse rêver. Elle avait beaucoup risqué. Toutes les chances étaient pour que le cloître l'épuisât, pour qu'Anna lui survécût. Cela ne l'avait pas arrêtée. La volupté, comprimée pendant cinq ans, coula chez elle à pleins bords. Pendant vingt-cinq ans, elle nagea dans un océan pacifique de bonheur et d'amour.

Ils eurent huit enfants, dont ils ne séparèrent jamais les deux filles de la pauvre Anna. Ils les élevèrent bien : leurs fils furent de très honnêtes gens. Comme ils n'avaient tous les deux aucun esprit, jamais la moindre subtilité littéraire, la moindre arrière-pensée ne vint troubler leur sincérité. On ne lit rien, heureusement, dans ces pays perdus : la maladie littéraire, ce phylloxera moral de notre temps, n'a point pénétré jusque-là. L'amour fut tout le temps comme une puissante dose de morphine idéaliste injectée sous leur chair.

Ils vivaient extrêmement retirés, au fond d'un manoir sombre, situé dans une vallée

près de la mer, au milieu d'un épais bois de
hêtres. Ces manoirs, si l'on s'en tient à l'extérieur, ont l'air de sépulcres : on dirait les
auberges du désespoir. Prenez garde : à l'intérieur, ils sont pleins de familiarités douces,
de privautés aimables. Les petits jardins
coupés de murs qui les entourent sont l'image
de la vie intime qu'on y mène. L'étang qui
alimente le moulin féodal cause d'abord un
certain frisson ; puis vous vous prenez à aimer
la verdure intense de ses oseraies, le froid
pénétrant qu'il exhale, les nénuphars qui dissimulent sa surface.

C'est dans un de ces nids de verdure, clos
de toutes parts et noyés d'ombre, qu'Emma
et Émilien passèrent leur vie. Au bout de
quelques années, on oublia leur histoire.
Presque personne ne les connaissait. Le grand
amour aime la solitude : il n'a pas besoin du
reste du monde. La vie d'Emma, dans ce
désert, fut celle du paradis, une jouissance
infinie, sans oscillation ni ralentissement. On
parle des orages de l'amour. Quel enfantillage ! La passion a des inégalités : mais la

volupté n'a pas d'orages. Le bonheur d'Emma, depuis sa victoire, fut ainsi comme une pleine mer sans flux ni reflux, où elle flottait endormie. La mort même n'exista presque pas pour elle. La vie sortit d'elle parce que l'heure de finir était venue. Elle mourut à cinquante ans sans maladie. Ces grandes joies durables s'évanouissent sans causer d'amertume. On prête à saint Augustin ce mot sur le bonheur des élus : *Quod habent desiderant.* « Ils désirent ce qu'ils ont. » C'est très bien dit : mais il faut se rappeler que ce comble du bonheur n'est conquis que par un excès d'héroïque volonté, très longtemps prolongé.

Ma sœur, en me racontant cette histoire, y trouvait un parfait exemple de l'amour comme elle le comprenait. Elle estimait Émilien le plus heureux des hommes, lui pour qui une femme excellente s'était condamnée à une vie d'austérité, lui donnant ainsi la garantie absolue de son amour exclusif. En cinq ans, elle ne vit pas un seul homme. Elle avait accepté de franc jeu la chance d'une réclusion éternelle. Comme dans toutes les batailles, il y allait de la vie. Il n'y a de récompense que pour ceux qui osent. Le bonheur est comme la gloire: pour l'obtenir, il faut jouer gros jeu.

Un jour, je me hasardai à dire à ma sœur que c'était là bien du dévouement pour un homme médiocre. — « Oh! qu'importe? me répondit-elle. Il ne méritait pas sûrement tant de bonheur : mais qui mérite le bonheur qu'il a? Voilà bien les idées fausses de tes hommes de lettres parisiens, qui s'imaginent que les grands hommes sont seuls dignes d'être aimés. Quel enfantillage! Tu verras un jour le ridicule de tout cela. Ah! les héros qui ont sauvé leur patrie, je conçois: mais des barbouilleurs de toile, des noircisseurs de papier, qu'est-ce que cela pour le cœur? Que sont les puériles célébrités littéraires au regard de l'amour? » Elle revenait souvent sur ce point. Elle était fort opposée à la sotte admiration de la renommée, qui est une des niaiseries de notre temps, et trouvait ridicule que la femme tînt à la réputation pour son mari. Elle, si peu moqueuse, raillait avec esprit les femmes qui recherchent les hommes prétendus supérieurs. Qu'est-ce qu'un mari qui appartient à tous? Elle pensait que la femme qui épouse un homme célèbre n'est épouse qu'à demi, le public entrant plus ou moins en tiers dans leur union. Il est sûr que le *Dilectus meus mihi et ego illi* du Cantique n'aurait pas eu de sens, si le pâtre de Sulem eût été un personnage connu, livré en pâture au public et interviewé chaque matin par les journalistes.

**

Que je voudrais qu'on écrivît ainsi une *Morale en action* de l'amour vertueux, où seraient racontés en style simple des cas héroïques comme celui d'Emma! La *Morale en action* fut, dans mon enfance, le livre qui eut sur moi le plus d'influence, après le *Télémaque*. On dit ces sortes de livres maintenant démodés : tant pis pour la mode. J'imagine que le grand succès du siècle serait pour un livre qui nous peindrait les hommes tels qu'ils devraient être : nous n'avons que trop d'occasions de les voir tels qu'ils sont.

Certes, une distinction est à faire entre ce qu'on propose à imiter et ce qu'on propose à admirer. Les exemples à imiter doivent toujours avoir quelque chose de médiocre et de bourgeois, car la pratique est roturière. Mais, pour obtenir des hommes le simple devoir, il faut leur montrer l'exemple de ceux qui le dépassèrent. La morale se maintient par les héros. La vertu féminine est un des éléments providentiels de l'édifice du monde. La femme a la charge du bien. Le vrai ne la regarde guère ; mais la preuve de la morale est bien plus dans les yeux de la jeune fille honnête que dans les raisonnements du métaphysicien.

Voilà ce qui me porte toujours, dans mes moments de loisir, à méditer sur le plus sacré des actes de la vie, voilà ce qui me fait trouver tant de plaisir à ces grands exemples d'amour noble, où l'amour et le devoir s'opposent l'un à l'autre et se grandissent réciproquement. La profanation qui se fait de l'amour dans la superficielle littérature parisienne est la honte de notre temps. C'est là le crime contre le Saint-Esprit, pour lequel, d'après l'Évangile, il n'y a pas de rémission. On traîne l'hostie sainte dans la boue, on méconnaît la grande force éducatrice du genre humain. L'amour n'a tout son prix qu'avec les gênes du devoir. Il n'y a pas de partie de la vie qui impose plus d'obligations, ni qui soit soumise à des règles plus compliquées.

A des devoirs étroits doivent correspondre des idées étroites. La foi des femmes est une vertu, il faut la respecter comme toutes les vertus féminines. On se trompe si l'on croit que nous avons envie d'amener les femmes à nos opinions philosophiques. Souvent, au contraire, nous sommes bien aises qu'elles ne nous écoutent pas. Nous aimons leur parti pris de ne pas entendre ce qui affaiblirait leur résolution héroïque. Il suffit que nous puissions supposer que, par une petite dissimulation, elles sont au fond d'accord avec nous.

La femme nous plaît justement quand elle nous résiste ; nous lui savons gré de ses refus. La femme qui nous ressemble nous est antipathique. Ce que nous cherchons dans l'autre sexe est le contraire de nous-mêmes. La faiblesse, les faux raisonnements, les idées étroites, l'ignorance, la superstition nous choquent chez l'homme et nous font sourire chez la femme. Nous aimons le signe de la croix fait d'un gracieux geste féminin. Nos œuvres viriles, il ne nous déplaît pas de les voir injuriées, méconnues par les femmes ; leur indignation nous enchante ; car nous voyons le sentiment délicat d'où vient leur méprise, et cela nous trouble peu, puisque, par la science, nous sommes sûrs d'avoir raison.

J'envie à mon éminent collègue M. Brown-Séquard ce qui lui advint à une de ses savantes leçons. Une dame antivivisectionniste, placée près de lui, lui donna un coup d'ombrelle. *Telum imbelle !* Cette excellente personne se trompait assurément, la vivisection, avec les soins d'humanité qui l'entourent, représentant la décillionième partie de ce que les animaux souffrent, est une chose bien inoffensive ; mais les erreurs de cœur nous plaisent chez les femmes. La colère que leur causent nos légitimes libertés prouve ce à quoi nous tenons le plus en elles, leur vertu, condition essentielle de leur charme et de la dissonance absolue que nous voulons entre elles et nous. Nous aimons l'absurdité féminine, tout en ne voulant pas qu'elle gouverne le monde et y fasse trop la loi.

Qu'en tout, du reste, la volonté de Dieu soit faite! Le monde est bien tel qu'il est; je serais désolé d'avoir en rien contribué à diminuer la piété chez les femmes. *Pietas,* dans son beau sens latin, impliquant tendresse et faiblesse, est le don excellent qui leur a été départi. A mon dernier voyage en Bretagne, j'ai été heureux de voir que les jeunes filles étaient aussi gentilles, aussi modestes, aussi bien élevées qu'il y a cinquante ans. Mon seul désir est que cela continue : je serai consolé si je peux savoir, après ma mort, que les femmes sont toujours aussi jolies et que l'amour est toujours aussi doux que par le passé.

Pour sauver la possibilité d'un avenir d'outre-tombe, beaucoup d'esprits élevés rêvent des séries de renaissances, avec des modifications profondes de notre être. Cet ordre d'idées n'est pas celui où je me complais; la métempsycose est l'idée qui m'a toujours le moins souri. Si quelque chose pourtant était concevable en cet ordre de rêves, je demanderais, comme récompense de mon œuvre de tête, à renaître femme, pour pouvoir étudier les deux façons de vivre la vie humaine que le Créateur a établies, pour comprendre les deux poésies des choses. J'ai vraiment assez raisonné et combiné comme cela. Je voudrais, dans un autre monde, parler au féminin, d'une voix de femme, penser en femme, aimer en femme, prier en femme, voir comment les femmes ont raison. Dès ce monde-ci, je désire vous assurer, chères sœurs, que je n'ai jamais eu pour vous aucun mauvais sentiment, que souvent même votre piété a été une des causes de ma joie intérieure. En la voyant si assurée, je me dis que mes idées, en ce qu'elles pourraient avoir de dangereux, trouveront vite leur contrepoids et que, par conséquent, je peux librement leur donner la volée.

II

SUPPLÉMENT A LA PAGE 119

DES

SOUVENIRS D'ENFANCE

L'approche de la vieillesse m'ayant amené, il y a quelques années, à choisir un séjour d'été près des lieux où se passa mon enfance, je voulus revoir le cimetière de..., où selon des inductions certaines, je savais que devait être enterrée ma jeune amie d'enfance, la petite Noémi. Hélas ! je n'y trouvai pas son nom. Une pierre tombale fut évidemment un luxe mortuaire trop cher pour elle ; elle n'eut qu'une croix de bois. Or, la croix de bois tombe vite en morceaux : la traverse qui porte le nom du défunt se décolle tout d'abord, et les morts, dont la mémoire n'est gardée que par ce signe fragile, n'existent plus bientôt que dans le souvenir de Dieu.

Ce souvenir-là, étant la réalité même des choses, est vraiment le seul qui compte. La mémoire des hommes, outre qu'elle est courte, est l'inexactitude même. J'ai l'honneur d'être membre de la commission de l'Histoire littéraire de la France, à l'Académie des inscriptions et belles-lettres. Si on savait quelle lessive d'erreurs nous faisons, à chacune de nos séances, tout le monde deviendrait incrédule sur ce qui se dit et se raconte. Le jugement dernier, à supposer que l'Éternel y fasse une place à l'interrogatoire des témoins, sera un tissu d'iniquités. Un incident m'ouvrit sur cette incurable débilité des opinions humaines un jour effrayant.

Ayant demandé quelques détails à une personne que je savais devoir être bien renseignée sur ma petite compagne, voici ce qui me fut répondu : « Oui, elle était fort jolie ; mais elle a mal tourné. Ne la cherchez pas ici. Elle suivit un tel... qui l'avait séduite, puis l'abandonna. Elle a fini sur les trottoirs de Paris. » La personne que j'interrogeais ajouta différentes circonstances très précises, qui paraissaient ne laisser aucun doute sur la vérité de ses assertions.

L'horreur d'un prêtre qui verrait tomber son saint sacrement dans la boue ne serait rien auprès du sentiment que j'éprouvai en ce moment. La pensée que ma petite amie, qui m'avait ouvert le paradis de l'idéal quand j'avais douze ans, aurait été à ce point profanée, me remplit d'indignation. Ce que ma mère m'avait raconté de sa mort pieuse était encore dans mon oreille. Je ne répondis rien à mon interlocuteur; mais je m'assis sous un vieux hêtre, à l'angle du cimetière, en face de la mer. Je rassemblai mes souvenirs; bientôt la vérité m'apparut, souveraine, évidente, sans mélange de conjectures. En rapprochant quelques particularités de la conversation que je venais d'avoir, je vis se dresser devant moi un malentendu clair comme le jour.

Noémi, en effet, avait une petite amie qui jouait souvent avec nous et qui ne lui ressemblait que par la beauté, une beauté qui venait du diable aussi en droite ligne que la sienne venait de Dieu. Je l'appellerai Nera. Quoique fille d'une mère très chaste, Nera eut dès son enfance les allures d'une fille de joie. Elle perdit sa mère de bonne heure; ma grand'-mère l'accueillit; mais, tout entière à sa dévotion, elle était pour Nera d'une extrême faiblesse. Elle ne voyait pas sa mauvaise conduite, et, quand ma sœur Henriette allait passer des semaines chez sa grand'mère, qu'elle aimait beaucoup, elle avait un perpétuel serrement de cœur. Nera la rendait malheureuse, raillait son sérieux, lui faisant entendre qu'étant moins jolie, elle était bonne tout au plus pour la servir. Ma sœur, excessivement délicate, souffrait sans rien dire. Un soir, revenant de l'église, au fond d'un couloir sombre qui menait à l'appartement où demeurait ma grand'mère, elle reçut, en poussant un grand cri, un baiser qui ne lui était pas destiné. Enfin la pauvre Nera tourna de la façon la plus triste. Un jour, rue du Val-de-Grâce, Henriette et moi nous reçûmes sa visite. Quoique très abaissée, elle avait l'air haineux. Henriette oublia ses répugnances, fit tout ce qui était possible pour la sauver. Mais cette bonté irritait la malheureuse. Derrière la bienfaitrice, elle voyait la petite fille dont elle avait agacé la vertu. Devoir tout à son souffre-douleur d'autrefois lui paraissait pire que la faim. Au bout de quelque temps elle changea d'adresse, et nous perdîmes entièrement sa trace.

Par des raisonnements indubitables, ne laissant place à aucune hésitation, j'arrivai à voir qu'une horrible confusion s'était établie et que, dans la mémoire des trois ou quatre personnes qui peuvent encore avoir quelque lueur sur ce passé, au souvenir de Noémi s'était substitué celui de Nera. Voyez à quoi tient la récompense de la vertu, si elle ne dépend que des hommes. Un quiproquo met à la charge d'une personne vertueuse le dossier d'une femme coupable. A vrai dire, cela n'est pas de grande conséquence : dans quelques années, les trois ou quatre personnes qui se souviennent de Noémi, et moi avec elles, nous aurons disparu, et tout alors sera enseveli dans cet oubli, monstre difforme qui digère journellement, ô ciel! bien d'autres erreurs.

Mais je tenais à protester par amour de la vérité pure. Je jure devant Dieu, au nom de mes souvenirs les plus fermes et les plus précis, au nom de faits et de raisonnements qui me donnent la certitude absolue, qu'une erreur a été commise, que la version de ma mère est la vraie, que ma petite amie mourut uniquement parce que la nature commit en elle une erreur, l'ayant faite à la fois belle, pauvre et sage. Comme je l'ai dit, elle est morte de vertu. On allait la voir à l'église faire sa prière ; mais tout se bornait là. Or, il était dans sa race d'être épouse fidèle et mère excellente ou de mourir. C'est Nera qui prêta l'oreille à de mauvais conseils et suivit la voie de folie. J'adjure l'Éternel de prendre garde à cette confusion, si elle tendait à passer dans le grand livre qui, dit-on, sera produit au jour de la justice. Je me lèverai, s'il le faut, dans la vallée de Josaphat, pour protester contre une telle monstruosité. Je veux que ma petite amie soit au ciel. Il va sans dire, cependant, que je ne m'opposerai pas à ce que l'Éternel, en son indulgence infinie, pardonne, si bon lui semble, à la pauvre Nera.

III

LA DOUBLE PRIÈRE

Un des plus beaux spectacles religieux qu'on puisse encore contempler de nos jours est celui que présente, à la tombée de la nuit, l'antique cathédrale de Quimper. Quand l'ombre a rempli les bas-côtés du vaste édifice, les fidèles des deux sexes se réunissent dans la nef, et chantent, en langue bretonne, la prière du soir sur un rythme simple et touchant. La cathédrale n'est éclairée que par deux ou trois lampes; dans la nef, d'un côté sont les hommes debout; de l'autre, les femmes agenouillées forment comme une mer immobile de coiffes blanches. Les deux moitiés chantent alternativement, et la phrase commencée par l'un des chœurs est achevée par l'autre.

Ce qu'ils chantent est fort beau ; quand je l'entendis, il me sembla qu'avec quelques légères transpositions, on pourrait l'accommoder à tous les états de l'humanité. Cela surtout me fit rêver une prière qui, moyennant de certaines variations, pût convenir également aux hommes et aux femmes.

L'humanité, en effet, par sa division en deux sexes, est comme un chœur où deux côtés se répondent. La tentative de réunir les prières des hommes et des femmes fut une des œuvres les plus réussies du christianisme naissant. Le moyen âge y excella aussi quelquefois ; témoin cette abbaye d'Angleterre, dont mon savant confrère M. Hauréau a parlé.

L'abbaye était double, c'est-à-dire composée d'un couvent d'hommes et d'un couvent de femmes, qui se réunissaient dans la même église pour les heures canoniques. Un mur coupait le chœur dans toute sa longueur, assez haut pour empêcher les nonnes et les religieux de se voir, pas assez pour empêcher leurs voix de se confondre. *Corpora non voces murus disjungit*[1]. Le chant qui s'élève de l'humanité vers l'Éternel, pour être complet, doit ainsi être double. Le monde ne sera sauvé que quand les hommes et les femmes prieront ensemble la même prière, avec la différence de tonalité qui leur convient.

Distinctes au ras de la terre, les prières doivent se mêler à une certaine hauteur, avant de monter vers le ciel. Ainsi les bruits discordants de la terre, à une certaine hauteur, se fondent en accord parfait. Je m'étonne qu'aucun théologien n'ait soutenu que les prières des hommes et celles des des femmes sont de qualité différente. Les deux encens, portés par les anges devant le trône de l'Éternel, composeraient, en brûlant ensemble, l'encens parfait.

Voici ce que je crus entendre dans les

---

1. *Hist. litt. de la Fr.*, t. XXVII, p. 32. Même usage dans le couvent idéal de Philon (*De vita contemplativa*, § 3).

chants de la cathédrale de Quimper, toute dissidence de secte et toute attache avec un dogme particulier mises à part.

CHŒUR DES HOMMES	CHŒUR DES FEMMES
Mon Dieu, je crois fermement en ta puissance, qui remplit le monde, tire la vie de masses inertes, la force de tissus fragiles, le génie d'un cerveau qui sera poudre demain. Nous t'adorons surtout dans notre poitrine. Jamais nous ne défaillons, et quand notre souffle commence à faiblir, nous sentons ta présence, par le puissant retour de force qui nous monte au cœur.	Mon Dieu, je crois fermement en ta bonté, qui fait battre notre cœur, déborde en notre lait, remplit nos mamelles, nourrit nos petits, cause la langueur tranquille de nos yeux, alimente notre tendresse, soutient notre piété. Nous sommes sûres que ton esprit est en nous, quand nos seins se soulèvent; le palpitement de nos seins, c'est ta voix.
L'œuvre du génie est ton œuvre. Le travail est la nôtre. Vive le travail, quand on travaille pour l'univers et l'humanité! Il nous plaît d'être victimes d'une belle œuvre, que tu sauras perfectionner encore. Certes, tu fais quelque chose, et tu le fais par nous. Nous sommes sûrs que le travailleur de l'humanité aura un jour sa récompense.	Loué soit ton univers! Il est bon, lumineux et grand. Tu as voulu que ta justice fût voilée comme nous. Sois loué. La justice, nous le sentons, est plus difficile à réaliser que la bonté. Sur ce point, nous nous résignons à attendre. Nous te donnons des siècles pour perfectionner ton œuvre. Va, compte sur nous.

CHŒUR DES HOMMES

Nos bras sont alourdis par la chaleur du jour. Pourquoi les fardeaux sont-ils pour nous, les jouissances pour d'autres? Nous n'avons commis aucune faute, et on ne saurait dire que ta puissance soit bornée. S'il y avait devant toi un dieu du mal, il y a longtemps que tu l'aurais anéanti.

Donne-nous la force de dompter nos colères. Quand nous nous abandonnons à nos pensées frivoles, nous nous irritons du bonheur des méchants, de la prospérité des injustes. A ta lumière, tout nous est expliqué. La liberté des êtres veut que tu les abandonnes à leur inégalité. O que la liberté coûte cher! Béni sois-tu pourtant de nous l'avoir donnée.

Consolons-nous, pauvres victimes; un Dieu se fait

CHŒUR DES FEMMES

Nos soins de mère ont été lourds aujourd'hui. Donne-nous la force d'être résignées. Tu nous aimes, oui, tu nous aimes; car tu as besoin de nous. Ton but est la vie. Nous sommes des instruments dans ta main pour la plus belle de tes œuvres. N'auras-tu pas pitié un jour de ta pauvre ouvrière de vie?

Nos épreuves parfois sont rudes. Longues sont nos fièvres, quand une de tes petites créatures pend, dans notre sein, à de longs fils de soie. La récompense de notre vertu, c'est la pauvreté. Notre repos, c'est la tombe. Notre lait est pour des petits enfants parés comme des idoles, qui ne sont pas les nôtres. Notre cœur s'indigne parfois; mais tu nous calmes; tu es le seul consolateur. La paix, le bonheur, le repos ne seront jamais qu'à tes pieds.

Oui, une heure passée avec toi nous donne la paix.

CHŒUR DES HOMMES

avec nos pleurs. Les méchants sont nécessaires. Notre pauvreté est la preuve que nous n'avons jamais rien fait de mal. Le méchant ne peut être une heure seul avec lui-même. Notre père, qui es au ciel, nous autres, à chaque heure, nous sommes avec toi, car tu es surtout dans notre cœur.

Le triomphe du mal ne nous ébranlera jamais. Nous admettrons toujours des devoirs allant jusqu'à la mort. O grande patrie des âmes, tu as droit à tous les sacrifices. Oui la mort, si elle se présente à nous de ta part, sera de nous aussi bien accueillie que la vie. Quand on te connaît, une heure de vie est un bienfait. Toute créature qui se sent et te sent doit rendre grâces et mourir en te bénissant.

Le courage qui était dans le cœur de nos pères est dans le nôtre. Le lâche est celui qui ne croit pas en toi. Quand on a vécu, on vit toujours;

CHŒUR DES FEMMES

Ici, tu nous communiques tes secrets, tu nous soulages, tu nous rends fières de notre pauvreté. Certes, le méchant est puni parce qu'il ne peut s'entretenir avec toi. Merci pour le lot qui nous est échu. Tu as voulu le monde, le monde se fait avec nos pleurs.

Oui, ô Dieu, nous serons fidèles. Fais ce que tu voudras, nous ne douterons jamais de toi. Nous te portons un défi, Dieu chéri. A nous deux! Tu ne nous vaincras pas. Demande, demande, toujours, nous te donnerons toujours. Notre cœur est prêt. Frappe, appesantis ta main; elle nous sera toujours douce.

Allons, abuse de notre patience, essaie ce dont nous sommes capables. Nous serons à toute épreuve. Tu as besoin, nous le savons, de

LA DOUBLE PRIÈRE.

CHŒUR DES HOMMES

on a tracé dans l'infini une trace éternelle. Que ce sillon soit long ou court, qu'est-ce que cela au regard de ton éternité? Tu te souviens de nous; nous sommes donc immortels.

Le but atteint, rendras-tu la vie à ceux qui auront contribué à la victoire du bien et du vrai? Toi seul le sais; nous ne devons pas le savoir. Ne suffit-il pas que nous vivions dans ta mémoire? Sûrement, nous voudrions savoir l'issue de la bataille que nous livrons avec toi. Sois vainqueur, ô Dieu! voilà l'essentiel. Nous triompherons en toi.

Ta règle a été de produire la raison par d'obscures aspirations à l'être, de créer

CHŒUR DES FEMMES

notre dévouement. Tu ne pourras faire marcher ton univers sans nous. Vois tes pauvres filles à genoux. Continue, continue à nous demander beaucoup, tant que tu voudras. Il est si doux d'être victime! Merci, ô Ciel, de nos faiblesses! Merci pour la confiance que tu as en notre force de souffrir!

Comme nous donnons la vie, nous l'aimons. Oui, nous voudrions vivre, être belles éternellement. O père, pardonne à l'aveuglement de tes pauvres filles. Tes dons sont si excellents que nous les voudrions éternels. Folles que nous sommes! Songeons à ce que nous demandons: des yeux gardant indéfiniment leur charme, des cheveux qui ne blanchiraient pas, des lèvres fraîches pendant mille ans. O père, pardonne notre égoïsme enfantin.

La beauté qu'à certaines heures, et durant quelques années, tu nous donnes est

CHŒUR DES HOMMES

des géants avec des décillions de microbes, de faire quelque chose de suivi avec des moucherons. Tes moyens sont humbles, tes résultats atteignent l'infini. La terre pesée, le ciel mesuré, l'atome décrit, quelles merveilles! Quand le puceron a fait son ouvrage, le gardes-tu pour l'éternité? Ce serait bien de l'honneur que tu lui ferais. Il est plus probable qu'il va prendre sa place parmi les myriades de ses congénères qui dallent l'infini.

Quittons ces dangereuses pensées. Nous ne savons rien de tes voies suprêmes. Nous faisons point à point le tissu d'une tapisserie dont nous ne voyons pas le dessin. Acceptons le salaire des bons travailleurs, et dépensons-le en paix. Tu veux la joie de tes ouvriers, bon maître. Dans le travail, tu as caché le plaisir.

CHŒUR DES FEMMES

chose fragile. Vraiment, nous ne saurions nous en plaindre. Ce qui passe n'est pas pour cela frivole. Entre celles qui aujourd'hui sont belles et celles qui l'ont été, où sera la différence dans un siècle? D'autres seront belles alors, puis passeront à leur tour. De quoi la fleur a-t-elle à se plaindre? Toi seul, tu es toujours le même, et tes années n'ont pas de déclin.

Subordonnées à tes fins, nous serons toujours bonnes, dociles et soumises. Nous aimerons les hommes et nous les servirons. Nous chasserons de leur esprit les pensées tristes; au besoin, nous leur dirons des folies. Serait-il possible que tu veuilles la tristesse de tes créatures? Non, non. O créateur mystérieux, si ton dessein était sombre, pourquoi aurais-tu caché la joie dans notre sein?

CHŒUR DES HOMMES

Nous avons acquis le droit d'aimer. Notre travail a été productif. Nous avons acheté le droit de nourrir nos enfants et de parer nos compagnes des pauvres atours qui suffisent à les faire belles. Merci pour le don que tu nous as conféré de les rendre fécondes. O Dieu! qu'importe d'être riche? Les riches jouissent-ils plus que nous des délices que tu as mises aux sources de la vie?

(*Les hommes se taisent durant cette strophe.*)

CHŒUR DES FEMMES

(*Les mères seules.*)

Notre part de douleur nous est chère. Douleur, volupté, qui dira où l'une finit, où l'autre commence? Le moment saint de la nature est celui où l'on obéit sans savoir à quoi, où l'on aime sans savoir qui. Tes saintes lois, ô Dieu, nous les observons. Tes commandements seront toujours la règle de notre vie.

(*Les jeunes filles.*)

Ta loi sainte, nous la voulons. Nous ne chercherons jamais à comprendre ce que tu as voulu cacher. Nous aimons le bandeau qui nous couvre les yeux. Nous ne croirons jamais que le frôlement d'ailes que nous sentons par moments ne vienne pas du ciel. Nous ferons comme firent nos mères. Nos pères et nos frères seront fiers de nous.

CHŒUR DES HOMMES

CHŒUR DES FEMMES

Oui, tes commandements, ô Dieu, ces commandements élaborés dans les profondeurs de tes sanctuaires, et qui nous sont transmis par la voix de l'humanité saine, nous les respecterons, nous les suivrons. Nous ne jouerons jamais avec l'amour ; nous briserons les horribles petites fioles enrubannées où se vend l'élixir des fleurs du mal. Jamais nous ne trahirons la femme qui, à une certaine heure, n'a pas eu de secret pour nous. Jamais nous n'abandonnerons l'enfant qui nous doit la vie. Nous nous déclarons redevables envers lui non de la richesse, mais de la direction initiale vers la vie et vers le bien.

(Les femmes se taisent pendant cette strophe. Presque toutes pleurent.)

Debout devant ta majesté, nous serons toujours tes fils respectueux, égaux entre nous comme nous le sommes devant toi. Nous te remercions pour la vie qui nous a été donnée, et nous ne craignons point la mort, délivrés que nous sommes de l'affreuse pensée qu'après nous avoir tant éprouvés

A genoux devant ta bonté, nous serons toujours tes filles obéissantes. Ce qu'exigent tes desseins, nous l'accomplirons d'un cœur humble. La créature que ton souffle allume dans nos entrailles nous sera aussi chère que nous-mêmes. Nous abdiquons éternellement toute pensée virile.

CHŒUR DES HOMMES	CHŒUR DES FEMMES
pendant la vie, tu passerais ton éternité à nous torturer. L'avenir verra de meilleurs jours que les nôtres, comme, en notre âge, nous avons été plus favorisés que nos pères. Mais chacun de nous est inséparable de l'état de l'univers, au moment où il est apparu. Heureux celui qui, dans la revue définitive, se trouvera du côté de ceux qui ont combattu pour le vrai et le bien !	Sachant que ce qui plaît en nous c'est toi-même, notre unique pensée sera de plaire. Nous cultiverons notre beauté, voulue par toi; et, l'associant indissolublement à l'idée de vertu, nous assurerons, par le charme qui s'exhale de nous, le triomphe du bien.

IV

DISCOURS PRONONCÉ

A L'INAUGURATION DE LA STATUE DE BRIZEUX

à Lorient, le 9 septembre 1888.

Votre fête est charmante, Messieurs. Vous avez eu une bonne pensée. Vous avez voulu qu'un de vos poètes les plus délicats ne restât pas sans souvenir dans sa ville natale. Un monument simple, élégant, vous rappellera, tous les jours, cette âme tendre, cet homme excellent, qui naquit et grandit parmi vous, et qui, mieux que personne, a révélé au monde les idées les plus chères, les derniers replis de la conscience de votre race, les plus intimes secrets de votre manière de sentir.

Sa vie modeste et peu récompensée avait bien droit à cette réparation. La Bretagne était en retard avec Brizeux. Grâce à vous, cette apparence d'ingratitude est effacée. Celui qui a dit :

> Et moi, je n'ai pas même un réduit assuré

a maintenant son socle de granit, d'où il nous invite à regarder avec lui la mer, le ciel, l'infini, les mystères de l'âme qu'on n'épuise jamais.

On a dit que Brizeux découvrit la Bretagne. C'est beaucoup dire peut-être. Mais il découvrit certainement une chose exquise entre toutes, il découvrit l'amour breton, amour discret, tendre, profond, fidèle, avec sa légère teinte de mysticité. Deux enfants cherchant à passer des heures ensemble sans se dire une parole, une jolie figure rose bien modeste, sous une petite coiffe blanche, rien de plus, cela lui suffit. Adorable simplicité de moyens ! Oh ! que nous sommes loin avec lui de ces fadaises, de ces ingrédients pervers que certaines écoles se croient obligées de mêler à l'ambroisie divine de l'amour ! Point de bijoux, point d'atours; à peine des fleurs; la couleur même rendue inutile, le blanc et le noir suffisant à faire valoir la fraîcheur d'un teint virginal. Le dirai-je, à la louange de cet artiste excellent? il n'a presque pas besoin de la beauté. La candeur, l'innocence lui suffisent. « J'ai vu Marie, disait un ami de Brizeux, un ami des premières années; elle n'était pas précisément jolie; mais il y avait chez elle une grâce singulière. » Eh! que faut-il de plus? Les effets de la beauté obtenus par le charme, voilà le triomphe de l'esthétique bretonne, voilà l'art de Brizeux; art exquis, toujours sain, toujours noble, qu'aucune maladie littéraire, aucune de ces vilaines tares qui souillent souvent les œuvres les plus pures de notre temps, n'est jamais venue troubler en sa limpidité.

Sa poétique était simple, parce qu'elle était vraie. Il aimait la vie avec ce qui la rend supportable, le goût du bien sous toutes les formes. Il n'était pas de ceux qui se vantent d'avoir tué le sommeil. Pour dormir, il n'avait pas besoin de ces narcotiques qui énervent plus que l'insomnie. Pour dormir, il n'avait besoin que de l'ombrage d'un chêne sur cette terre « où l'on peut vivre et mourir solitaire ». Il eut parfois des doutes ; ses papiers vus après sa mort par des amis discrets en font foi ; il condamna les feuilles où ils étaient déposés à rester inédites. Il est bien de lui ce vers si touchant :

Tous entendront ma voix, nul ne verra mes pleurs.

La poésie et l'amour, ces voix d'un autre monde, ne l'abandonnèrent jamais. D'autres cueillirent les fleurs du mal ; lui, il n'aima que les fleurs du bien, ce qui relève, ce qui console cette pauvre humanité trop portée à se calomnier. Son idéal est un temple ouvert à tous, et dont ne seraient exclus que « le lâche et le méchant ».

Cette foi au bien le préserva des grandes erreurs modernes, le nihilisme, le pessimisme. Ce ne sont pas là précisément les maladies de notre race. La dose de foi robuste dont nous héritons, même réduite en nuages, nous soutient. Nous n'avons rien épuisé ; car jamais nous n'allons jusqu'au fond de la coupe. Voilà pourquoi nous sommes frais pour la vie, quand tant d'autres sont fatigués de vivre. Pour passer aux idées modernes, nous n'avons pas à nous convertir. Nous y portons notre sincérité religieuse, notre fidélité, et surtout, ce dont le siècle a le plus besoin, notre bon sens, notre honnêteté.

Quand on est sûr d'avoir raison, on est doux contre l'injustice. Les temps furent très durs pour Brizeux. On n'accordait pas alors aux variétés provinciales un droit de cité aussi large qu'aujourd'hui dans la grande littérature générale de la France. Timide comme tous les Bretons, Brizeux cherchait à inaugurer quelque chose qui n'avait pas encore sa place au soleil officiel. Il fut peu compris. Il désira être de l'Académie, et l'Académie eut le tort de ne pas le nommer. Il resta toujours pauvre; mais il chanta jusqu'à la fin. Le confident de ses dernières heures, M. Saint-René Taillandier, a raconté comment il mourut avec l'assurance d'un grand cœur, content de son œuvre, plein de foi, et proclamant hautement son aversion pour tous les pharisaïsmes, pour toutes les hypocrisies.

Que vous avez bien fait, Messieurs, de couronner par des honneurs publics cette vie si désintéressée, si haute, si pure ! Ce bel endroit rempli par le souvenir de Brizeux, sera pour votre ville un lieu de recueillement, un endroit pour rêver (la meilleure chose qui soit au monde), une oasis dans l'âpre désert de la vie moderne. Les soucis positifs de notre temps ne font que rendre la poésie plus nécessaire. Elle est, avec la religion bien comprise, le baume qui adoucit et console, la voix qui dit en nous : *Sursum corda!* Elle aura ici sa place en quelque sorte consacrée. Ce joli square sera un lieu de pèlerinage, où l'on viendra chercher le repos dans la chaleur du jour. La statue de Brizeux sera pour vous un sanctuaire, un signe de rappel aux choses du cœur et de l'esprit. Vous aimerez cette place, et, chaque fois que vos passerez devant cette noble image, vous penserez au cher poète qui a mis votre âme dans ses vers.

V

L'AMOUR ET LA RELIGION

LETTRE A M. PÉRIVIER, RÉDACTEUR DU *SUPPLÉMENT LITTÉRAIRE DU FIGARO*

Rosmapamon, en Louannec, 4 août 1888.

Cher Monsieur,

Vous insistez pour avoir mon avis dans le charmant concours que vous avez ouvert à vos lectrices sur cette question : « Quel est le livre qui a le plus délicatement et le plus éloquemment parlé de l'amour ? » Vous m'apprenez qu'un grand nombre de vos concurrentes se sont comme donné le mot pour répondre : La *Bible*, les *Évangiles*, l'*Imitation*, et vous me demandez ce que je pense de cette rencontre. Des railleurs y verront peut-être un raffinement d'hypocrisie, comme si vos correspondantes avaient voulu prouver par là qu'elles ne lisent pas d'autres livres. L'objection me toucherait peu : car, je l'avoue, j'aime les femmes qui n'ont pour toute littérature que leur livre de messe, pourvu qu'avec cela elles soient bonnes ou belles; mais laissons là les épigrammes; je vais examiner la question, puisque vous l'avez voulu, avec toute l'impartialité d'un juré consciencieux.

Ce que je pense, c'est que les spirituelles lectrices qui ont ainsi répondu à votre question ont très bien répondu. Dans leur parti pris de n'alléguer que des livres de religion, il y a une grande vérité, c'est l'identité fondamentale de la religion et de l'amour. Oui, la Bible et les Évangiles, livres merveilleux en tant de choses, le sont en particulier par la manière dont les relations des deux sexes y sont touchées. La vie du grand charmeur évangélique est, à chaque page, un soufflet donné aux pharisiens, soit du camp libertin, soit du camp rigoriste.

Le rôle de Marie de Magdala, en ce qui regarde la formation de la croyance à la résurrection, est le comble et vraiment le miracle de l'amour.

Dans la grande compilation qu'on appelle la Bible, nous faisons des distinctions que vos charmantes abonnées ont bien raison d'ignorer. Les délicieuses idylles qui maintiendront toujours la Bible à un rang incomparable entre les livres, se trouvent dans ces parties des vieux récits qui proviennent d'un certain narrateur, presque toujours facilement reconnaissable. C'est l'auteur des belles pages de la Genèse où se dessine le Jéhovah grandiose qui crée le monde, puis s'en repent, qui voit très bien que le seul moyen de réformer l'humanité serait de la détruire, et qui pourtant, après l'expérience manquée du déluge, se résout à la laisser désormais suivre ses voies. Ce pessimiste de génie, l'inventeur du péché d'origine, est surtout admirable en tout ce qui touche au rôle de la femme dans les choses humaines. Quand il aborde ce sujet, il est profond, attendri, mystérieux. Son géant terrible de Jéhovah s'occupe de mariages, s'intéresse aux amants. C'est à ce philosophe, sombre comme Schopenhauer ou M. de Hartmann, que nous devons les idylles patriarcales d'Isaac et Rébecca, de Jacob et Rachel. Dans un lointain obscur, c'est lui qui nous montre les fils des dieux s'apercevant que les filles des hommes sont belles, et, tout à fait aux origines, c'est lui qui nous raconte la femme tirée du flanc de l'homme (le plus beau mythe qu'il y ait dans aucune religion), la nudité primitive dont ne rougissent pas les habitants d'Éden, la pudeur qui naît avec la faute, les larges feuilles de figuier indien servant à voiler les premières hontes, puis ce vêtement de peau dont Jéhovah, costumier à la Michel-Ange, revêt les expulsés, de ses propres mains.

Le livre de Ruth est de la même école. Rien n'est tendre comme l'homme austère. Toutes ces vieilles fables sont des merveilles de grandeur, de dessin sobre et ferme, sans aucune de ces arrière-pensées littéraires qui gâtent tout. Pour moi, je ne peux les lire sans larmes. Et certes, j'aime beaucoup aussi ce touchant anonyme, ce vieux moine arrivé à la plus haute sagesse, qui a écrit, dans l'*Imitation*, la règle du parfait amour: *Ama nesciri*.

Si j'avais participé à votre concours, descendant à des régions plus humaines sans sortir de la mysticité, j'aurais peut-être ajouté à ces livres presque divins quelques grandes œuvres du génie chrétien, par exemple les *Confessions* de saint Augustin, l'*Introduction à la vie dévote* de saint François de Sales. Quels livres ravissants! L'*Introduction* surtout! Je ne l'ai pas ici sous la main. Mais je me rappelle le chapitre de l'amour des époux comme une des pages les plus charmantes qui existent. Le saint évêque a sur l'amour conjugal un système singulier. Il pense que, le mariage étant par lui-même une chose lourde, désagréable, pleine de devoirs, un purgatoire enfin, l'Éternel, dans sa bonté infinie, y a joint une douceur particulière, dont on peut jouir en toute sûreté de conscience, puisque c'est la compensation d'une chaîne, par ailleurs fort désagréable.

Ainsi Abimélek, roi de Gérare, recevant

dans ses États Isaac et Rébecca, « *le plus chaste pair de mariés de tout l'Ancien Testament* », qui se donnaient pour frère et sœur, reconnut bientôt qu'ils étaient tout autre chose. Se promenant le soir dans les rues de Gérare, il devina la vérité à la manière dont ils se souriaient l'un à l'autre. Le commentaire de François de Sales sur ce récit est un chef-d'œuvre de finesse et d'ironie mondaine, relevée par une extrême bonté. Le raisonnement du saint évêque, cependant, est-il très concluant et le plan compensateur de l'Éternel est-il aussi évident qu'il le croit? On peut assurément le contester. Car, enfin, si le plaisir n'avait été imaginé par Dieu que pour rendre le mariage supportable, il faudrait en conclure qu'il n'existe pas en dehors du mariage. Or le saint évêque n'ose aller jusque-là, et il semble, dès lors, que sa théorie sur les desseins secrets que Dieu a eus en inventant l'amour pèche un peu par la base.

Il y a aussi peut-être quelque chose de défectueux par ironie dans la manière dont François de Sales, à ce même chapitre, veut que l'on traite les vieux maris. Il faut, selon lui, les envisager comme des fruits mûrs. S'ils n'ont aucun défaut, aucune tache qui doive faire craindre qu'ils ne se gâtent, on peut les conserver tout l'hiver; et pour cela, le meilleur moyen est de les ficeler avec les feuilles mêmes qui les avoisinaient dans leur fraîcheur. Ces feuilles leur constituent un petit entourage, un milieu, des habitudes, où ils croient vivre encore. Mais s'ils ont quelque tare, quelque principe de corruption, ils ne sont bons qu'à être mis en confiture. La confiture, c'est naturellement la dévotion, qui les conserve et leur donne un sucre qu'ils n'auraient peut-être plus sans cela.

Je donne la recette du bon évêque d'Annecy pour ce qu'elle vaut. Ce n'est pas pour cette page-là que je l'aurais présenté au concours. Mais il est sûr que le ton qu'il observe avec sa Philothée est d'un homme exquis. Il aima beaucoup les femmes, et tira d'elles un merveilleux parti, parce qu'il s'imposa toujours la règle absolue de son état. Il admit la possibilité d'une collaboration tendre et de relations très intimes entre l'homme et la femme, au profit d'une œuvre aimée en commun. Ceci est un des secrets de l'Église de Jésus, et là est l'explication du sentiment que les femmes, dans certains pays, éprouvent souvent pour les prêtres. Elles les trouvent supérieurs à leurs maris, et, le vœu sacerdotal leur inspirant une sorte de sécurité, elles se livrent sans trouble à un sentiment que, dans toute autre circonstance, elles combattraient.

Couronnez donc, sans hésiter, celles de vos concurrentes qui ont opiné pour les livres saints. Elles ont parfaitement compris, d'abord que la bonne manière de parler de l'amour est d'en mettre partout l'essence et le parfum, non d'en parler directement et sur un ton doctrinal; puis, que les mystiques, ou, en d'autres termes, ceux qui ont le moins abusé de l'amour, sont ceux qui peuvent en parler le mieux.

Donnez pour prix à ces graves lectrices un exemplaire de l'*Introduction à la vie dévote*, édition de M. de Sacy, chez Techener, reliure janséniste. Privilège enviable que celui de ces vieux livres, qui ont le droit d'être lus à l'église par les femmes pieuses, au moment où, les yeux baissés, sans distractions, elles tiennent toutes leurs pensées recueillies devant Dieu, n'ayant rien au cœur que de tendre, d'aimable et de bon! Je souhaite souvent de vivre en quelques phrases que puissent, à ce moment-là, parcourir des yeux celles à qui l'ancien missel ne suffit plus. Hélas! je ne sais si cela me sera donné!

Maintenant, il est entendu que si vous avez reçu des solutions plus mondaines, plus gaies, plus vraies peut-être, il ne faudrait pas non plus les priver de leur récompense. Dans ce cas, donnez deux prix, répondant à l'éternelle duplicité qui est le fond de la nature humaine, et tout le monde sera content; ce qui est l'essentiel.

Croyez à mes sentiments les plus affectueusement dévoués.

VI

LE DINER CELTIQUE

―――

Le dîner celtique fut d'abord une réunion de pauvres Bretons, presque tous faisant des vers et se réunissant pour se les lire une fois par mois, le plus près possible de la gare où l'on met pied à terre en arrivant de Bretagne et que l'on prend pour y revenir. Le fondateur en est M. Quellien, poète lui-même et auteur de nouvelles bretonnes, pleines de charme.

Le prix du dîner fut dès l'origine et est toujours fixé à cinq francs. La sobriété est restée la même ; mais grâce, à une ethnographie complaisante, le cadre du dîner s'est fort élargi. M. Quellien nous fit admettre que les limites de la race celtique sont les limites mêmes du monde ; toutes les races reçurent ainsi bon accueil à notre petit cercle. J'y ai vu des Hindous, des Lithuaniens, des Hongrois, des nègres même. Au dessert, la poésie déborde dans les langues les plus diverses ; le bas-breton chanté par Quellien se fait applaudir même par ceux qui n'y comprennent pas un traître mot.

Quellien prolongea ma vie de dix ans quand, vers 1880, il m'invita à ces réunions pleines de gaieté et de cordialité. J'y retrouve tous mes vieux souvenirs ; je me crois rajeuni de cinquante ans.

J'y parle beaucoup et comme j'aime à parler aux dîners, sans compter ni préparer mes paroles ; j'en sors comme d'un voyage en Bretagne, gai, relativement dispos, ardent au travail, rattaché à la vie.

Quoique la discrétion la plus absolue soit la

règle du dîner celtique, Quellien connaît des journaux. Il sait que le public s'amuse de peu de chose, pourvu qu'il s'agisse de personnes ayant de la notoriété, et que ce qu'on lui dit ne soit pas très sérieux.

L'amitié de ceux qui m'écoutent leur fait, d'ailleurs, trouver du plaisir à se rappeler des propos décousus, qui n'eurent d'autre intérêt que l'abandon avec lequel ils furent dits. Quelquefois les journaux du lendemain en contiennent des extraits.

Deux ou trois fois il m'est arrivé, en lisant ces comptes rendus bienveillants, de trouver que, grâce aux rédacteurs, qui y mettaient un peu de suite, mes petits impromptus avaient une saveur bretonne assez prononcée. Mon cher Calmann m'ayant recommandé de ne guère composer ce volume que de bretonneries, je donne ici deux ou trois bribes de ce genre. Elles se rapportent aux solennités du dîner celtique, qui sont la rentrée, en novembre, les Rois, en janvier, et ce que Quellien appelle le *Pardon des Bretons*, à la réunion d'avril.

A la fête des Rois de 1889, on me prête ce qui suit :

Vous savez combien j'ai horreur des discours, surtout des discours à table... Et cependant, je ne puis faillir à dire quelque chose en l'honneur des rois mages. J'ai une dévotion particulière pour eux. Quel temps que celui où les rois étaient mages et où les mages étaient rois! Ah! c'étaient là vraiment des rois comme nous les aimons, je veux dire bien chimériques. S'ils arrivaient à Paris, dans un moment de crise comme celui où nous sommes, et faisaient appel au suffrage universel, certainement nous voterions pour eux, nous autres, éternels enfants, partisans obstinés de la chimère ; mais aussi, comme nous serions battus! Ces pauvres rois mages, quel fiasco ils feraient! C'étaient de vrais idéalistes, quittant leur pays pour suivre une étoile! Ah! Messieurs, quels bons rois c'étaient là!...

Le hasard, un peu dirigé par Quellien, fit tomber la fève dans mon lot.

Quelle délicieuse royauté que celle de la fève! J'aime mieux être roi par la désignation de la fève que par celle du suffrage universel. Buvons donc à la fève, aux rois mages, au royaume de féerie, dont nous sommes les fidèles sujets!

En 1891, je me suis un peu répété; car voici ce que j'ai dit, à ce qu'il paraît :

Comment faire parler les mages après notre ami Bouchor, en son ravissant *Noël* de l'autre jour? Quel petit ouvrage exquis! Quelle charmante soirée il m'a fait passer! Comme il a prêté de bons sentiments à ses royaux personnages! Je ne sais pas si ces dignes souverains avaient une théologie aussi avancée. Mais qu'importe? C'étaient sûrement des gens de cœur.

La légende ne dit pas qu'ils soient venus en Bretagne. C'est dommage. On les eût fêtés, acclamés, nommés à l'unanimité souverains du pays. Ils sont venus à Trèves; la chose est sûre, puisqu'on y voit encore leur auberge..., celle où ils sont descendus...; c'était évidemment la meilleure de la ville... Des voyageurs de cette importance!!

Mais si nous ne sommes pas certains qu'ils soient venus en Bretagne, c'est du moins excessivement probable, n'est-ce pas, mon cher Quellien? Faites des recherches là-dessus; vous trouverez des preuves, j'en suis sûr. Et s'ils y sont allés, ils ont dû être très contents de leur voyage. Ils ont trouvé là de si bonnes choses, un doux pays, de bonnes gens... et de bon cidre.

Ce sont là nos vrais patrons. Nous autres, idéalistes, détachés des choses de la terre, nous suivons comme les mages une étoile, sans trop savoir où elle nous conduit.

Comme c'est bien ce qu'ils ont fait là... ils ont abandonné leurs sujets, et, après tout, on ne voit pas que ceux-ci s'en soient trouvés plus mal. Le régime constitutionnel fait quelquefois des progrès par l'absence, la folie, la minorité des souverains.

Oui, nous sommes un peu comme ces mages

d'Orient. Nous sommes les compagnons de route des étoiles! Celle qu'ils suivaient, les a conduits à une crèche, où, sur la paille, ils ont trouvé ce qu'ils cherchaient.

Les étoiles que nous suivons ressemblent à l'étoile des mages; elles nous mènent à tout, excepté à la richesse. Oui, Messieurs, nous réussirons à tout, excepté à nous enrichir. Ce n'est pas là notre état. Nous laisserons toujours à d'autres le soin alourdissant d'être riches. Cela ne nous regarde pas. *Vidimus stellam ejus ; venimus adorare eum.*

J'ai quelquefois bien envie de savoir ce qui s'est passé dans les royaumes de ces bons monarques, pendant leur voyage à la recherche du vrai Dieu. J'aurais dû demander des renseignements à mon confrère M. de Vogüé. Vous savez que les Vogüé descendent des rois mages, — ou du moins de celui d'entre eux qui s'appelait Melchior, — et c'est pourquoi l'aîné de la famille porte le prénom de Melchior, en souvenir de ce glorieux ancêtre. Mon confrère doit avoir, dans ses papiers de famille, des renseignements bien intéressants sur lui. Mais rien ne vaut *Vidimus stellam ejus ; venimus adorare eum.*

Toujours du latin dans les histoires que je vous conte, et des histoires que seuls les curés savent! Si j'avais été curé de campagne, comme c'était évidemment ma vocation, — quelle profession charmante! comme on y peut faire du bien et être heureux! — j'aurais prononcé, tous les ans, le panégyrique des rois mages. N'étant pas curé de campagne, m'étant trouvé appelé à d'autres exercices, je verse, quand je suis avec vous, dans mon ornière; je redeviens curé. Excusez-moi, Messieurs.

Le pardon de 1889 fut particulièrement brillant et animé, Quellien étincelait.

Vous parlez comme un oracle, mon cher Quellien, et vous devez être content et fier d'avoir un aussi beau dîner celtique ce soir, un dîner comme vous n'en n'aviez jamais vu encore...

Je vous assure, Messieurs, que cette fête me remplit de joie. Mon ami Quellien vient de vous dire ce que c'était qu'un pardon. Il y avait des danses, des beuveries; on y entendait des sermons; on y gagnait des indulgences. Des indulgences!... Oh! la bonne chose! Qui n'en a pas besoin? Il est vrai que quarante jours, cent jours d'indulgence, quand on a des milliers d'années de purgatoire en perspective, c'est bien peu. Mais, d'un autre côté, ce purgatoire, je me le figure toujours comme quelque chose d'assez plaisant. Ce doit être un séjour fort aimable; on s'y trouvera en excellente compagnie, car ce ne sont pas toujours, n'est-il pas vrai? les personnes les plus agréables à connaître qui vont droit en paradis. J'imagine qu'on trouvera là de petites allées discrètes et sombres, où se dérouleront de charmants entretiens, continuation peut-être de délicieux romans commencés sur la terre.

Pour revenir aux pardons, je me représente souvent ceux d'autrefois en Bretagne. A Saint-Yves, par exemple, près de Tréguier, je me rappelle cette chaire adossée au mur de l'église — au moyen âge, vous le savez, on prêchait en plein air. — On arrivait à la chaire par une échelle : aucune autre communication, ni par l'intérieur ni par l'extérieur; aucun escalier. Le prédicateur escaladait la balustrade et parlait. En somme, ce qu'on disait là était assez dans mes cordes, au moins quand on y prêchait le pardon des injures, la réconciliation ; si mon cher saint Yves a inspiré de son tombeau une si bonne doctrine, je suis deux fois son disciple.

J'ai raconté ailleurs comment il fut mon tuteur. A la mort de mon père, ma mère, voyant l'état désespéré de mes affaires, me prit par la main, me conduisit à la chapelle du Minihy et me confia aux soins de l'excellent homme de loi. Je ne peux pas dire que le saint se soit montré en ce qui me concerne grand homme d'affaires ; je ne lui en suis pas moins reconnaissant. Je lisais il y a quelques jours les documents que mon confrère M. de La Borderie a publiés sur sa biographie. Quelques-uns m'ont frappé. On y voit l'homme d'aussi près que s'il avait existé il y a une vingtaine d'années : son costume, ses habitudes, ses manières de faire, tout y est. Saint Yves est un des hommes qui ont le plus honoré la Bretagne. Sa réputation s'est étendue, au xve siècle, dans le monde entier. Un bas Breton qui fait parler de lui le vaste monde a bien à cela quelque mérite. Pour trouver un saint avocat, on a dû le venir chercher jusqu'en basse Bretagne ; c'est qu'il n'y en avait pas beaucoup ailleurs.

Mon Dieu ! j'aimerais bien, du haut de cette chaire de Saint-Yves, ou de tout autre, faire un sermon laïque. J'étais fait pour prêcher. Du reste, n'est-ce pas ? je suis un curé raté, et le costume civil ne me va pas du tout ! (Rires.) J'aurais voulu prêcher dans un pardon en Bretagne, et ce que j'aurais aimé prêcher, je le répète, c'est la pacification. Les hommes sont trop divisés; cela m'attriste. Dans mon enfance, je n'ai pas vu cela : il y avait de grandes divergences d'opinions; il n'y avait pas de divisions à mort comme il y en a aujourd'hui. Mon père, mon grand-père étaient de grands patriotes; ils avaient servi la Révolution. En 1815, la situation devint très difficile pour mon père. Il fallait à tout propos la contre-signature d'un chevalier de Saint-Louis. Le principal légitimiste de la localité vint lui dire : « Monsieur Renan, quand vous aurez besoin d'une signature, je ne veux pas que vous en demandiez d'autre que la mienne. » Pas l'ombre de haines entre des hommes qui, la veille, s'étaient presque tiré des coups de fusil.

Cela commença à changer en 1830. C'est ainsi que la messe qu'on disait pour la fête du roi Louis-Philippe — la messe à Philippe, comme on l'appelait, — était une grande cause de divisions. Ma mère m'a raconté qu'un jour elle alla à cette messe; c'était un dimanche. En y allant, elle rencontra Madame D***, une fort respectable personne, qui demeurait à côté de nous, une vieille légitimiste, bien entendu, qui lui dit : « Comment, madame Renan! vous allez à la messe à Philippe! » Et ma mère lui répondit : « Mon Dieu! madame D***, je vais à la messe; mais, si cela vous fait de la peine, je n'irai pas. »

Ce n'est pas comme cela maintenant; on est à couteaux tirés. Nous ne voyons pas cela, nous autres qui vivons à Paris. Tout se borne entre nous à de tout petits schismes, qui ne tirent pas à conséquence; n'est-on pas libre de dîner chacun à sa manière? Mais, en province, c'est autre chose. On se regarde, on se serre de bien plus près. Je le répète, tâchons de nous entendre; les choses humaines ne valent pas la peine que, pour elles, on s'entre-déchire, on se rende l'existence désagréable.

Je ne vois jamais la nouvelle église de Montmartre sans faire diverses réflexions. Si cette église ne reste pas éternellement sous le vocable du Sacré-Cœur, — ce qui pourrait bien arriver — j'en voudrais faire un temple à la paix, à la concorde, à la pitié, à l'oubli. J'y voudrais une chapelle pour toutes les victimes, pour tous les vaincus, pour tous les martyrs. Louis XVI y aurait sa place à côté de ses bourreaux. Tous les morts s'y embrasseraient. Les vivants de tous les partis y viendraient prier et se pardonneraient. Tel est mon rêve; il ne se réalisera pas. Je doute, d'un autre côté, que cette église reste toujours église du Sacré-Cœur.

En tout cas, Messieurs, qu'il ait un temple ou non, que l'Oubli tienne une large part dans nos actes et nos pensées.

Voilà le petit sermon laïque que j'aurais aimé à faire, s'il m'était possible de parler dans une chaire; ce qui m'est interdit.

Eh bien! remercions notre cher Quellien de son initiative, et buvons tous, si vous le voulez, à la prospérité de ce dîner, à sa cordialité, à sa gaieté. Saint Yves nous garde des riottes, des zizanies. *Amen.*

A la séance de rentrée en novembre, ces messieurs me demandent en général comment j'ai passé mes vacances à Rosmapamon.

Bien, chers amis, très bien vraiment. J'ai revu mes plus vieilles petites connaissances, des fleurs que je n'ai vues qu'en Bretagne, des oiseaux sur lesquels je me faisais, enfant, toute une mythologie. Je n'entends jamais sans un tressaillement « l'oiseau qui se scie le cœur ». Il a un hoquet étrange qui rappelle le bruit d'une scie qu'on fait aller de haut en bas. Il me troublait; je me figurais au dedans de lui une petite scie de diamant, aux dents acérées, prodigieusement fines, avec laquelle, pour ne pas suffoquer, il se faisait une entaille au cœur.

Les jeunes filles me paraissent aussi jolies et aussi naïves qu'autrefois; évidemment nos doctrines ne les ont pas atteintes. Elles ont le même air de crédulité gaie, résignée. Nous n'aimons bien toute notre vie que les têtes de jeunes filles que nous avons vues de seize à dix-huit ans. J'ai retrouvé plusieurs des petites amies qui jouèrent avec moi quand j'étais enfant et en qui m'apparurent pour la première fois personnifiés le devoir, le charme, la vertu. Elles ne sont plus jeunes, mes petites amies. La pauvre Manon, ma petite bonne, qui avait cinq ou six ans de plus que moi, est morte l'an dernier. Elle appartenait à une famille de pauvres gens légitimistes (cela ne se voit plus); nous avions d'interminables discussions politiques; j'étais philippiste; elle était carliste; elle soutenait que Louis-Philippe n'était pas vraiment roi; car il n'était pas *trôné*, comme elle disait. Elle est morte heureuse, à l'hôpital où je suis allé la voir; car je donnai de quoi lui faire après sa mort ce qu'on appelle une *chapelle,* c'est-à-dire une exposition funéraire à la porte de l'hôpital, où les parents et amis viennent vous dire adieu. Une bonne plus sérieuse fut Marie L***, dont j'ai retrouvé la trace cette année. Elle est hospitalière sous le nom de sœur

Marie-Agathe. Elle a sûrement plus de quatre-vingts ans. J'avais six ans; elle devait en avoir dix-sept ou dix-huit; je la trouvais alors fort jolie.

Cette sélection des jolies personnes, je la fis de très bonne heure. Le lendemain de notre installation à Lannion (j'avais sept ans), on m'envoya faire une commission chez une tante qui était pour nous d'une grande bonté; nous avions-là deux cousines, qui se lièrent bientôt avec ma sœur Henriette. Je fis ma commission tout de travers; j'avais tout oublié. « Voyons, qui as-tu vu? Adèle? Alexandrine? » Je ne savais pas encore distinguer mes deux cousines par leur nom. Je répondis « la jolie ». Le soir, ma sœur raconta la chose chez ma tante T***; on rit beaucoup; celle qui n'était pas la jolie, mais qui était la meilleure fille du monde, me fit « la guerre » toute la soirée. Je répète que j'avais sept ans. La jolie et celle qui, d'après mon avis d'alors, ne l'était pas ont maintenant plus de quatre-vingts ans.

A ce propos, laissez-moi vous dire que j'eus, il y a quelques mois, une vive impression du plaisir que j'éprouvais avec mes jeunes compagnes il y a soixante ans.

Un matin, au Collège de France, Yves, mon domestique, vint m'annoncer qu'une vieille dame et une jeune demoiselle demandaient à me parler. Je donnai ordre d'introduire. La jeune entra seule, s'assit avec une aisance et une grâce charmantes. C'était une enfant de douze ou treize ans, le visage frais et rose, entouré d'une auréole de cheveux blonds bouclés, avec une expression de candeur extrême. Son chapeau était comme je les aime, pas trop ouvert, ni rejeté en arrière. Je crus voir une apparition, comme

si une des petites Bretonnes de ma seizième année
fût ressuscitée devant moi; je pensai à celle que
j'avais aimée le plus :

Sic oculos, sic illa manus, sic ora ferebat.

Ma petite visiteuse ouvrit tout de suite l'entretien.
« Monsieur, me dit-elle, voudriez-vous accepter quelque chose de moi ? — Oui certes, mademoiselle. »
Elle ouvrit un très mignon porte-cartes, et en tira
une toute petite médaille, qu'elle me donna. Comme
je la remerciais, elle me dit sans nul apprêt littéraire,
que j'avais écrit de bien jolies choses, qu'on lui
avait cité des pensées de moi[1], qui lui avaient
fait plaisir. Pas un mot de religion. Oh! profonde
habileté de la colombe! Elle savait que la moindre
apparence de propagande eût réveillé chez moi le
protestataire endurci, et qu'une fois engagé dans ces
landes arides, on n'en sort plus. Elle resta sur le terrain où elle était maîtresse, et me laissa lui défiler
je ne sais quelle phrase embrouillée sur la distinction entre le cadeau en lui-même et le sentiment qui
le fait offrir. En sortant, elle me tendit sa petite
main, me permit de la serrer. Je la reconduisis jusqu'à l'antichambre, où je trouvai assise une sorte
de vieille religieuse qui l'accompagnait. A un sourire
de contentement de la jeune fille, la duègne comprit
que j'avais accepté. J'entendis les deux femmes qui
causaient très affectueusement de moi en descendant l'escalier.

Je vous demande pardon de me plonger ainsi avec

1. Il s'agissait, je pense, d'*Emma Kosilis*, dont les journaux cléricaux purent donner quelque citation.

vous dans mes souvenirs; mais la vie, à mon âge, est faite de souvenirs; elle est faite aussi de bons moments comme celui-ci. Vous me rajeunissez vraiment, et vous paraissez si contents de m'avoir à votre table que j'aurais mauvaise grâce, l'année prochaine, à n'être pas de ce monde pour assister à un rendez-vous pareil.

Quellien a beaucoup d'autres notes; il racontera tout cela quand je serai mort. Il fera bien toutefois de se borner et de ne pas tomber dans cette erreur que tout le monde doit se plaire à ce que nos souvenirs d'enfance colorent pour nous de reflets décevants. Une histoire de curé, très populaire en Bretagne, me paraît pleine de saine philosophie. Un jour, pendant le sermon, tout le monde fondait en larmes. Un solide gaillard, appuyé à un pilier vers le bas de l'église, restait parfaitement indifférent. « Et vous, vous ne pleurez pas? lui dit-on. — Moi! répondit-il, je ne suis pas de la paroisse. »

VII

LES GALLOIS EN BRETAGNE

Dans les derniers jours du mois d'août 1889, l'Association archéologique du pays de Galles, visitant la Bretagne, s'arrêta un moment à ma solitude de Rosmapamon. En me les présentant, mon ami M. John Rhys, professeur de langues celtiques à l'université d'Oxford, voulut bien dire quelques paroles qui me touchèrent au cœur. Je répondis :

C'est en breton, Mesdames et Messieurs, que je devrais vous remercier. Mais il y a quatorze cents ans que nous sommes séparés; nos dialectes ont eu le temps de diverger beaucoup; nous aurions peut-être quelque peine à nous entendre. Et, en anglais... Voilà une de mes hontes. De notre temps, on ne nous apprenait que le latin. Je lis l'anglais, mais je le comprends mal à l'audition, et je ne le parle pas. La faute en est un peu à ma femme, qui m'a servi d'interprète dans les nombreuses occasions où j'ai eu besoin de votre belle langue.

Vous venez de Lannion, la ville natale de ma mère. Je vais vous dire un souvenir que me contait sur cette petite ville votre grand poète Tennyson. Faisant une excursion en Bretagne, il passa une nuit à Lannion. Avant de partir, il demanda le compte à son hôtesse, qui lui répondit : « Oh! rien, monsieur. C'est vous qui avez chanté notre roi Arthur! » Notre communauté de race est un des faits historiques dont j'aime le plus à m'entretenir. Je me suis souvent dit que, si les orages que traverse en notre siècle notre pauvre pays de France me forçaient à chercher un asile en Angleterre (cela n'est pas probable : je suis vieux; et puis ce cher pays a la vie dure : il ne faut pas s'émouvoir à chaque crise qu'il traverse), je me prévaudrais, ne fût-ce que pour amuser un peu le public, de la vieille loi d'Édouard le Confesseur : *Britones Armorici, quum venerint in regno isto, suscipi debent et in regno protegi sicut probi cives de corpore regni hujus; exierunt quondam de sanguine Britonum regni hujus.* On se souvenait alors de la vieille histoire. Nous n'avons pas, du reste, beaucoup changé. Nous sommes d'une race obstinée, toujours en arrière du temps. Même, quand en apparence nous passons du blanc au noir, nous restons au fond toujours les mêmes. Nos vieux saints étaient très entêtés. Ces bons vieux saints de Bretagne, tous d'origine galloise ou irlandaise, sont ma grande dévotion. Je n'aime pas beaucoup les saints modernes, je l'avoue; ils sont trop intolérants.

Hélas! ces véritables saints vont chaque jour se perdant. Le clergé actuel ne les aime pas; on leur dit la messe une fois par an dans leur chapelle; mais on n'est pas fâché quand leur chapelle et leur légende disparaissent. Le clergé sent d'instinct que ces saints d'un autre monde étaient un peu hérétiques et schismatiques ; en tout cas, ils n'ont jamais été canonisés par le pape. Voici, d'après ce que l'on m'a conté, ce qui s'est passé, ici tout près, il y a quelques années. Il y avait une petite chapelle dédiée à saint Beuzec. C'est, je pense, le vieux nom de Budoc. Sa statue de pierre étant devenue à peu près informe, le curé fit une quête pour la renouveler. Cela produisit une quarantaine de francs, avec lesquels le curé acheta, chez les imagiers de la rue Saint-Sulpice, une vierge de Lourdes, qu'il substitua habilement à la statue décrépite. Voilà comment on supprime un saint, pour le remplacer par l'effigie d'un triste miracle moderne. Au ciel, nous le savons, saint Beuzec est inattingible. Mais sur la terre que de dangers courent ces vieux patriarches de notre race! Quelques bonnes femmes savent encore leurs légendes, que le curé feint d'ignorer ; il importe au plus vite de les recueillir.

Les ressemblances sont grandes entre nous. Les différences, au contraire, me semblent assez faibles. Vous êtes protestants ; nous sommes catholiques. Oh! que voilà une différence secondaire! Protestants et catholiques, ne sont-ils pas également près de Dieu, quand ils pratiquent la religion du cœur? J'ai coutume de dire que, selon beaucoup d'analogies, les populations bretonnes de France auraient dû devenir protestantes comme celles d'Angleterre. Le sentiment religieux, chez ces peuples, est très profond, très individuel, très détaché des formes et des livres. Renée de France, la fille d'Anne de Bretagne, fut le plus ferme appui de Calvin. La puissance de Rome, en ces parages, s'est faite par les concordats français, qui ont eu pour résultat que, depuis des siècles, il n'y a presque pas eu dans les pays bretons d'évêques parlant breton.

Vous êtes bons Anglais, nous sommes bons Français : deux belles traditions civilisatrices! Un haut devoir nous incombe aux uns et aux autres. C'est de maintenir en bonne amitié les deux grandes nations entre lesquelles nous sommes partagés, et dont l'action commune, la rivalité, si l'on veut, est si nécessaire au bien de la civilisation. C'est si bête de se haïr! En travaillant à la paix, nous travaillerons véritablement à une œuvre celtique.

Si le temps me le permettait, je vous dirais mes idées sur l'ethnographie de la France et du Royaume-Uni. Mon opinion est que la proportion des éléments celtiques et germaniques y est à peu près la même. Les Anglo-Saxons, pas plus que les Francs, n'amenèrent de femmes avec eux. Le triomphe de la langue anglo-saxonne vint de ce que le latin n'avait pas tué chez vous les dialectes celtiques, comme il l'avait fait de ce côté du détroit. L'anglo-saxon se fût éteint devant le britanno-romain, comme le franc s'est éteint devant le gallo-romain... Mais je vous ai déjà trop retenus par mon bavardage. Vous avez hâte d'aller faire vos dévotions à Notre-Dame de la Clarté et à saint Guirec. J'y vais avec vous.

VIII

PEUT-ON TRAVAILLER EN PROVINCE?

DISCOURS PRONONCÉ EN SORBONNE
A LA SÉANCE GÉNÉRALE DU CONGRÈS DES SOCIÉTÉS
SAVANTES, LE 15 JUIN 1889

Messieurs,

Quand un message bienveillant de M. le Ministre de l'instruction publique vint me proposer, il y a un mois, l'honneur de prendre part à cette réunion solennelle, je fus tellement touché du plaisir que j'aurais à m'entretenir quelques instants avec vous que j'oubliai la sage résolution que j'avais prise, il y a quelques années, de ne plus parler dans ce vaste amphithéâtre, fait pour des voix plus jeunes que la mienne et plus assurées d'elles-mêmes. La tentation était trop forte cependant. Un auditoire tel que le vôtre, résultat d'une sélection si éclairée, me semble une rare fortune ; votre réunion m'apparaît comme la preuve vivante d'une pensée qui m'est habituelle ou, pour mieux dire, comme l'argument décisif en faveur d'une protestation qui m'échappe toujours quand j'entends émettre cette opinion, déplorablement erronée, qu'on ne peut travailler qu'à Paris. En un jour comme celui-ci, une telle assertion est sûrement un non-sens. En présence de si hautes récompenses et de cette masse de travaux à laquelle les juges les plus compétents rendent hommage, après avoir entendu vos savantes discussions sur les objets infiniment variés dont s'occupe l'esprit humain, la fécondité savante de la province n'a pas besoin d'être démontrée. Il n'en est pas moins vrai que l'opinion contraire égare beaucoup d'esprits, fausse beaucoup de carrières ; j'en voudrais rechercher avec vous l'origine, les causes, et, s'il est possible, indiquer quelques remèdes au moyen desquels certains inconvénients réels pourraient être atténués.

L'opinion qui veut qu'on ne puisse travailler en province n'a pas cent ans. Il y a cent ans, Buffon venait de mourir; les grandes lignes de l'histoire de la nature avaient été découvertes à Montbard. Un peu auparavant, Montesquieu avait découvert les lois les plus profondes de l'histoire politique à Bordeaux. Non seulement on travaillait alors en province, mais on y faisait des chefs-d'œuvre. La concentration des choses de l'esprit à Paris commence dans les premières années du xixe siècle. Autour de ce centre merveilleux de lumière et d'esprit ne pouvait manquer de se former, par la loi des contrastes, une zone d'ombre. Un puissant drainage des forces intellectuelles de la France s'opérait. La Constitution de l'an III avait décidé qu'il y aurait pour toute la République un Institut national chargé de recueillir les découvertes, de perfectionner les arts et les sciences. Quelques semaines après, la Convention décrétait :
« L'Institut national des sciences et arts ap-

partient à toute la République: il est fixé à Paris. »

Il est clair que cette décision ne provoqua pas une objection quand elle fut prise. Dans la première organisation, l'Institut se composait d'un certain nombre de membres résidant à Paris et d'un égal nombre d'associés habitant les différentes parties de la République. Au bout de peu d'années, on reconnut l'impossibilité de recruter convenablement la moitié provinciale: la résidence à Paris fut de rigueur. La loi inéluctable s'accomplissait. Une maxime soutenue en pratique même par ceux qui la blâment en théorie ne saurait manquer d'avoir des racines profondes. La tendance exagérée à la centralisation parisienne a dû, par quelque côté, avoir raison à son jour.

Elle eut sa raison, en effet, dans une nécessité très réelle, dans un état momentané de la science qui voulut que, pour un temps, les efforts créateurs fussent concentrés sur un seul point. Le budget de la science était faible alors: l'outillage était restreint; les moyens de recherche, singulièrement limités, ne pouvaient sans dommage être émiettés. Les maîtres aussi étaient peu nombreux. Quand Laplace tenait à lui seul le problème de la mécanique de l'univers ; quand le laboratoire de Berthollet concentrait les efforts d'une chimie encore naissante ; quand la lutte de l'histoire naturelle se passait tout entière autour de Cuvier et de ses émules ; quand les études orientales relevaient de Silvestre de Sacy, la multiplicité des écoles était inutile. Elle eût même pu être funeste. La création dans l'ordre scientifique, littéraire, et dans l'ordre des arts, a lieu, d'ordinaire, sur des points très déterminés ; l'âge créateur est nécessairement unitaire. L'endroit où travaillait Galilée accaparait forcément l'astronomie. Quand Descartes et Newton tenaient dans leur cerveau la plus haute pensée de leur temps, ils étaient aussi de terribles centralisateurs.

Il n'est donc pas surprenant que la période brillante et féconde que la France a traversée depuis soixante-quinze ans ait exigé un centre d'éclosion, une sorte de nid puissamment surchauffé et savamment disposé pour l'incubation de tant de germes qui sont devenus, à l'heure qu'il est, des mondes distincts. La chaleur pour les âmes, comme pour les corps, se produit par le rapprochement. Les origines de chaque science nous reportent presque toujours à une école très fermée, à un œuf, si j'ose le dire, contenant le principe d'évolution et la nourriture du nouveau-né.

Pour faire la carte du ciel, il fallait un observatoire. L'œuvre de rénovation des textes anciens n'était possible que près d'une vaste bibliothèque de manuscrits. Abel Rémusat n'aurait pas créé la science du chinois dans une ville où il n'y aurait pas eu une collection de livres chinois.

Mais l'état des choses est maintenant tout autre. La maturité où sont arrivées un grand nombre de sciences permet d'excellents travaux hors des centres où la création s'est d'abord faite. Les livres et les recueils scientifiques sont devenus si nombreux qu'il est permis d'arriver par la lecture à des combinaisons originales. Sans parler de l'histoire locale, si pleine d'intérêt, une moitié au moins de l'œuvre scientifique peut se faire par le travail de cabinet. Dans beaucoup de branches de la science, dans la plupart des études orientales, par exemple, la consultation des vieux livres, antérieurs à l'avènement des méthodes modernes, n'a qu'une importance secondaire. Au moyen de sacrifices assez limités, un chercheur sagace peut, sur une foule de questions de premier ordre, avoir autour de lui tous les éléments pour des recherches critiques entièrement neuves. Il est même bien remarquable que ce sont les sciences les plus jeunes qui exigent le moins d'appareil, et qui pourraient le mieux se cultiver dans des villes peu riches en dépôt de livres anciens. Soit la philologie comparée, par exemple. Avec une première mise de fonds de quelques milliers de francs et l'abonnement à trois ou quatre recueils spéciaux, on posséderait tous les outils nécessaires pour ces longues et patientes comparaisons auxquelles la tranquillité d'esprit dont on jouit en province offre des conditions si favorables.

Un très grand nombre de branches d'études pourraient ainsi être cultivées d'une façon toute privée et dans les endroits les plus retirés. Le plus bel exemple à cet égard a été donné par l'illustre Borghesi, qui, de propos délibéré, choisit Saint-Marin pour en faire le centre des études d'épigraphie latine. Il préféra un village libre, où personne ne s'occupait de lui que pour le saluer respectueusement, à la Rome papale, où l'on se serait fort occupé de lui, mais pour le gêner.

J'en dirai autant des idées philosophiques générales. Darwin ne voulut jamais quitter le village où une sorte de hasard l'avait fixé. Laissant à Paris et aux grands centres les raretés, les spécialités restreintes, les recherches qui exigent de puissants outillages, la province pourrait ainsi entreprendre fructueusement une foule de travaux réservés jusqu'ici aux capitales scientifiques et maintenant possibles partout. Que chaque branche de la science ait ses revues (s'il m'était permis de formuler un vœu, en passant, je demanderais qu'elles ne fussent pas trop multipliées), ses recueils périodiques tenant les lecteurs au courant de ce qui se fait dans chaque atelier de recherches ; que les bibliothèques de villes et de facultés contiennent les collections que les particuliers peuvent difficilement posséder ; que chacun soigne sa propre bibliothèque comme une partie de lui-même, et la différence de Paris et de la province relativement au travail n'existera plus, et, à la prochaine revision des règlements de l'Institut, l'article qui exige le domicile à Paris pourra être supprimé sans aucun inconvénient.

Même en ce qui concerne les travaux supposant de vastes dépôts d'anciens livres, travaux pour lesquels Paris possède assurément d'immenses avantages, la province ne sait pas toujours les ressources dont elle dispose. Peu de jours après que j'eus passé mon agrégation de philosophie, en 1848, je reçus ma nomination de professeur au lycée de Vendôme ; ce qui me contraria bien un peu, car j'avais commencé ma thèse sur Averroès et l'averroïsme; M. Cousin, M. Le Clerc avaient la bonté de s'y intéresser. Je m'adressai à M. Cousin, qui me répondit par un petit billet à peu près ainsi conçu : « S'il s'agit d'attester à l'administration, mon cher Renan, que Vendôme est l'endroit du monde le plus mal choisi pour traiter d'Averroès, je lui dirai cette vérité incontestable. » Je ne sais si Vendôme, en effet, est riche en vieux livres de philosophie. Mais je dois dire qu'une partie au moins de ma thèse, je l'ai faite en ces parages. Étant allé passer quelques mois à Saint-Malo, ville qui n'est pas beaucoup plus savante que Vendôme, j'y trouvai une bibliothèque, formée d'anciens fonds de couvents, où dormaient sous une couche épaisse de poussière toute la scolastique, les éditions d'Aristote avec les commentaires d'Averroès, imprimés à Venise, les index de Zimara, une bonne partie des gloses des maîtres padouans. Ah ! certes, il y avait longtemps qu'on ne les avait lus ! Les avait-on même jamais lus ?... Quoi qu'il en soit, c'est au milieu de ces volumes poudreux que je composai plusieurs chapitres de mon histoire de l'averroïsme. J'en rapportai la conviction qu'en sachant bien chercher, on trouverait en province infiniment plus d'éléments que l'on ne croit pour des travaux historiques d'intérêt général.

Et combien les conditions de paix que présente la vie de province vaudraient mieux, pour de tels travaux, que les conditions étroites, troublées, instables, précaires de la vie de Paris ! Une des nécessités de l'érudition est un local vaste, commode, où l'on n'ait à craindre ni les déménagements ni les dérangements. Les sciences philologiques, comme les sciences physiques, ont besoin de laboratoires garnis de nombreuses tables pour empêcher les travaux de se confondre, se prêtant à ces arrangements personnels de bibliothèque qui sont la moitié du travail scientifique. L'amour de la vérité, d'ailleurs, rend solitaire : la province a la solitude, le repos, la liberté.

J'y ajouterai l'agrément et le sourire de la nature. Pour ces austères travaux, il faut le calme et la joie de l'esprit, le loisir, la pleine possession de soi-même. Une jolie maison dans les faubourgs d'une grande ville; une longue salle de travail garnie de livres, tapissée extérieurement de roses du Bengale ; un jardin aux allées droites, où l'on peut se distraire un moment avec ses fleurs de la conversation de ses livres : rien de tout cela n'est inutile pour cette santé de l'âme nécessaire aux travaux de l'esprit. A moins d'être millionnaire (ce qui est rare parmi nous), ayez donc cela à Paris, à un quatrième étage, dans des maisons banales, construites par des architectes qui, pas une fois, ne se sont posé l'hypothèse d'un locataire lettré ! Nos bibliothèques, où nous aimerions tant à nous promener dans la variété de nos livres et de nos pensées, sont des cabinets noirs, des greniers où les livres s'entassent sans produire la moindre lumière. Paris a le Collège de France ; cela suffit pour m'y attacher. Mais, certes, si le Collège de France était, comme une abbaye du temps de saint Bernard, perdu au fond des bois, avec de longues avenues de peupliers, des chênaies, des ruisseaux, des rochers, un cloître pour se promener en temps de pluie, des files de pièces inutiles où viendraient se déposer sur de longues tables les inscriptions nouvelles, les moulages, les estampages nouveaux, on y attendrait la mort plus doucement, et la production scientifique de l'établissement serait supérieure encore à ce qu'elle est ; car la solitude est bonne inspiratrice, et les travaux valent en proportion du calme avec lequel on les fait.

Nous exagérerions notre thèse, nous la fausserions même, si nous venions soutenir que pour la culture scientifique les avantages sont partout les mêmes. Toutes les villes ne peuvent avoir un Institut, un Collège de France, un Observatoire, un Muséum, une École des chartes. Toute faculté des lettres ne peut avoir une chaire d'arabe, une chaire d'égyptologie, une chaire d'assyriologie. Il est d'ailleurs un certain genre d'excitation générale et, si j'ose le dire, d'initiation dont Paris aura longtemps encore le secret. Le sceau de la grande culture ne saurait guère se prendre qu'à Paris. Mais, une fois le sacrement reçu, on en peut longtemps garder l'efficace et le parfum. Le musulman zélé qui va aux villes saintes ne s'impose pas d'y demeurer ; il porte partout avec lui le feu sacré qu'il y a puisé, la confirmation qu'il y a reçue, l'esprit qui lui a été communiqué. Paris, au moyen âge, était un centre d'éducation intellectuelle pour tout le monde; on s'y formait, mais on n'y restait pas. Chacun, après y avoir étudié, enseigné même, retournait dans son pays et développait à sa guise le germe qui lui avait été inoculé.

Continuez donc, Messieurs, votre œuvre excellente; continuez à jouir de votre bonheur, que, peut-être, comme le laboureur de Virgile, vous n'appréciez pas assez. Le bonheur de la vie, c'est le travail, librement accepté comme un devoir. Un beau mot de l'Ecclésiaste est celui-ci : « *lætari in opere suo :* se réjouir en son travail ». Comme professeur de langue hébraïque, je suis obligé de dire que la nuance de l'original n'est pas tout à fait cela. L'auteur, à cet endroit, veut parler du plaisir légitime qu'on éprouve à mener joyeuse vie avec la fortune qu'on a légitimement acquise par son travail. Mais souvent, dans ces vieux textes, la traduction vaut mieux que l'original. *Lætari in opere suo!* La satisfaction intime que procure l'œuvre scientifique vient de l'assurance qu'on a de travailler à une œuvre éternelle, dont l'objet du moins est éternel, à une œuvre que toutes les nations éclairées poursuivent par les mêmes méthodes et en obtenant des résultats comparables entre eux.

Je ne suis pas, Messieurs, de ceux qui pensent que la culture de l'esprit doive être régionale. L'esprit humain n'a pas de région. La bonne méthode n'a rien de local ni de provincial. Il n'y a qu'une chimie, qu'une physique, qu'une physiologie ; il n'y a non plus qu'une philologie, qu'une critique. Tout ce qui est goût littéraire, charme, poésie, amusement, sensations religieuses, souvenirs d'enfance et de jeunesse, peut revêtir une forme locale ; mais la science est unique comme l'esprit humain, comme la vérité. Le malade, le plus impartial des hommes, car il ne veut qu'une chose, être guéri, ne s'adresserait jamais à la médecine régionale, s'il y en avait une ; il sera toujours pour la médecine sans épithète, pour la bonne.

La haute production intellectuelle de chaque province ne doit avoir aucun cachet provincial. Toute sa vie, on aime à se rappeler la chanson en dialecte populaire dont on s'est amusé dans son enfance ; mais on ne fera jamais de science, de philosophie, d'économie politique en patois. Le progrès, dans l'ordre scientifique, ne doit pas consister à diviser l'esprit humain par provinces ; il doit consister à supprimer la distinction de la capitale et des provinces, à faire de toute la France intellectuelle une seule armée travaillant d'un effort commun au profit de la science, de la raison, de la civilisation.

IX

DISCOURS PRONONCÉ

A LA FÊTE DES FÉLIBRES

à Sceaux, le 21 juin 1891.

———

Vous m'avez rempli de joie, Messieurs, en venant, il y a quelques jours, me chercher dans le fauteuil où me cloue la vieillesse, pour m'associer à vos fêtes. J'aime fort à me trouver avec des gens qui savent s'amuser encore. C'est si rare et c'est si bon ! Après avoir beaucoup réfléchi sur l'infini qui nous entoure, j'arrive à trouver que ce qu'il y a de plus clair, c'est que nous n'en saurons jamais grand'chose. Mais une bonté infinie pénètre la vie, et je suis persuadé que les moments que l'homme donne à la joie doivent compter parmi ceux où il répond le mieux aux vues de l'Éternel.

Florian, votre patron, et son grand maître Voltaire étaient bien de cet avis, et voilà pourquoi tout cet appareil de festivité m'enchante, Messieurs. Vous avez compris que ce qui réjouit le cœur de l'homme, en l'améliorant, est inséparable de ce qui lui rappelle son enfance et le pays où il a d'abord été heureux. Chacun vaut en proportion des joies qu'il a goûtées au début de la vie et de la dose de bonté qu'il a trouvée autour de lui. La langue que nous avons d'abord balbutiée, la chanson en dialecte local que nous avons entendu chanter à quinze ans, mille particularités chères au cœur, qui nous rappellent nos origines, humbles mais honnêtes, font de la terre natale une sorte de mère vers le sein de laquelle on se tourne toujours. Le souvenir est, pour chaque homme, une partie de sa moralité; malheur à qui n'a pas de souvenir!

Vous faites donc quelque chose d'éminemment bon, sain et salutaire, Messieurs, en vous groupant autour de ce drapeau de la terre natale, qu'on aime pour les motifs les plus divers, mais qui ne symbolise rien que de pacifique et de pur. Le Breton aime sa Bretagne, où il a été pauvre, justement parce qu'il y a été pauvre ; le Normand aime sa riche et plantureuse Normandie, parce qu'elle a tous les dons de la terre et du ciel ; l'Alsacien aime son Alsace, parce qu'elle souffre... Et vous, Messieurs, vous aimez ce rayonnant pays, antique par son génie, toujours jeune par ses idées généreuses, riche de toutes les gloires, qui tant de fois a su donner aux plus grandes pensées de la patrie française une expression sonore entendue du monde entier.

Par une suite naturelle du sentiment noble et désintéressé dont vous êtes remplis, vous avez voulu m'associer, moi bas-Breton, à une fête destinée à rappeler, au milieu de nos pays un peu tristes, vos ardeurs du Midi, vos splendeurs provençales. Vous pensez qu'au temps où nous sommes, il ne s'agit pas de rétrécir, il s'agit d'élargir. En aimant ma Bretagne, en me réunissant quelquefois dans l'année à des compatriotes qui me sont chers, je fais ce que vous faites, Messieurs. Nous travaillons à la même œuvre : à garder au cœur ses voluptés intimes, à empêcher l'homme de se déplanter totalement du sol où il naquit, à sauver ce qui reste encore des joies simples de l'âme, au sein d'une vie que les soucis compliqués de la société moderne ont un peu décolorée.

Mon ami, M. Quellien, le fondateur du Dîner celtique, a eu à cet égard des idées tout bonnement de génie. Quellien a une ethnographie qui n'appartient qu'à lui. Tout le monde est Celte à ses yeux. J'ai vu à son dîner des Lithuaniens, des Hongrois, des Polonais, des nègres. Au mois d'avril, il y a un *pardon* à la mode de Bretagne, où tout le monde peut être Breton une fois dans l'année. Vous aussi vous voulez qu'on puisse être Méridional une fois par an. Merci de m'avoir, par votre invitation, procuré ce bon jour. La science, la pensée abstraite poursuivant la vérité, n'ont pas de provinces, pas même de patrie. Mais la poésie, la chanson, la prière, le contentement, la tristesse sont indissolublement liés à la langue de notre enfance. La vie est à plusieurs degrés ; la vie de l'ensemble n'enlève rien à l'intensité de la vie des éléments constitutifs. Le lien qui nous attache à la France, à l'humanité ne diminue pas la force ni la douceur de nos sentiments individuels et locaux. La conscience du tout n'est pas l'extinction de la conscience des parties ; elle en est la résultante, le complet épanouissement.

C'est par les profondeurs mêmes de notre unité française que nous sympathisons les uns avec les autres, que nous nous comprenons. Les mêmes artères nous ont nourris avant de naître ; nous nous aimions en naissant. Je me rappelle que, bien avant d'avoir quitté la Bretagne, je pensais à la Provence ; mon imagination rêvait de votre *gai savoir* et de vos îles d'Or. Ma mère avait un vieux livre qu'elle appelait *les Cantiques de Marseille;* elle l'aimait beaucoup ; je l'ai encore ; il s'y trouve des choses charmantes.

J'avais vingt-cinq ans quand je traversai pour la première fois le pays que je n'avais connu, jusque-là, que par les livres. Mon Dieu ! quelle révélation ce fut pour moi ! Je n'avais jamais vu de montagnes. Le matin où je me réveillai au milieu des montagnes du Forez, cet horizon dentelé me remplit d'étonnement. Lyon devint, dès lors, une des villes que j'aime le plus. Je descendis le Rhône, en un jour, de Lyon à Avignon. Quel enchantement ! Le matin, à quatre heures, les brouillards froids des quais de Perrache; à Vienne, le commencement du jour; à Valence, un ciel nouveau, le vrai seuil du Midi; à Avignon, une soirée lumineuse. C'était le 5 octobre 1849. J'en fus si charmé que, huit ans après, je voulus faire le même voyage avec ma femme. Il y fallut mettre de l'obstination. On nous soutenait, à Lyon, que les bateaux ne fonctionnaient plus. Nous en découvrîmes un pourtant, qui transportait encore les marchandises les plus grossières. Il consentit à nous prendre; l'inconfortable dépassait tout ce qu'on peut imaginer ; mais nous fûmes ravis.

Depuis lors, votre Provence est devenue le pays de ma prédilection quand je veux faire un voyage en esprit dans le passé. Arles, Montmajour, Saint-Gilles, Orange, font partie de mes cadres d'imagination pour l'antiquité et le haut moyen âge. Votre poésie du xiie et du xiiie siècle est une des apparitions classiques les plus belles que je connaisse. La Grèce est loin; mais nous avons chez nous une Grèce qui vaut l'Attique et le Péloponèse, cet admirable rivage qui va de l'embouchure du Rhône à Vintimille, Marseille, en particulier, qui ressemble si fort aux côtes de l'Hellade que les marins de Phocée s'y trompèrent et se crurent chez eux.

Ai-je renoncé à visiter encore une fois ces terres enchantées? Il m'en coûterait de me l'avouer à moi-même. Non, je reverrai votre beau pays. Je n'ai jamais été à Aigues-Mortes, à Saint-Remi, aux Baux, à la source du Vaucluse. Et puis, je veux embrasser Mistral chez lui; j'irai à Maillanne. Chaque année, je passe trois mois au bord de la mer, au fond de ma chère Bretagne. Oh! ce m'est une grande joie. Je retrouve là une foule de souvenirs, des oiseaux, des fleurs, des jeunes filles exactement semblables à celles qui me plaisaient jadis par leur petit air sage et modeste. Mais le soleil?... Ah! il est rare en ces parages et un peu pâle. Les brumes sont ravissantes ; mais le soleil c'est la vie. J'irai vous le demander. Si j'étais assez riche pour avoir deux maisons de campagne sous le ciel, c'est chez vous que j'aurais une retraite d'hiver. Je ne rêve pas de pareils excès de luxe; mais vous me découvrirez, sur quelque point de votre rivage grec, un coin bien tranquille, bien soleillé, avec deux ou trois pins parasols, où je puisse de temps en temps aller chercher un peu de lubrifiant pour mes muscles appauvris et mes articulations dessoudées.

Je me ferais scrupule de retarder par de longs discours vos exercices patriotiques et vos plaisirs. J'ai hâte de voir ces divertissements exquis. Je suis pressé d'assister à votre *Cour d'amour,* qui me fait rêver. Qu'est-ce que cela peut être? Et votre farandole? Et la tarasque? Je ne veux rien perdre, dussé-je arriver à Paris à des heures indues.

Par votre gaieté, par votre entrain, par votre

sentiment juste et vrai de la vie, vous corrigez excellemment nos maladies du Nord, ce pessimisme, cette âpreté à se torturer, cette subtilité qui porte des gens jeunes encore à se demander si l'amour est doux, si la science est vraie, si les roses sont belles! Vous savez rire et chanter. Vous chantez également bien en deux langues. Bénissons donc, chers amis, en dépit des mauvais hasards de l'histoire, le jour qui nous fit frères. Ce jour-là fut un bon jour. Il est entendu que les Bretons seront désormais les bienvenus chez les félibres, et les félibres chez les Bretons. Le royaume d'Is est frère du royaume d'Arles, et puis il y a aussi un domaine qui nous est commun, c'est le *royaume de féerie*, le seul bon qui soit en terre. Là, le roi Arthur est retenu depuis plus de mille ans par des liens de fleurs. Les quatre licornes blanches qui l'ont emporté sont attelées ; sur un signe, elles vous enlèveront.

Vive le Midi, Messieurs, le Midi qui, à toutes les époques, a fourni une part si capitale à la grande sélection du génie français! Vive cette pauvre Bretagne que vous avez voulu appeler à votre fête! Et puis vive Paris, la seule ville du monde où ce qui se passe aujourd'hui soit possible : Paris, la ville commune des panégyres, où le Breton tient ses *pardons*, le Méridional ses félibriges, où chacun exprime la poésie de sa terre natale, chante ses gloires locales, regrette son village, maudit la centralisation à son aise ; Paris, où chaque province vit et fleurit parfois plus activement que chez elle, où les sentiments les plus divers se traduisent tous en bon français, langue fort délectable, quand elle est maniée par des artistes comme les vôtres, Messieurs.

Vive notre chère patrie française, mère de ces diversités, toutes aimables, toutes excellentes à leur manière! Votre association a le premier rang, parmi tant d'autres manifestations des consciences disparues en apparence, qui renaissent en ce siècle de la résurrection des morts. Elle doit son rang à votre sagesse, à votre largeur d'esprit. C'est ce don particulier d'accueillance, d'ouverture, de courtoisie qui m'a valu la faveur que vous m'avez faite, et qui comptera entre mes plus chers sou-

venirs. Je suis vieux ; j'en suis au temps où
l'on doit songer à meubler sa tête des pensées
qui l'occuperont dans la vie éternelle. Ce sera
si long ! Ce sont, je pense, les dernières images
qui seront les plus tenaces et rempliront notre
âme immortelle pendant des siècles sans fin.
Eh bien ! j'ai en ce moment sous les yeux de
charmantes images ; je vais les garder précieusement ; je veux mettre votre félibrige de
1891 parmi les choses auxquelles je penserai
durant toute l'éternité.

X

FÊTE DE BRÉHAT

Au mois d'août dernier, quelques amis de Paimpol et de Bréhat vinrent me proposer des arrangements aimables pour revoir cette chère île de Bréhat, où j'ai passé dans mon enfance de si bons jours. Cette petite fête eut lieu le 11 septembre. Par sa gaieté et sa cordialité, elle enchanta ceux qui la virent[1]. Au dîner, M. Ollivier, maire de Bréhat, m'ayant adressé quelques paroles de bienvenue, je le remerciai à peu près ainsi qu'il suit :

Quelle joie pour moi, Messieurs, de revoir Bréhat en si bonne et si joyeuse compagnie !

---

[1]. M. Perrot, mon confrère à l'Académie des inscriptions et belles-lettres, qui voulut bien être de la fête, en a fait un récit plein de vie dans le *Journal des Débats* (14 sept. 1891).

Voilà près de soixante ans que je vis notre chère petite île pour la première fois. Ma tante Périne, la sœur de mon père, si vivante, si gaie, demeurait là-bas, à Nod-er-Gall. Les familles Ollivier, Guyomar, Barach, Petibon, et aussi le curé d'alors étaient pour moi pleins de bonté. Dix ans après, le curé ne me comprenait plus beaucoup. Il me voyait lire toute la journée; il ne savait pas bien où cela me mènerait. Votre île était charmante alors, et ce que je viens de voir tout à l'heure me prouve qu'elle n'a rien perdu depuis. Les mœurs étaient d'une extrême civilité. C'était une vraie île des Phéaciens. Il n'y avait guère que des femmes dans l'île ; les hommes étaient toujours en mer. Cela avait créé des habitudes de vie tout à fait aimables. La propreté était exquise; chaque maison était un petit musée, le mari tenant à honneur de rapporter à la maison les curiosités des pays où il avait été. Des marins de distinction se prenaient de goût pour l'île et venaient y mourir.

Chaque année je venais ainsi avec ma mère voir ma tante Périne, qui m'aimait beaucoup;

car elle trouvait que je ressemblais à mon père. J'ai formé ici, sur vos rochers, dans vos sentiers, bien des plans, rêvé bien des rêves, dont j'ai réalisé un tiers ou un quart. C'est beaucoup ; je m'estime heureux ; je me place parmi les privilégiés de la vie. J'étais autrefois plus triste qu'à présent ; car j'avais peur de mourir jeune (malheur qui désormais ne m'arrivera pas) et de ne pouvoir produire au dehors ce que j'avais dans l'esprit. Oh! certes, si je vivais longtemps encore, j'aurais de quoi faire ; j'ai des projets de travail pour trois ou quatre vies. Je voudrais écrire une histoire de la Révolution française d'une manière qui la présenterait comme un accès de fièvre grandiose, étrange, horrible et sublime, un acte fondateur, espérons-le. Je voudrais composer une histoire d'Athènes presque jour par jour, une histoire de la science et de la libre pensée, racontant la manière dont l'homme est arrivé à savoir un peu comment le monde est fait. Je voudrais écrire une histoire de Bretagne en six volumes. Je voudrais apprendre le chinois et reprendre avec critique toutes les questions relatives à l'histoire et à la littérature chinoises, etc. Je ne ferai rien de tout cela. Mais, après tout, d'autres le feront mieux que moi; j'ai achevé ce à quoi je tenais le plus, et peut-être aurai-je encore quelques années pour m'amuser un peu. Je rêve quelquefois comme assez heureuse une période de demi-assoupissement, où, ayant donné ma démission de l'Académie des inscriptions et belles-lettres, je ne lirais que des romans, des romans modernes, le roman du jour. Enfin je suis heureux d'avoir encore gardé la force de continuer des travaux assez difficiles. Il y a une foule de choses que j'aurais voulu savoir et que je ne saurai jamais. Mais pourquoi reprocher à la nature ce qu'elle nous a refusé? Soyons-lui reconnaissants de ce qu'elle nous a donné. J'ai traversé le monde à un moment intéressant de son développement, et, après tout, je l'ai bien vu. L'humanité fera après moi des choses surprenantes; je peux bien me reposer content durant toute l'éternité.

Oui, si j'ai gardé la gaieté, le sentiment du devoir, le vif goût des choses, je l'attribue à la grande bonté que j'ai toujours trouvée autour de moi. Dès ma naissance, j'ai été entouré de gens excellents. Notre famille, nos amis avaient pour moi une grande affection; j'étais très aimé de mes maîtres; mais ici je m'arrête... mes anciens maîtres, de bien honnêtes gens, un peu bornés, ne veulent pas que je parle d'eux; ils se fâchent quand je leur suis reconnaissant. Oh! je le serai tout de même... Je garderai jusqu'à la fin la foi, la certitude, l'illusion, si l'on veut, que la vie est un fruit savoureux. Ceux qui la comparent à la rose de Jéricho, qu'on trouve en la froissant pleine de cendre, mettent leur propre faute sur le compte de la nature. Il ne fallait pas la froisser; une rose est faite pour être sentie, regardée, admirée, non pour être froissée. Il n'y a pas une créature humaine à qui j'en veuille. Les évêques, les curés aussi, me disent quelquefois beaucoup d'injures; ils ont tort. A moins que les temps ne changent, ils ne peuvent pas me faire grand mal, et après tout le mal que l'Eglise peut me faire n'est rien auprès du bien qu'elle m'a fait. Nous autres libéraux, nous ne demandons qu'une seule chose, c'est que chacun ait la liberté de bâtir à sa manière son roman de l'infini. Tout ce qu'on balbutie en pareille matière revient à peu près au même et se résume à dire que, sur ce qui dépasse notre pauvre monde, on ne sait pas grand'chose. A la grâce de Dieu!... Je ne crois pas que le pessimisme fleurisse jamais en Bretagne. Notre vie, notre nature sont quelque chose de petit, mais d'aimable. Pour moi, j'ai gardé le goût de la vie; c'est une bonne aventure; je ne demanderais pas mieux que de recommencer.

A quelques lieues d'ici, il y a un bon pays, le pays de Goëlo (l'ancienne *Golovia*), où il y avait encore, il y a cinquante ans, des Renan sans nombre. C'étaient des gens pauvres, de bonne race, obstinés, bien portants, peu blasés, nullement usés par la littérature. Ah! s'ils eussent été riches, instruits, je ne serais pas de ce monde. Ces bonnes gens ne m'ont pas légué grande fortune; mais ils m'ont donné contentement qui passe richesse; ils m'ont légué leurs vieilles économies de vie;

je pense pour eux. J'ai été sauvé par leur pauvreté, par leur ignorance. Cela me fait quelquefois concevoir des doutes sur la nécessité de l'instruction primaire à outrance. Mais ces doutes, je les chasse. Le réservoir d'ignorance, ou plutôt de conscience dormante, nécessaire à la conservation de l'humanité, se défendra de lui-même. L'ignorance, la mauvaise herbe, n'a pas besoin d'être cultivée. Seulement, la mauvaise herbe a du bon aussi. C'est le gazon qui tapisse le monde, le garde toujours vert.

Merci donc, Messieurs, de la bonne pensée que vous avez eue de m'inviter à cette fête, qui me laissera un délicieux souvenir. Merci, cher monsieur Dayot, de votre initiative, qui a su grouper ici tout ce que le département des Côtes-du-Nord a de plus éclairé, de plus libéral. Merci, monsieur le maire, d'avoir si bien organisé cette fête et de m'avoir réuni à des personnes de ma famille qui me sont chères. D'ici, je vais prendre courage pour courir une nouvelle bordée. Dites cela à nos confrères, dites cela aux candidats, mon cher Perrot. Je vais vivre quatre-vingts ans. Je n'ai pu recueillir qu'un seul renseignement sur mon grand-père (notre grand-père commun, chère Maria) qui habitait à Tréguier, près du quai, au bas de la rue des Bouchers, une maison qui n'a qu'une fenêtre. Je n'ai, dis-je, sur lui aucun renseignement, sinon qu'il était fort honnête homme, vécut quatre-vingts ans et fut vingt ans sans sortir de chez lui. Je vous garantis qu'il ne s'ennuya jamais. Je ne sais si c'est là une perspective réjouissante, ni si je dois me féliciter de la part qu'on attribue en fait de constitution à l'atavisme. Cela me donnerait le temps de lire beaucoup de romans. Ce qu'il y a de sûr, Mesdames et Messieurs, c'est que vous m'aurez donné aujourd'hui une bien charmante journée. Quel dommage que Loti n'ait pas été des nôtres! Il n'a pu venir cette année. Promettons-nous que l'année prochaine nous lui donnerons ici ou à Paimpol un aussi joyeux déjeuner.

Je bois à la prospérité de notre chère île de Bréhat et à son avenir.

XI

SOUVENIRS DU *JOURNAL DES DÉBATS*

Je fus mis en relation avec la rédaction du *Journal des Débats* en avril ou mai 1853. Voici à quelle occasion. La nouvelle édition du commentaire arabe du grand orientaliste Silvestre de Sacy sur les Séances de Hariri venait de paraître par les soins de MM. Reinaud et Derenbourg. M. Ustazade[1] Silvestre de Sacy.

---

1. Silvestre de Sacy, comme janséniste et orientaliste, avait lu les *Actes des martyrs orientaux*, parmi lesquels saint Ustazade est un des plus célèbres. Il donna ce nom à son fils aîné, sans doute avec quelque arrière-pensée

fils de l'illustre savant, dirigeait le journal depuis des années ; il demanda à M. Reinaud de lui désigner quelqu'un de ses élèves qui pût rendre compte dans le journal de l'œuvre magistrale de son père. M. Reinaud voulut bien songer à moi. J'allai présenter mon article à M. Ustazade, qui en fut content. Il y remarqua un certain soin de la langue, et il eut la bonté de m'engager à traiter dans le journal les sujets qui rentraient dans mes études, ou qui me suggéreraient quelque pensée.

Il semble que les opinions religieuses de M. de Sacy auraient dû établir entre lui et moi un obstacle à toute sympathie. Il n'en fut rien cependant. M. de Sacy vit très bien qu'en me séparant des croyances religieuses positives, j'en avais gardé tout ce qui n'était pas frappé, à mes yeux, d'une caducité absolue. Il sentit le tronc et les racines vivantes derrière les branches coupées. La religion de M. de Sacy, de son côté, était bien plutôt le parfum qui reste d'une croyance évanouie qu'une

---

du culte que les jansénistes aimaient à vouer « aux saints inconnus ».

adhésion ferme à des dogmes définis. Il vit ma sincérité. Nous avions en commun le goût du sérieux, que nous avions pris, lui dans sa famille janséniste, moi au séminaire Saint-Sulpice. Les meilleures traditions du xvii° siècle, pacifiées, se rencontraient et se donnaient en nous le baiser de la réconciliation.

M. de Sacy, en effet, avait conservé des liens qui l'unissaient à la vieille secte de son père, plutôt les liens du cœur que ceux des formules. C'était un catholique respectueux, mais indépendant. Il voyait fort bien les difficultés de croire; il ne s'empêchait nullement de les voir. Il ne s'y arrêtait pas; mais il trouvait fort bon qu'on s'y arrêtât. Il n'aimait pas les apologistes; il détestait les hypocrites d'orthodoxie. Les moyens termes déistes à la façon de M. Cousin ne le satisfaisaient pas davantage. Il me disait souvent que le Dieu de M. Saisset était celui qu'il comprenait le moins. Les sectes finissantes en viennent presque toutes à cette latitude dogmatique. L'éducation morale des générations croyantes reste; la lettre des symboles se fond, et ne laisse après elle que la solide foi au devoir qui résulte, par une sorte d'hérédité, d'une discipline sectaire longtemps continuée.

Le jansénisme, à vrai dire, avait été bien plutôt une école de vertu qu'une école de théologie. L'hérésie de Jansénius, si hérésie il y eut jamais, en était venue à ne plus désigner que les mœurs d'une bourgeoisie grave, studieuse, peu mondaine dans ses habitudes, assez analogue à l'ancienne société calviniste, mais moins pédante et moins raide. M. Ustazade me racontait qu'une des clauses du contrat de mariage de sa mère portait que son mari ne pourrait jamais l'obliger à porter des chapeaux. Le rare mérite de M. Silvestre de Sacy faisait augurer qu'il arriverait à un rang social élevé; les vieilles mœurs prenaient leurs précautions contre les hasards possibles de la fortune. M. Ustazade garda ces habitudes d'exquise bonhomie. Par un usage, abusif il est vrai, mais devenu presque universel, il aurait pu porter le titre nobiliaire que Napoléon Ier avait conféré à son père. Il ne le fit jamais. Une ravissante simplicité de manières et de langage était le vrai titre de noblesse qu'il tenait de son origine bourgeoise et parisienne. Il avait une sorte d'aversion pour ce qui aurait pu lui donner les allures d'un homme du monde. Il n'aimait pas aller aux eaux pour sa santé; il disait que ces cures devaient être réservées aux princes, à la noblesse, et que la bourgeoisie devait se contenter de la vieille médecine (meilleure peut-être), les cautères, les purgations, la saignée.

Je lui parlais souvent de la gravité de ces messieurs de Saint-Sulpice, et, oubliant complètement que Saint-Sulpice eut autrefois envers les jansénistes de mauvais procédés, il était ravi de ce que je lui disais de cette prolongation des vieilles mœurs. Il me transmettait, de son côté, les souvenirs de la vie dont il avait été le témoin. M. de Sacy père, sous un abord froid, réservé, avait été un homme excellent. Son fils me confirma ce que j'avais su déjà par M. Reinaud, que, toute sa vie, il éprouva du plaisir dans la société des jeunes femmes qui à la sensibilité de leur âge joignaient un esprit délicat. L'austère savant ne sortait presque jamais le soir. M. Ustazade aimait à se rappeler ces longues veillées de famille. M. de Sacy père faisait de l'arabe, ou revoyait, en s'aidant des cases d'une sorte d'échiquier, les comptes du bureau de bienfaisance de son quartier, tandis que ses filles, ses sœurs et ses tantes copiaient des livres imprimés. C'était là, dans la société janséniste, une manière de passer les soirées. Les sens et l'imagination étaient ainsi convenablement occupés ; de plus, on servait les intérêts de la secte en répandant des copies de livres dont la circulation était gênée par l'autorité. M. Ustazade en garda toute sa vie un goût vif pour la lecture. « Un vieux bon livre », comme il disait, le consolait de tout. Un de nos confrères étant, par je ne sais quel hasard, devenu riche, n'imagina qu'une manière de lui témoigner sa reconnaissance : ce fut de faire la cour à sa bibliothèque. Il lui donna un *Fénelon* splendidement relié, si splendidement que M. de Sacy me fit à cet égard une confidence. Quand il voulait relire la *Lettre sur les travaux de l'Académie* ou le *Traité de l'éducation des filles,* il empruntait l'exemplaire de la Bibliothèque Mazarine, dont il était conservateur, afin de laisser à l'exemplaire que M. B... lui avait donné sa patine première, son absolue virginité.

M. Ustazade revoyait mes articles avec le plus grand soin. Je les lui lisais, et il me faisait des observations qui ont été la meilleure leçon de style que j'aie reçue. Tout en lisant, je levais furtivement les yeux, à certains endroits, pour voir s'ils passaient sans encombre. Je cédais toujours quand la foi religieuse ou littéraire de ce maître excellent était froissée. A propos d'un passage légèrement ironique que j'avais écrit sur le diable, il fut inflexible et me soutint que, dans l'état actuel de notre législation religieuse, le diable a droit à des égards. Lui, de son côté, retirait son objection chaque fois que je lui prouvais que ce que j'avais dit n'avait rien de blessant pour la liberté de personne. Je dois dire que j'avais, avec ma subtilité de théologien, trouvé des tours qui lui faisaient illusion ; je souriais parfois des hérésies que je lui faisais contresigner. En littérature, il était classique pur ; il trouvait Lucrèce un mauvais poète ; il ne pouvait souffrir qu'on changeât, même pour les améliorer, les textes auxquels il était habitué, et il m'avouait que, quand une histoire comme l'histoire romaine a donné lieu à des phrases très bien faites, cette histoire devrait être fixée une fois pour toutes contre les attentats de la critique. Sur ce point, nous ne pouvions nous entendre ; mais il savait si admirablement le français ! Il avait un sens si exact de la portée de chaque mot ! Il corrigeait si bien les inexpériences juvéniles de ma manière d'écrire ! J'en étais venu à laisser en ma première rédaction beaucoup de traits sur lesquels j'avais des doutes, bien décidé à les retrancher au premier signe de mécontentement qu'il me donnerait.

Le *Journal des Débats* était pour M. Ustazade une vraie religion, et il ne négligeait rien pour me l'inculquer. C'est à lui que je dois cette idée, profondément enracinée en moi, que, pour aucune raison au monde, on ne quitte le *Journal des Débats*. Il me contait à ce sujet de terribles histoires. M'énumérant ceux qui, par suite d'un égarement quelconque, avaient abandonné le journal, il me prouvait que tous avaient mal fini. L'un était tombé en des erreurs financières ; un autre dans des erreurs sociales ; un troisième dans une opposition désastreuse ; puis, tous, d'erreurs en erreurs, étaient tombés dans la démagogie, et de la démagogie dans la misère, qui est vraiment la mort et la cessation de la vie.

Ces exemples faisaient sur moi une forte impression, et, dès lors, un des principes fondamentaux de ma vie fut : on ne quitte le *Journal des Débats*. Arrivé à la fin de mes jours, je reconnais combien il avait raison, et je tiens à transmettre cette bonne doctrine à ceux qui viendront après moi. L'amitié que je trouve dans cette excellente maison est une des joies de ma vieillesse, des consolations de mon déclin.

Je dois ainsi à M. de Sacy quelques-unes des règles morales que j'ai toujours suivies. Je lui dois en particulier cette règle de ne jamais répondre aux attaques des journaux, même aux plus grandes énormités. Il était, sur ce point, de l'avis de M. Guizot, qu'aucune calomnie n'atteignit, parce qu'il les dédaigna toutes. Aux divers cas d'exception possibles que je lui soumettais, il répondait : Jamais, jamais, jamais. Je crois avoir sur ce point, comme sur bien d'autres, consciencieusement suivi les conseils de mon vieux maître. Un journal a publié de moi, en *fac-similé*, un prétendu autographe, de nature vraiment à me couvrir de ridicule s'il eût été authentique. Je n'ai rien dit, et je ne me suis pas aperçu que cela m'ait fait le moindre tort. Je n'ai également opposé que le silence à des comptes rendus de conversations qui auraient duré huit jours et où il n'y a pas un mot de vrai, à des récits de dîners et de déjeuners faits par quelqu'un qui n'a pas pris chez moi un verre d'eau. J'ai laissé imprimer sans réclamation que j'avais reçu un million de M. de Rothschild pour écrire la *Vie de Jésus*. Je déclare d'avance que, quand on publiera le *fac-similé* du reçu, je ne réclamerai pas. Du haut du ciel, M. de Sacy sera content de moi. Ceux qui ont besoin, pour l'apologie de leurs dogmes, que je sois un être bien noir, trouveront toujours moyen de se fournir d'argument; « on ne vous croira pas, beaux sires ». Je suis persuadé que les hommes éclairés de l'avenir[1] verront assez bien la vérité sur mon compte, en dépit de toutes les calomnies. Et puis, dans le sein du Père éternel, comme on deviendra indifférent aux erreurs d'histoire littéraire !

Le principe de M. de Sacy était alors la vérité même. Le serait-il encore aujourd'hui ? La règle que me prêchait mon vénérable maître était excellente à une époque où il y avait une société éclairée, formant son opinion d'une manière raisonnable. Elle serait dangereuse en démocratie. Le peuple, en effet, est natu-

---

1. Je dis éclairés ; car, d'un autre côté, le raisonnement que voici paraîtra bien solide aux esprits médiocres : « Il est écrit dans de bons auteurs, diront-ils, que Renan reçut un million. Ses partisans prétendent qu'il ne reçut rien du tout. La vérité est probablement entre les deux. Soyons modérés : il reçut quelques centaines de mille francs. » Décidément, tâchons de maintenir, dans le drame du monde, l'épilogue final de la vallée de Josaphat.

rellement crédule ; son premier mouvement est d'accepter ce qu'on lui dit. Le doute méthodique est ce qu'il comprend le moins. Habitué à des mœurs rudes, il croit que l'injure non relevée est par cela même acceptée ; pour lui il en reste toujours quelque chose. Je pense parfois qu'à l'heure qu'il est, M. de Sacy changerait d'avis. Faut-il laisser, par exemple, les reporters vous prêter des choses à mille lieues de ce qu'on pense? La question est délicate ; en effet, si on leur déclare qu'on ne veut rien répondre, ils vous font tout de même parler à leur guise. M. de Sacy pourrait dire que, au point de vue de l'éternité, tout cela est bien peu de chose !

Le sentiment que ces rapports intimes nous inspirèrent l'un pour l'autre devint une véritable amitié. M. de Sacy me défendit toujours et fut le principal auteur de mon entrée à l'Académie française. Le petit discours qu'il prononça dans la compagnie, pour exposer ce qu'il regardait comme mes titres, fut d'une allure si vive, si franche, si naturelle, que beaucoup de nos confrères me le répètent souvent et le savent par cœur. « M. Renan, dit-on, est hérétique sur certains points ; je ne le nie pas. Mais je voudrais bien savoir qui d'entre nous n'est pas un peu hérétique. Vous, monsieur de Montalembert, savez-vous que, si j'étais inquisiteur, je trouverais, sans chercher beaucoup, de quoi vous brûler ? Vous, monsieur de Broglie, votre foi au surnaturel, est-elle d'une parfaite orthodoxie ? Vous, monsieur de Falloux, êtes-vous, dans le troupeau, une brebis bien docile ?... » Et il finissait par ces mots : « Pardonnons-nous réciproquement nos hérésies. » J'ajouterai encore ici une histoire, que je ne rappellerais pas si Madame la princesse Mathilde ne se plaisait à la raconter. Un jour, donc, Madame la princesse Mathilde, venant le voir dans sa petite maison d'Eaubonne, crut remarquer qu'il cachait sous la table le livre qu'il était en train de lire. Connaissant le libre esprit de la princesse et voyant ses yeux suivre le volume avec une certaine curiosité, il le lui montra. C'était la *Vie de Jésus*. « Pardon, princesse, dit-il ; j'avais cru voir entrer Madame de Sacy. » Il avoua qu'il aimait ce livre, mais qu'il ne le lisait qu'en cachette, de peur d'être grondé.

La mort subite qui enleva M. Armand Bertin, peu de temps après mon entrée au journal, ne me laisse de lui que peu de souvenirs. Je ne l'ai vu qu'une seule fois, en son appartement de la rue de l'Université. Il me répéta ce que M. Bertin l'aîné avait coutume de dire aux débutants du journal : « Écrivez pour cinq cents personnes ; le reste, nous nous en chargeons. » Un journal noble, analogue dans la presse à ce qu'est l'Académie française en littérature ; un journal où les hommes les plus considérés pussent écrire, et dont la collaboration honorât : tel était le programme que ces hommes éminents conçurent et qu'ils réalisèrent à force de tact, de connaissance des hommes, de persévérance et d'habileté.

M. Édouard Bertin est un des esprits les plus complets et les plus justes que j'aie connus. Si je ne parle pas plus longuement de lui, c'est que cette tâche a été remplie par l'homme qu'il a le plus aimé, M. Taine. C'était une rare intelligence, de la plus haute culture. Il se moquait un peu parfois de ce goût du vieux en toute chose qu'avait M. de Sacy ; il souriait de son jansénisme, de son classicisme. M. de Sacy était sensible à ces petites misères ; il m'en faisait la confidence presque en pleurant. M. Édouard avait assurément une plus ample vue des choses que M. de Sacy. Il savait en érudit l'histoire de l'art italien. Sa connaissance de la littérature chrétienne était surprenante. C'est, parmi les laïques, l'homme le plus au courant des questions de critique et de controverse que j'aie jamais vu. Son incrédulité était savamment raisonnée. Son scepticisme en politique était le résultat d'une parfaite raison. Pendant le siège, il fut admirable. Aucune illusion n'approcha de lui. Malgré l'affaiblissement de sa santé, il venait tous les jours au journal. Il écoutait avec bienveillance les nouvelles les plus absurdes ; puis, se penchant vers moi, il me disait : « Je n'en crois pas un seul mot. » Sa philosophie était à la fois curieuse du vrai, aimable et résignée.

Les temps, sous le second Empire, furent

pour la presse d'une difficulté extrême. Il fallait être son propre censeur à soi-même ; c'étaient des angoisses de tous les jours. C'est alors que s'opéra dans le journal une transformation considérable. La politique était si peu libre que la vie passa aux articles littéraires et moraux. Les lecteurs intelligents cherchèrent à la troisième page ce que ne pouvait dire la première. Les articles Variétés prirent une importance qu'ils n'avaient pas encore eue. Jusque-là, ces articles avaient été anonymes ; ils engageaient l'opinion du journal entier. L'auteur n'en revoyait pas les épreuves. En se relisant (c'est de M. de Sacy que je le tiens), il éprouvait souvent d'étranges surprises. Dès les premières années après le coup d'État, tout fut changé. Les articles Variétés devinrent pleins de sous-entendus ; on y sentit la responsabilité personnelle, l'allure originale de l'auteur. La forme fut bien plus soignée ; parfois elle le fut trop peut-être ; la critique du livre en souffrit. Le public lut ces petits morceaux avec attention, cherchant entre les lignes ce que l'auteur n'avait pu dire. Sous apparence de littérature, on parla ainsi de bien des choses alors défendues ; on insinua les plus hauts principes de la politique libérale.

Quand on possède la liberté et surtout quand on commence à en abuser, les services de ceux qui ont contribué à la conquérir sont vite oubliés. Ceux qui avaient confessé la foi sous Dioclétien trouvaient, sous Constantin, qu'on les négligeait un peu. Si notre cher Prévost-Paradol vivait encore, il se serait, je crois, trouvé victime d'une pareille injustice. Le talent, la passion, l'habileté qu'il déploya dans la lutte, furent quelque chose d'extraordinaire. Sa facilité tenait du prodige. Ces articles exquis étaient écrits au dernier quart d'heure, sans une rature ; le prote coupait avec des ciseaux les lignes aussitôt que rédigées, et Prévost ne les revoyait pas. Avec cela, si courageux, si délicat ! Sa prétendue conversion à l'Empire ne fut pas du tout le caprice intéressé que l'on dit. Sa mort n'eut aucune signification politique ni morale ; ce fut un accident matériel, amené par les grandes chaleurs de Washington et par la surprise que lui causa le régime américain des liqueurs alcooliques glacées. Je l'aimais beaucoup, et il m'aimait aussi ; seulement le monde l'aimait mieux encore, et M. Thiers était comme un volet qui lui fermait la moitié du ciel.

Grande injustice aussi que celle qui s'attacha au ferme et loyal Laboulaye! Il eût voulu être ministre et membre de l'Académie française; il eût été un excellent ministre, et il avait plus de titres à l'Académie que la moitié de ceux qui en sont. Il se consola en réalisant dans sa vie, par un effort continu, l'idéal d'un honnête homme. Je ne crois pas que personne ait compris et pratiqué mieux que Laboulaye la règle du parfait libéral. S'il a jamais péché, c'est par trop d'amour de la liberté! Oh! la belle faute, et que je fais mon compliment à ceux qui n'en ont jamais commis d'autres!

Le libéralisme était la religion de cette génération excellente. Leurs principes étaient si arrêtés qu'au lendemain de la catastrophe qui semblait leur donner tort, ils se retrouvèrent tels qu'ils avaient été la veille. « J'en fais l'aveu sincère, disait M. de Sacy, je n'ai pas changé. Bien loin de m'avoir ébranlé dans mes convictions, la réflexion, l'âge et l'expérience m'y ont affermi. Je crois au droit et à la justice, comme j'y croyais dans ma plus naïve jeunesse. Ce principe de liberté, que le temps et les circonstances ont ajourné dans la politique, je suis heureux de le reprendre dans les lettres, dans la philosophie, dans tout ce qui est du domaine de la conscience et de la pensée pure. C'est là ce que nous essayons de faire au *Journal des Débats*. Avec des nuances de goût et d'opinion différentes, c'est l'esprit qui nous rallie tous. »

M. Cuvillier-Fleury aurait pu dire cela aussi bien que M. de Sacy. Son libéralisme ne souffrit jamais d'éclipse; aucune réaction ne l'atteignit. Il aimait ardemment ce qu'il croyait vrai. Sa conversation était vivante; il la soignait, car c'était une manière d'accentuer la conviction qu'il portait en lui. Oh! la bonne maison qu'étaient les *Débats* d'alors, et quelle souvenance nous avons gardée de ces joutes aimables de paroles où M. de Sacy et M. Cuvillier-Fleury luttaient ensemble d'esprit, de verve, de bonhomie ! A l'Académie, le tournoi recommençait inoffensif; tous deux, en effet, rompaient des lances pour la même pensée ; tout ce qui était bon, noble, généreux, faisait vibrer leur cœur.

Leur patriotisme était pur comme le sentiment d'un enfant. Au-dessus de tout, ils voyaient la France; ils croyaient en elle; ils l'adoraient. Pauvre France! il est impossible qu'elle périsse; elle a été trop aimée!

Que serait-ce, si je devais rappeler ici M. Saint-Marc Girardin, Hippolyte Rigault, Jules Janin, Michel Chevalier, Alloury, Philarète Chasles, et ces vaillants confrères, vivants encore, dont il nous est interdit de parler? M. Saint-Marc Girardin fut un homme de grand sens politique. Sa parole, forte et assurée, était relevée par un esprit vif et piquant. Il m'intimidait un peu, comme le font en général les universitaires. Ils parlent trop bien. Une de mes manies est de faire exprès des phrases incorrectes, où l'accent de pensée porte justement sur l'incorrection, qui le fait saillir. Habitués à réprimander cela chez leurs élèves, les professeurs ne comprennent pas cette appréhension de parler comme un livre, et trouvent ma conversation touffue, entassée. Ce cher Hippolyte Rigault, j'imagine, était bien un peu de cet avis. C'était un homme d'un rare mérite. Sa mort prématurée nous attrista profondément. L'exposition orale lui était si nécessaire qu'il mourut de chagrin de se la voir interdite. Par la faute d'une administration inintelligente de l'instruction publique, la presse sérieuse et l'enseignement supérieur furent privés d'un homme de grand talent.

D'autres expliqueront mieux que moi l'éblouissante facilité de Jules Janin. J'admirais sa verve étincelante; je ne sais pourquoi, cependant, nos atomes ne s'accrochèrent jamais d'une manière durable, tandis qu'une sympathie, mêlée d'une sorte de pitié, m'attacha bien vite à Philarète Chasles, cet esprit si original, ce semeur d'idées neuves, qui eût bien mérité qu'on lui pardonnât quelques légers travers. On fut sévère pour de petits défauts ;

on ne vit pas de grandes qualités. L'ardeur extrême que M. Michel Chevalier portait dans les questions sociales faisait oublier, au contraire, tous les dissentiments politiques. Durant la première moitié de l'Empire, son optimisme saint-simonien mettait souvent les nerfs de ce pauvre Prévost à de rudes épreuves. Un jour il entra rayonnant; ses premiers mots furent : « J'ai conquis la liberté... » On était plein d'attente ; on demanda des explications. Il s'agissait de la liberté de la boucherie... Mais il aimait vraiment le progrès; tout le monde lui accordait une grande vaillance et de la chaleur de cœur.

Ainsi nous traversâmes gaiement, et en nous soutenant les uns les autres, ces tristes années qui s'écoulèrent du coup d'État à l'an 1860, à peu près. Une influence meilleure commença de s'exercer alors. Les gouvernements, en général, s'améliorent en vieillissant ; malheureusement, on ne leur en laisse guère le temps. La seconde moitié de l'Empire fut bien moins mauvaise que la première. Le gouvernement nouveau avait récompensé ses complices et payé ses frais d'établissement. Il lui était maintenant loisible de penser au bien public. Le caractère personnel de Napoléon III, l'esprit si ouvert du prince Napoléon, de la princesse Mathilde, se firent mieux sentir qu'à l'époque où l'Empire portait lourdement la tutelle de ses premiers patrons. On put parler d'Empire libéral comme d'un espoir; espoir faible, il est vrai, mais préférable encore à tant d'autres hypothèses chimériques ou funestes. L'Empire libéral a fait une faute irrémissible, la guerre; après tout cependant, il donna peut-être la plus grande somme de liberté qu'il soit permis de réaliser en France sans provoquer des excès ; Dieu, c'est-à-dire l'histoire, lui fera miséricorde. L'Empire libéral échoua comme tous les gouvernements en France ont échoué, depuis cent ans. Mais, dans un naufrage, on ne dédaigne pas la cage à poules qui vient se présenter à la portée de votre main. On s'accroche à ce qu'on peut; l'heure du sauvetage n'est pas le moment de faire le dégoûté.

Voilà comment il arriva qu'avec une parfaite

honnêteté plusieurs d'entre nous acceptèrent, dans les dernières années, l'Empire, qu'ils n'aimaient pas, et s'attelèrent à la rude besogne de l'améliorer. Le *Journal des Débats* a pour principe de s'attacher au possible et de préférer les chances modestes aux placements aventureux. Nous acceptâmes l'Empire libéral par le principe même qui nous a forcés d'accepter tant d'autres choses que nous n'aimions pas, mais qui s'imposaient par crainte de pire. Nous fîmes bien. Je le crus, du moins, et aujourd'hui je le crois plus que jamais. En 1860, je consentis à prendre part au travail scientifique, qu'on essayait de relever. En 1869, je fis, dans le département de Seine-et-Marne, une campagne électorale indépendante, qui eût réussi sans M. Rouher et sans mon honnêteté.

La faute que nous fûmes amenés à commettre en cette circonstance, si faute il y eut, il est probable que nous la commettrons plusieurs fois encore. Toutes les fois que nous verrons se lever l'aube de la liberté, nous la saluerons. Tout essai qui se présentera comme ayant chance de concilier les exigences opposées de la politique, nous l'appuierons. A qui la faute si tout cela n'aboutit qu'à des déceptions ? Au siècle, non à nous. Le gouvernement vraiment constitutionnel ne s'improvise pas ; les nations y arrivent quand elles le méritent. Avions-nous une bien forte confiance dans l'Empire libéral ? Espérions-nous que le pouvoir personnel deviendrait, par une transformation à vue, cette royauté constitutionnelle, le plus parfait des gouvernements, où une nation contracte un pacte séculaire avec une famille, et peut, à certaines heures, se concentrer en un cerveau ? Oh! non certes ; nous espérions peu ; les gouvernements sortis d'aventures sont forts par le mal qu'ils font; quand ils commencent à faire le bien, ils sont faibles; mais enfin la réussite n'était pas impossible. Ce qui, au contraire, se présentait alors comme tout à fait improbable, c'était l'autorité sortant du suffrage universel, le respect créé par l'émeute de la rue, l'ordre émergeant de l'anarchie.

Les événements qui ont suivi ont-ils été de nature à nous faire repentir d'être allés, en

1868 et 1869, au-devant d'un échec à demi prévu? Pour nous blâmer, nous demandons qu'on veuille bien attendre vingt ans. Si d'ici là un ordre constitutionnel a réussi à se fonder sans déraillement de la légalité, nous reconnaîtrons que nous aurions dû, vers la fin du second Empire, nous montrer plus difficiles. Dans le cas contraire, on nous pardonnera d'avoir cru que les pires expédients de la politique, ce sont les coups d'État et les révolutions ; qu'il faut par conséquent tirer parti de ce qu'on a, même quand ce qu'on a peut paraître assez défectueux.

XII

LETTRE A M. BERTHELOT

MINISTRE

Paris, le 31 décembre 1886.

Mon cher ami,

Je veux passer les dernières heures de cette année avec vous. Pendant que vous subissez le défilé des souhaits officiels, je veux revenir aux rêves que nous formions il y a quarante ans, quand nous nous connûmes dans une petite pension du faubourg Saint-Jacques, que vous aviez dix-huit ans, et que j'en avais vingt-deux.

Certes, si vous aviez été ministre alors,

nous aurions réformé le monde. Cela n'aurait pas tenu, probablement. Nous avons appris, en vieillissant, que le patriarche Jacob était un vrai sage, lui qui pensait que le pas du dernier petit agneau qui vient de naître doit régler la marche de tout le troupeau.

Bien des choses, en effet, changent en quarante ans, et pourtant, au fond, l'homme et l'humanité changent très peu. Je me rappelle que, dans les heures que nous passions ensemble, nous lûmes un jour l'histoire de ce solitaire de la Thébaïde, qui s'était retiré jeune dans le désert, et passa des années sans voir un être humain. Sur ses vieux jours, recevant la visite d'un religieux qui venait de la vallée du Nil, il fut pris d'un mouvement de curiosité : « Dites-moi donc, demanda-t-il à son confrère, si les hommes sont toujours les mêmes. Cherchent-ils encore à acquérir des propriétés? Se font-ils toujours des procès? Inventent-ils toujours des calomnies les uns contre les autres? Se construisent-ils des maisons comme s'ils devaient vivre deux cents ans? Se marient-ils toujours? » Le visiteur lui répondit que peu de choses étaient changées, et l'ermite s'émerveilla que l'homme fût si incurablement dupe de l'universelle vanité.

Nous pensons, nous autres, qu'un élément capital manquait aux solitaires de la Thébaïde pour avoir la vraie philosophie de la vie, c'est la science du monde. Savoir que la terre est une boule de trois mille lieues environ de diamètre, que le soleil est à trente-huit millions de lieues de la terre et qu'il est un million quatre cent mille fois gros comme elle, une foule d'autres renseignements qui font maintenant partie de l'instruction élémentaire, nous paraissent d'intérêt majeur. Et pourtant le solitaire avait raison à sa manière. Les accidents les plus graves des choses humaines, quand on se place au point de vue de la terre entière, n'ont pas plus d'importance que les mouvements d'un guêpier ou le va-et-vient d'une fourmilière. Quand on se place au point de vue du système solaire, nos révolutions ont à peine l'amplitude de mouvements d'atomes. Du point de vue de

Sirius, c'est moins encore. Du point de vue de l'infini, ce n'est rien. Ce point de vue est le seul d'où l'on juge bien les choses dans leur vérité.

J'ai cité, dans mes *Souvenirs d'enfance*, le mot du vieux supérieur de Saint-Sulpice, M. Duclos, à qui, dans les années troublées qui suivirent 1830, un séminariste racontait avec effarement je ne sais quelle séance agitée de la Chambre des députés. Le jeune homme était surtout fort ému d'un discours de M. Mauguin, qui lui paraissait le prélude de la fin du monde ; ces députés de l'Opposition, hardis, provocateurs, faisaient à ces paisibles ascètes l'effet de vrais démons. « On voit bien, mon ami, répondit tranquillement M. Duclos, que ces hommes-là ne font pas oraison. » Je ne me figure pas beaucoup, en effet, M. Clémenceau faisant oraison ; M. Laguerre, si jeune, si rêveur ; peut-être... L'oraison de M. Rochefort me semble surtout appartenir au genre que les Pères de la vie spirituelle appellent jaculatoire ; cet âpre lutteur n'est pas encore tout à fait désabusé de la réalité des choses. M. Tony Révillon ne me paraît pas non plus arrivé au soutra bouddhique de l'enchaînement des effets et de la complète inanité des apparences. Mais il ne faut pas s'effrayer trop vite. Les discours de M. Mauguin n'ont pas fait crouler le monde. Le monde a la vie dure. C'est un joujou avec lequel on peut jouer assez longtemps sans le casser.

Notre cher directeur des *Débats*, en souvenir des jolies étrennes que M. Laboulaye servait autrefois aux abonnés du journal, me demanda, l'an dernier, quelque rêve qui pût contenter tout le monde, un rêve pas très solide peut-être, bon tout au plus pour le jour de l'an. Ce n'est point là une tâche facile. Le temps présent est peu celui des rêves. Le ciel est triste ; l'Éternel a quelquefois l'air de se dégoûter de sa création, de la trouver fastidieuse, ratée. Elle ne l'est certes pas ; je la trouve, en vieillissant, plus étonnante que jamais. Mais il est sûr que les hommes sont trop divisés. Ce qui enchante les uns consterne les autres. Je crois que nous ne verrons plus nos semblables d'accord sur quoi que ce soit. Pour les mettre d'accord, il faudrait les tromper, et ce n'est ni vous ni moi, mon cher ami, qui prendrons cet emploi.

L'an dernier, pour obtenir du ciel le crédit d'un sourire, je m'adressai à l'ange Gabriel, et je me crus autorisé à faire la confidence, de sa part, aux lecteurs du *Journal des Débats*, d'un changement prochain dans le gouvernement général de ce monde. Le déception a été telle, que j'ai renoncé à interroger, cette année, le messager céleste. Vous êtes ministre ; voilà un événement dont je félicite hautement l'Éternel. A cela près, il n'est pas possible de se tromper plus complètement que je ne le fis dans mes prédictions. J'avais annoncé du grand et du neuf ; j'avais dit qu'il fallait s'attendre à de l'imprévu ; et, en fait, autant que le gâchis égale le gâchis, autant que deux gouttes d'eau se ressemblent, autant l'état du monde en ce 31 décembre diffère peu de l'état du monde au 1er janvier dernier. La grande résolution que j'avais supposée à l'Éternel d'imposer à ses fonctionnaires d'être justes, exacts, attentifs, n'a pas eu la moindre suite. Un effroyable laisser-aller semble toujours régner dans les bureaux où se règle le sort du monde. La politique céleste, qui s'annonçait comme devant être très décidée, a été plus obscure, plus réservée que jamais. C'est de la sagesse sans doute ; mais comme désormais je ne me mêlerai plus de faire des prophéties ! De quelle manière s'y prenaient les anciens prophètes pour ne jamais se tromper, grand Dieu !

A défaut des secrets de l'ange Gabriel, j'ai songé à demander conseil aux dieux de l'Inde. Ce sont de bien bons dieux, qu'on adore en rêvant, et qui nous donnent parfois d'admirables leçons en l'art de se faire tout à tous. La vie de Krichna, en particulier, est pleine de bons exemples qui, si on pouvait les imiter, rendraient au siècle ce qu'il n'a plus, la joie, la sympathie, la concorde.

Quand Krichna arriva, rayonnant de jeunesse et de beauté, dans les prairies du Bradj, toutes les bergères devinrent amoureuses folles de lui. Krichna, étant la bonté même, voulait toutes les contenter. Comme dieu, il avait le don des miracles et du plus étonnant des miracles, la multiplication de lui-même. Grâce à ce don surnaturel, il se divisa en autant de Krichnas qu'il y avait de bergères. Il dansa avec toutes; toutes du moins furent convaincues qu'il avait dansé avec elles. A partir de ce moment, elles se crurent privilégiées. Elles gardèrent durant leur vie le précieux souvenir du passage divin, comme un sceau de virginité, qui les consacrait prêtresses d'un idéal surhumain.

Voici, en effet, ce qu'il y eut d'admirable dans ce miracle de Krichna. Que toutes les bergères fussent persuadées qu'elles avaient dansé avec Krichna, rien de plus simple. Cette faveur n'aurait eu à leurs yeux qu'un prix médiocre; car la femme n'estime guère le don qu'elle partage avec d'autres. Mais, par un sentiment de délicatesse infinie, tel qu'un dieu peut en avoir, Krichna laissa croire à chacune des bergères qu'il avait dansé avec elle seule. L'amour est égoïste; il a l'illusion facile. L'être aimé garde son secret pour lui-même; il veut croire avoir été seul aimé. Chacune des bergères se fit contemplatrice de son trésor. Elle crut qu'elle n'avait pas eu de copartageante de l'idéal, que le grand dieu, au moment de sa manifestation amoureuse, n'avait existé que pour elle. Oh! comme cette pensée les rendit pures, pieuses et sages! Ce furent des saintes. Croyant avoir été seules à posséder le Bienheureux, elles restèrent, toute leur vie, pleinement satisfaites, et vécurent uniquement de la contemplation du dieu qu'elles avaient serré dans leurs bras, à l'exclusion de tout autre.

Krichna ne fut pas le seul à pratiquer ce miracle de bonté. Bouddha savait aussi, selon les occasions, se donner à tous et faire croire à tous qu'il avait été à eux seuls.

Quand le Bouddha vint au monde, les dix mille femmes les plus belles de l'Inde s'offrirent pour lui servir de nourrices. Il vit le chagrin de celles qui seraient refusées, peut-être le mauvais sentiment de jalousie qu'elles éprouveraient. Il se multiplia en dix mille petits Bouddhas. Chaque femme le tint dans ses bras, le nourrit de son lait, le couvrit de baisers et, comble du miracle! crut avoir été seule à le nourrir, à l'embrasser. Le bouddhisme fut leur œuvre exclusive à chacune; c'est leur lait qui avait formé le corps divin.

Bouddha renouvela plusieurs fois le même prodige. Un jour qu'il traversait une plaine brûlante, des millions de dévas et de génies accoururent pour déployer un parasol au-dessus de sa tête. Le Bienheureux se multiplia en autant de Bouddhas qu'il y avait de parasols, afin que tous eussent la satisfaction de croire que leur bonne volonté avait été acceptée.

On dit aussi que, comme il se trouvait devant une rivière infranchissable, des êtres bienveillants lui bâtirent instantanément plusieurs ponts. Le Bienheureux se multiplia selon le nombre des ponts, et chacun de ceux qui les avaient fabriqués s'imagina qu'il avait passé sur le sien, à l'exclusion des autres; et tous furent heureux; il n'y eut pas de jaloux.

Ces anciens dieux savaient, mieux qu'on ne le sait aujourd'hui, tirer de la nature humaine ce qu'elle contient en fait d'enthousiasme et de dévouement. Ils savaient gâter les êtres. Chacun pouvait croire que le monde n'existait que pour lui, et tous à la fois croyaient la même chose. Le christianisme n'a-t-il pas, lui aussi, sa multiplication du divin?

> *Sumit unus, sumunt mille.*
> *Quantum isti, tantum ille ;*
> *Nec sumptus consumitur.*

Voilà des histoires, mon cher ami, que vous pourriez, j'imagine, conter à vos collègues, dans quelque intervalle de repos des séances du Conseil. J'ai souvent pensé, en effet, qu'elles ont une certaine portée politique. Krichna dansant avec toutes les bergères, et chaque bergère s'imaginant qu'il n'a pensé qu'à elle, n'est-ce pas là un chef-d'œuvre de politique à proposer pour modèle à ceux qui gouvernent les hommes? Les hommes veulent se figurer que tout a été fait pour eux et par eux. Chacun veut bien se sacrifier à l'idéal, mais à condition d'avoir fait l'idéal à lui seul. La grande habileté du chef de situation n'est-elle pas de danser avec tous et de faire croire à tous qu'il a dansé avec eux seuls ? Et, dans les crises, n'est-il pas important de laisser supposer à ceux qui se présentent comme des sauveurs qu'on a opéré sa retraite en passant sur le pont qu'ils avaient dressé ?

Le miracle de la multiplication de soi-même est réservé aux dieux. Mais, pour les natures inférieures, qui sont très nombreuses, et qui se soucient peu du corps mystique de Krichna, il y a un dieu divisible à l'infini, et qui ne se consume jamais. C'est le budget, Chacun veut avoir eu part à ses faveurs, avec l'assurance qu'il ne se consumera jamais.

Sumit unus, sumunt mille,
Nec sumptus consumitur.

Le chef-d'œuvre serait peut-être que tous les députés fussent membres de la commission du budget, que chacun s'imaginât avoir fait le budget à lui seul... Serait-il possible d'arriver à cela ?...

Pour nous autres, adorateurs en esprit, toujours occupés, selon la formule brahmanique, à « concentrer notre esprit sur Krichna », le miracle hindou garde toute sa vérité. L'idéal ne perd rien à se diviser : il est tout entier dans chacune de ses parties. Nous vivons de parcelles de Krichna, que nous nous assimilons selon notre génie. L'idéal est, pour tous, partagé en autant de morceaux qu'il y a de goûts, modifié selon le caractère de chacun. Chacun crée son danseur divin. Il y a un raffinement, en effet, que j'introduirais dans la légende de Krichna, si jamais j'essayais d'en faire un drame ou, pour mieux dire, un ballet philosophique. En même temps que toutes les bergères croiraient qu'elles ont dansé avec Krichna, il se trouverait qu'en réalité elles ont dansé avec des Krichnas divers. Chacune aurait fait son Krichna à sa guise, et, quand elles en viendraient à se décrire l'une à l'autre leur amant céleste, il se trouverait que leurs rêves ne se ressembleraient en aucune façon ; et cependant ce serait toujours Krichna.

Voilà le problème à résoudre, au moins le jour de l'An : procurer à tous un rêve, où chacun trouve son Krichna, fabriquer pour tous un petit dieu que chacun caresse en esprit.

Pour celui-ci, ce sera la plus parfaite des républiques ; pour celui-là, la plus parfaite des monarchies. Donner à chacun le prince qu'il aime, la femme qu'il rêve, la foi qu'il désire, c'est là, bien sûr, de la politique d'un jour. N'êtes-vous pas d'avis cependant qu'il serait bon que cette politique d'étrennes empiétât un peu sur le reste des douze mois?

Dans un an, si je vis, si vous êtes ministre et si le monde dure, je reprendrai cette méditation avec vous. Le bon côté de notre philosophie, c'est de bien préparer à l'éternité. Ceux qui vous connaissent savent combien vous tenez peu à tout ce qui n'est pas la patrie et la vérité. Pour moi, j'accepterais volontiers l'augure d'une fin prochaine, pourvu qu'elle fût belle. L'œuvre la plus importante de chacun de nous, c'est sa mort ; ce chef-d'œuvre, nous l'exécutons au milieu des géhennes et avec le quart de nos moyens. Si je meurs dans l'année, je prie les personnes de goût, nombreuses encore, de ne pas croire beaucoup de choses qu'on leur dira sur mon compte. Je n'ai pas été parfait ; mais ma vie a toujours eu un but objectif, désintéressé. J'ai été très honnête homme; j'y dois le charme de ma vieillesse et une certaine fraîcheur d'imagination, qui me fait trouver de plus en plus de goût aux créatures de Dieu.

Combien je serais ingrat de me plaindre du sort! Pendant soixante-quatre ans, j'aurai contemplé le plus admirable spectacle, l'univers. C'est moins long que l'ancien paradis, mais bien plus amusant. Ce spectacle, je l'ai contemplé dans une assez bonne stalle, avec des accoudoirs et des escabelles selon mes goûts. J'ai vu le monde à un des moments les plus intéressants de son développement. Le point où j'ai été placé pour jouir de cet étonnant feu d'artifice a été excellent.

La planète Terre est sans égale pour jouir de l'univers. Elle est petite; mais elle produit des esprits vifs et subtils. Elle a eu Galilée, Newton, Laplace. L'atmosphère qui l'entoure est d'une clarté parfaite. Nous sommes sûrs que, entre nous et les astres les plus éloignés, il n'y a aucun corps opaque, aucun écran. Il n'y a vraiment à plaindre dans l'univers que ceux qui habitent des planètes à l'atmosphère simplement translucide, qui ne les prive pas de la lumière, mais les prive de la vue de l'infini. Ah! ces pauvres habitants de Vénus!... Comme je comprendrais qu'ils se révoltent! Comme cette atmosphère laiteuse où ils vivent doit borner leur horizon! Comme ils doivent croire que le monde a été fait pour eux! Quels esprits étroits ce doivent être! Mais les gens de la Terre? L'infini leur est ouvert. Comment s'ennuyer avec cela? Et puis, que de jeux! que de fêtes! Les êtres que le souffle de Dieu a fait éclore sur la planète Terre ont été, j'en suis persuadé, les privilégiés de l'univers.

Pour moi, je suis content. J'ai cru, à mon heure (illusion peut-être!) danser avec Krichna; j'ai bâti des ponts aux dieux en détresse; j'ai tenu le parasol sur la tête de Bouddha. Vive l'Éternel! la lumière est bonne.

A l'an prochain, mon ami, s'il plaît à Dieu!

XIII

UN MOT SUR L'EXPOSITION

LETTRE A M. JULES LEMAITRE

Paris, 9 mai 1889.

CHER AMI,

Certes, j'aurais voulu répondre à l'invitation de votre billet du matin d'avant-hier. Mais c'est vraiment pour moi que le Christ a dit : *Spiritus quidem promptus est, caro vero infirma*. Un retour de mes misères habituelles m'a jusqu'ici empêché de voir cette chère Exposition, que je bénis puisqu'elle semble amener dans les choses humaines un peu de joie, d'oubli, de cordialité, de sympathie. J'en vis la préparation, il y a quelques semaines, des hauteurs du Trocadéro ; cela me fit l'effet de la *Villa Adriana*, d'une de ces fêtes du temps d'Adrien, brillantes, un peu composites, éclectiques à l'excès, mais que nous aimons comme les derniers sourires d'un monde finissant. Même en supposant que l'Exposition de 1889 doive être la dernière occasion qu'auront les hommes de se réunir pour se livrer à la gaieté et s'amuser d'enfantillages, cette pensée mélancolique ne serait pas de nature à nous la rendre moins poétique et moins suggestive.

Et puis, après tout, qui sait l'avenir? Vous me supposez plus pessimiste que je ne le suis. Oui, je suis effrayé de voir une tradition aussi grandiose que celle de la royauté française remise à un souverain aussi borné, aussi étourdi, aussi accessible à la calomnie, aussi facile à surprendre que le peuple représenté par le suffrage universel. Mais je ne nie pas que l'heure présente n'ait ses avantages et ses douceurs. Les vaniteux, quand ils ne marchent plus à la tête du progrès, sont fiers de marcher à la tête de la décadence. La liberté est plus grande qu'elle ne l'a jamais été dans notre pays, peut-être dans aucun pays du monde. Les critiques exagérées qu'on adresse au régime actuel viennent d'esprits qui ne connaissent pas le passé et ne se doutent pas de ce qu'amènerait l'avenir qu'ils appellent. Pourvu que cela dure !... Voilà la seule réserve que nous mettons à notre contentement. S'il ne s'agissait que de nos chétives personnes, nous aurions le droit d'être imprévoyants, hasardeux, téméraires. Mais il s'agit de la France, de son existence, de ses destinées. Au verso de la page du *Temps*, où je voyais ces consolantes descriptions de fêtes, ce beau discours de M. Carnot, je lisais, sous la rubrique *Saint-Ouen:*

MM. le général Boulanger . . .	1.043	Elu
Naquet, boulangiste. . . .	981	Elu
Laguerre, boulangiste. . .	981	Elu
Déroulède, boulangiste . .	979	Elu

Quelques personnes à qui j'en ai fait la remarque m'ont dit que Saint-Ouen n'est pas un point très éclairé. C'est possible ; mais je crains qu'il n'y ait en France une foule de cantons qui, du moins en politique, ne soient pas beaucoup plus éclairés que Saint-Ouen.

Voilà pourquoi, par moments, je ne peux m'empêcher de voir, entre les rayons de ce beau soleil couchant, un nuage sombre, frangé d'or, d'où pourrait bien sortir un *rokh*, qui emporterait tout. Enfin, continuons d'espérer en la raison, et croyez à ma vive amitié.

XIV

LE 18ᵉ CENTENAIRE DE POMPÉI

LETTRE AU DIRECTEUR DU *JOURNAL DES DÉBATS*

Sorrente, 26 septembre 1879.

Monsieur et cher Directeur.

Vous voulez que je vous raconte en quelques mots ce que la commission des antiquités italiennes a fait pour rappeler le centième anniversaire d'un événement lugubre en lui-même, mais qui a eu pour la science des conséquences sans égales. La commission italienne avait trop de goût pour célébrer comme une fête une catastrophe qui coûta la vie à des centaines de personnes aussi intelligentes, aussi civilisées que nous ; ce qu'elle a voulu, c'est un rendez-vous scientifique, un souvenir adressé au passé, un pèlerinage pour ceux qui aiment l'antiquité. Elle a parfaitement réussi : la solennité à laquelle elle nous a conviés n'a été froide et ennuyeuse que pour les badauds qui venaient chercher un divertissement sur la cendre des morts ; aux yeux des gens instruits, elle a été dirigée avec infiniment de bon sens et de tact.

Dans l'automne de l'an 79, eut lieu un des événements les plus extraordinaires de l'histoire du globe. Un vieux volcan entièrement refroidi, couvert de broussailles, de vignes sauvages, et dont le cratère avait servi de refuge aux soldats désespérés de Spartacus, éclata avec une énergie dont on n'avait point eu d'exemple depuis les temps historiques, ensevelit à son pied quatre ou cinq villes, créa enfin ce centre puissant d'activité éruptive qui dure jusqu'à nos jours et semble être venu se poser dans les faubourgs d'une grande ville pour se faire étudier à loisir. Le hasard a voulu que nous dussions la description du phénomène à la plume du meilleur écrivain de ce temps.

C'était le 9 des calendes de septembre (?), vers la septième heure ; mon oncle commandait la flotte à Misène, quand ma mère vint lui annoncer qu'un nuage d'une grandeur et d'une forme inusitées s'élevait à l'horizon. Au premier moment il nous fut impossible de dire de quelle montagne il sortait ; plus tard, on sut que c'était du Vésuve. Pour rendre la forme et les apparences du nuage, je ne vois qu'une seule comparaison : c'est celle d'un pin gigantesque, s'épanouissant en rameaux à l'extrémité d'un tronc démesurément allongé. Entraînée, en effet, par la force de la projection originelle, la matière soulevée montait d'abord perpendiculairement ; puis le courant qui la soutenait s'évanouissant peu à peu, la pesanteur reprenait ses droits, et le tout s'affaissait en une masse tantôt blanchâtre, tantôt sombre et maculée de noir. L'horrible cyclone, déchiré par les sillons tordus et les traits vibrants de la foudre, comme s'il portait dans ses flancs un souffle igné, s'ouvrait pour laisser voir à l'intérieur tous les jeux fantastiques d'une tempête de feu ; c'étaient des éclairs, mais des éclairs plus grands que ceux qu'on vit jamais. Bientôt le nuage descend, couvre la mer, enveloppe Caprée et la dérobe tout entière, soustrait aux regards la pointe avancée de Misène. La cendre arrive alors, rare d'abord, puis comme un torrent envahissant la terre. L'obscurité était comparable, je ne dirai pas à celle de la nuit la plus sombre, mais à ce qu'on éprouve dans un lieu fermé, quand la lumière vient à s'éteindre tout à coup. On entendait de toutes parts des hurlements, des cris de gens qui s'appelaient et cherchaient à se reconnaître à la voix. Les uns, par crainte de la mort, invoquaient la mort; plusieurs élevaient les mains vers les dieux ; d'autres disaient qu'il n'y avait plus de dieux, et voyaient dans ce qui arrivait la réalisation des prophéties qui annoncent au monde une nuit éternelle comme sa fin dernière. « Misène s'est écroulé », disaient les uns ; « il est en feu », disaient les autres. Tout cela était faux, mais on le croyait. Une légère lueur s'étant produite, on la prit, non comme l'annonce du retour de la lumière, mais comme l'indice de l'arrivée du feu. Le feu en réalité n'approcha pas de nous ; les ténèbres recommencèrent ; la cendre tomba de nouveau, pesante et serrée. Nous devions nous lever à chaque instant pour la secouer ; sans cela nous eussions été bientôt couverts et écrasés par son poids. Peu à peu cependant l'obscurité s'atténua ; le soleil parut blafard comme un jour d'éclipse. Des nuages troubles flottaient devant nos yeux. Le monde semblait avoir changé de face ; la terre était revêtue d'une épaisse couche de cendre qui couvrait tout, ainsi que fait la neige.

On sait comment, depuis cent cinquante ans, le sol antique ainsi enseveli est devenu pour l'archéologie une mine d'inappréciables découvertes. Ce fait de villes en quelque sorte mises en réserve par un événement naturel, pour l'utilité des archéologues futurs, me paraît à peu près unique au monde, et je ne vois que Velléia, près de Plaisance, enterrée par un éboulement de montagnes, qui puisse être comparée aux villes du pied du Vésuve. L'affreuse catastrophe arrivée il y a dix-huit siècles a été de la sorte une fortune sans égale pour la connaissance de l'antiquité, surtout depuis qu'une direction vraiment méthodique a été donnée aux fouilles. Entreprises d'abord uniquement en vue d'enrichir les musées, les premières fouilles furent plus préjudiciables qu'utiles à la ville même. On détruisait pour trouver, on recouvrait les débris qui n'étaient pas transportables; on creusait çà et là, sans continuité, selon qu'on s'imaginait entrevoir les indices de belles trouvailles. La gloire d'avoir introduit la méthode dans cet important travail appartient à M. Fiorelli, qui le premier pensa que la chose la plus curieuse qui résultait des fouilles de Pompéi, c'était Pompéi même. Au lieu de trous et de souterrains poussés au hasard, on déblaya régulièrement les *insulæ;* on employa les plus ingénieuses précautions pour que la conservation sur place des monuments fût assurée. Le résultat de ces belles recherches fut une ville antique, à ciel ouvert, où l'on peut se promener, où l'on trouve fraîche, comme si elle était d'hier, l'impression de la voluptueuse existence que menaient, au premier siècle de notre ère, les Romains qui aimaient la « vie grecque ».

Sorrente est un lieu de si parfait repos que j'hésitai d'abord à le quitter pour passer en plein soleil, au milieu de la foule et de la poussière, une chaude journée de fin d'été. De mes fenêtres, j'ai sous les yeux le grand acteur du drame de 79, le Vésuve, qui depuis lors semble n'avoir jamais déposé sérieusement sa colère; je vois Pompéi et les vertes campagnes du Sarno; je vois la petite île d'Hercule devant l'ancien port de Pompéi, signe incontestable de comptoirs phéniciens en ces parages. Je songeai donc d'abord à célébrer de ma chambre, en lisant les deux lettres de Pline le Jeune, l'événement étrange de l'an 79; puis les idées d'une philosophie plus allante l'emportèrent; mon jeune ami,

Maurice Paléologue, se chargea de tous les soins, et nous partîmes à sept heures du matin pour nous joindre à la réunion d'hommes éclairés qui s'était donné rendez-vous ce jour-là sur les ruines de la ville détruite.

J'étais venu à Sorrente par mer, quelques jours auparavant, et je n'avais pas encore joui de l'aspect incomparable que présente la route qui joint cette ville à Castellamare. J'avais coutume de dire jusqu'ici que, dans la zone, bien étroite hélas! de notre planète que j'ai parcourue, la route de Viétri à Amalfi est la plus belle chose que je connusse. Eh bien! maintenant, j'hésite. La vue de la pointe de Meta, celle de Vico égalent tout ce qu'on peut imaginer de plus admirable en fait de nature souriante, aimable, parachevée par l'homme, en proportion avec lui. Les eaux du Sarno, bien distribuées, ont donné à la plaine qui sépare le massif de Sorrente du Vésuve une fertilité qui justifie ce que les anciens nous disent de la végétation des environs de Pompéi. Plusieurs savants ont cru que cette plaine est une conquête que l'éruption de 79, par une sorte de compensation, fit faire à l'ancien rivage. Mais M. Ruggiero a péremptoirement réfuté cette hypothèse; il a montré que les agrandissements du continent ont été de ce côté peu considérables et n'ont rien à voir avec l'éruption de 79.

Nous arrivâmes vers dix heures, quand les autorités prenaient place. Là, je trouvai Fiorelli, Minervini, ces brillants continuateurs de la grande école archéologique de Naples, et avec eux Bernabeï, Salinas, de Petra, ces actifs disciples qui recueillent si bien leur héritage. Le programme de la solennité se composait de trois parties : d'abord un discours de M. Ruggiero, qui a si dignement remplacé M. Fiorelli dans la direction des fouilles; puis une visite aux monuments; puis une fouille exécutée sous les yeux du public dans des terrains préparés pour cela. Nous nous acheminâmes vers la basilique, où M. Ruggiero devait prononcer son discours, et nous prîmes place dans l'enceinte. Elle était décorée avec une simplicité extrême; pas une banderole, pas un corps de musique, pas même un buste de Pline l'Ancien ! J'avoue que j'ai un peu regretté l'absence de celui-ci. Les martyrs de la science doivent être honorés.

Sans phrases, sans déclamation, avec le sens le plus juste de la situation, M. Ruggiero commença l'histoire du phénomène étrange dont le centenaire nous assemblait, quand un incident, qui n'était pas dans le programme, fit un moment sourire. Les portes de Pompéi avaient été ce jour-là si libéralement ouvertes que personne ne pouvait être responsable du bon sens de tous les assistants. Un fou trouva moyen de grimper sur une colonne et d'entamer une déclamation, qui couvrit un moment la voix de M. Ruggiero. Le suffrage universel ne se montra pas dans cette circonstance tout à fait à son avantage ; d'assez forts applaudissements accueillirent le discours de l'insensé. Je ne puis dire s'ils étaient fondés ; son discours n'a pas été imprimé comme celui de M. Ruggiero. Voilà une trace d'inégalité que je signale comme abusive aux niveleurs exaltés. L'inégalité devant la presse existe encore, on y mettra peut-être un jour bon ordre; en tout cas, dans cette circonstance le privilège l'emporta; car, au bout de quelques minutes, la parole resta définitivement à M. Ruggiero.

Pendant que l'ordre se rétablissait peu à peu et que nous échangions entre nous diverses réflexions sur la portée politique et sociale de l'incident, j'entendis derrière moi une vraie voix de sirène, c'était celle de M. Palizzi, directeur de l'École des beaux-arts de Naples, homme charmant autant qu'excellent artiste, avec qui j'avais fait les excursions les plus agréables autour d'Ischia. Avec lui je retrouvai cinq ou six amis qui avaient été mes compagnons dans ces excursions, et dont la conversation avait encore, si c'est possible, embelli ces beaux lieux. « Nous ne pouvons pas bien entendre, me dit Palizzi, et puis le fou recommencera. Ces gens-là ne se découragent jamais. Venez avec nous. » En même temps, il me montrait une clef que je pris d'abord pour un objet antique récemment découvert. « Cette clef est moderne, me dit-il; mais elle ouvre la seule maison de Pompéi qui ait une serrure, et, au milieu de ces huit mille personnes, ce n'est pas là un mince avantage. C'est une maison antique où l'on a mis un toit et une porte pour l'artiste qui assiste aux fouilles et prend une esquisse rapide de toutes les peintures que l'on découvre, avec les couleurs vraies du premier moment. — Excellente précaution, lui dis-je. Combien de peintures découvertes en Égypte n'existent plus le lendemain de leur découverte et périssent pour jamais! — Oui, venez, me dit-il. Nous irons d'abord accomplir nos devoirs envers ces pauvres morts d'il y a dix-huit cents ans ; puis nous irons nous reposer et déjeuner à la maison du peintre. Venez ; le discours de Ruggiero est imprimé ; vous le lirez ce soir à tête reposée, et le fou n'y sera plus. »

Je cédai à une invitation si aimable ; le fait est que M. Palizzi me procura un des plus frappants spectacles que j'aie jamais vus. Toute la foule était massée autour de la basilique et produisait par ses vives couleurs, au milieu de ces murs aux teintes cendrées, un étrange contraste. Le reste de la ville était désert et présentait cet aspect de mélancolie si particulier en temps ordinaire à Pompéi. Nous visitâmes surtout cette rue des Tombeaux, un des lieux les plus poétiques du monde; nous nous assîmes sur ces sièges hospitaliers que le mort offre au vivant comme pour lui conseiller le repos. (Oh! le bon conseil que donnent les morts!) Nous allions saluer, à la porte de la ville, la place où fut trouvé le soldat, victime de son devoir, quand un de nos compagnons nous arrêta brusquement : « Tout est changé, nous dit-il; ce petit réduit n'est plus, comme on le croyait, une guérite; c'est bien à tort qu'on a voulu voir dans le cadavre qui y fut trouvé les restes d'une sentinelle qui aurait péri à son poste, acceptant le danger évident de l'asphyxie plutôt que de fuir. Cet homme ne méritait pas les honneurs qu'on lui a rendus; c'était peut-être un voleur. » Cela nous rendit pensifs. Quoi! même après la mort, un héros du devoir peut, selon les caprices de l'archéologie, être confondu avec un voleur! Le cadavre d'un voleur peut usurper, durant des années, par suite d'une erreur des antiquaires, les honneurs dus aux héros! Combien un jugement dernier est nécessaire pour reviser tout cela! Mais, dans celui-ci encore, que d'erreurs possibles! que de précautions il faudra! Cela me rappelle ce malheureux qui, le 25 mai 1871, fut pris pour Billioray et fusillé près des Invalides; puis le vrai Billioray ne fut condamné qu'à la déportation. Ah! la justice de ce monde!

Nous revîmes cet étrange musée, formé par les plâtres des corps humains trouvés dans les cendres. Les chairs s'étant consumées, il est resté des moules, des bons creux, où l'on a pu couler du plâtre, si bien que l'on a obtenu le moulage rigoureusement exact des infortunés Pompéiens expirants. Rien de plus frappant. La jeune fille qui serre sa poitrine contre le sol comme pour l'embrasser, en repliant ses deux bras, présente les formes les plus pures et l'attitude la plus touchante. Un chien, un beau lévrier, se tord renversé, la tête entre les jambes; il était attaché à la porte d'une maison; à mesure que l'inondation des lapilli montait, il montait aussi; mais sa corde l'arrêta bientôt. M. Ruggiero a porté dans l'étude de ces difficiles questions pompéiennes une patience, une suite admirables. Il a résolument écarté l'hypothèse de l'eau et l'hypothèse du feu. Des faits indéniables établissent que Pompéi ne fut pas noyé dans un torrent de boue liquide, comme on l'a soutenu. Dans les espaces clos, la matière envahissante n'a pas pénétré. Le four où l'on a trouvé les pains en train de cuire était à l'intérieur parfaitement vide et net, avec ses quatre-vingt-un petits pains; or il n'était fermé que par à peu près. Un puits dont l'ouverture était préservée de l'invasion des lapilli n'a pas été comblé; l'eau y sourd aujourd'hui à une profondeur de vingt-cinq mètres.

Le système de l'incendie n'est pas non plus admissible. Pompéi ne périt point par le feu. Les plombs ne sont pas fondus, les marbres ne sont pas calcinés, des morceaux de toile et de bois adhèrent au métal et ne sont pas carbonisés; les peintures murales sont exemptes de l'action du feu et de la fumée. Quelques faits qui semblent conduire à une induction contraire s'expliquent ou par la chute de scories incandescentes, ou par la foudre, dont l'action se produit auprès des bouches éruptives avec une force extraordinaire. En réalité, Pompéi fut couvert en quelques heures d'une épaisseur de lapilli et de cendres équivalant, avant le tassement opéré par les pluies, à sept ou huit mètres. Presque tous les habitants, au nombre de douze mille, purent s'enfuir; environ cinq cents s'attardèrent et périrent. La pluie de lapilli précéda celle de cendre; on pouvait se préserver de la première en se barricadant dans les caves et dans les lieux fermés. C'est ce qui explique l'imprudence des cinq cents infortunés. Ils attendirent la fin de la pluie de petits cailloux ; ils comptaient sans la pluie de cendre qui les asphyxia. Les choses se passèrent à peu près comme en 1872 ; seulement cette dernière fois la pluie de cendre fut bien plus faible, et l'on en fut quitte pour marcher dans les rues de Naples avec un parapluie.

Cependant M. Palizzi nous ramenait tout doucement vers le réduit agréable qu'il nous avait préparé. La chaleur était très forte, l'ombre des vieux murs bien étroite ; nous arrivons enfin au seuil désiré. M. Palizzi nous précédait, sa clef à la main. O surprise! la petite maison était occupée... occupée par une excellente compagnie du reste; des dames y prenaient un frugal repas. Nous regardons Palizzi; Palizzi nous regarde. Que valait cette clef sur laquelle nous fondions tout notre espoir? Nous nous adressons au caporal qui se tenait debout près de là; le cas lui est expliqué, il réfléchit quelque temps. « Il faut qu'il y ait deux clefs », nous dit-il. Cette hypothèse n'était guère plus vraisemblable que celles que l'on hasarde parfois dans la discussion des questions pompéiennes; nous ne le contredîmes pas, mais nous demeurâmes convaincus que la porte moderne, qui s'adaptait mal aux feuillures antiques, avait été forcée. Naturellement nous feignîmes d'être heureux d'avoir été devancés, et, après avoir pris nos précautions pour que l'incident ne se renouvelât pas, nous allâmes visiter encore les maisons dites de Diomède, de Salluste, celles dites des Vestales et des Danseuses. Puis nous trouvâmes un repos bien mérité dans la maisonnette que nos prédécesseurs discrets avaient enfin laissée vide. M. Palizzi m'expliquait les résultats du long séjour qu'il avait fait sur les ruines de Pompéi, et en particulier ses observations sur la voirie. Il me faisait remarquer l'état prodigieusement inégal du dallage des rues et comment cet état répondait exactement aux limites des maisons, si bien qu'on en devait conclure que le pavage faisait partie des charges des propriétaires riverains.

Je regardais avec attention les intéressantes peintures, les essais de restitution de maisons antiques qui couvraient les murs, quand l'imprévu fit encore son entrée en la personne d'un homme de service portant un ballot ficelé avec le plus grand soin et dissimulant habilement son contenu. On avait sans doute voulu détourner les yeux de concupiscence de ceux qui verraient passer le panier mystérieux, et on lui avait donné une apparence qui pouvait le faire prendre pour un envoi archéologique. C'était le déjeuner préparé par nos amis, déjeuner exquis s'il en fut, et qui me rappela la collation que nous avions trouvée toute prête en faisant le tour d'Ischia, dans la baie déserte du Monte-Santangelo. A Pompéi, c'étaient les meilleurs vins de France que ces messieurs nous faisaient boire; nous y préférions l'*asprino,* que les gens du peuple ont pour deux sous, mais qu'on ne trouve pas dans les hôtels qui se respectent, et un vin des Abruzzes préparé à la française, qui me sembla plein d'avenir. Mon jeune ami Maurice était enchanté; il faisait son apprentissage de la cordialité italienne et n'en était pas comme moi à sa vingtième expérience.

Je fis remarquer qu'il était peut-être impie de déjeuner si bien dans la maison des morts, mais quelqu'un me répondit : « Il y a bien longtemps que c'est arrivé ; et, après tout, sont-ils si fort à plaindre? Ils seraient morts tout de même, et voyez comme on parle d'eux, comme on s'occupe d'eux ! Ne trouvez-vous pas que les Égyptiens qui ont été sacrifiés à la construction des Pyramides vivent aujourd'hui plus que ceux qui ont barboté, durant le chiffre normal de leurs années, dans la boue du Nil? L'insecte piqué sur le carton des musées et qui par ses vives couleurs tire un cri d'admiration d'une jolie bouche, l'animal qui sert aux démonstrations de la science ont un privilège sur leurs congénères restés obscurs. La bête mangée par un homme de génie doit se trouver fort heureuse ; elle sert à entretenir les molécules d'un cerveau noble... »

Palizzi n'approuva pas ce paradoxe et justifia autrement notre petite fête. « N'avez-vous pas remarqué, me dit-il, dans la rue des Tombeaux, ces bancs en hémicycle, disposés exprès en forme de *scholæ* pour que les passants y vinssent se reposer, causer et disputer? C'est une pensée aimable du mort qui offre à ses survivants une minute agréable, et par-dessus tout ce bon conseil de goûter les joies honnêtes de la vie sans s'imaginer qu'elles dureront toujours. Et le festin funèbre, ne croyez-vous pas que c'était un acte pieux à sa manière? — Certainement, répondis-je, et, chez ceux de nos ancêtres qui conservèrent plus longtemps les mœurs barbares, ce repas devait aller jusqu'à l'ivresse, jusqu'à des batailles sanglantes. Il en est encore ainsi en Irlande; en Bretagne aussi, on croirait manquer au mort si l'on revenait des funérailles avec sa pleine raison. »

J'allais continuer quand un mouvement se produisit dans la rue. C'était le résultat des fouilles que l'on apportait à l'agence centrale. « Quoi! dis-je, les fouilles se sont faites sans nous! Comprenez-vous que nous soyons restés oisifs pendant qu'on était au travail? » Mes compagnons sourirent. « Que voulez-vous, me dirent-ils, que soient des fouilles faites devant huit mille personnes? Ce n'est pas sérieux; il n'y a que le préfet de Naples qui a dû y témoigner un haut intérêt. » Nous suivîmes les trois ou quatre caisses plates, aux armes du roi d'Italie, qui portaient les objets trouvés. Ah! mon Dieu! quel résultat! Il n'y avait presque que des os de morts dans les boîtes. Eh bien! en y réfléchissant, je trouvai cela plein de tact. Ce résultat prouvait l'honnêteté et le sérieux scientifique des directeurs de la fête. Il eût été si facile de préparer quelque découverte en l'honneur du public, qui s'y attendait un peu! M. Ruggiero s'était interdit cet innocent charlatanisme ; les pioches ne ramenèrent que des ustensiles de cuisine, des pots cassés et un nombre très considérable de crânes et de tibias. Il est évident que la maison fouillée fut une de celles où les gens s'attardèrent le plus.

Ces pauvres os de païens me suggérèrent bien des réflexions. Un des principes fondamentaux de ma vie, principe auquel je m'attache obstinément, bien que plusieurs de mes amis me disent que c'est une énorme duperie, est de considérer comme un honnête homme toute créature humaine pour laquelle le contraire ne m'est pas démontré. Je saluai donc ces tristes débris, et j'envoyai un baiser de paix aux honnêtes gens auxquels ils avaient appartenu. Il y a des personnes qui professent la doctrine toute contraire, et s'obstinent plus ou moins à regarder comme un drôle quiconque ne leur a pas été démontré galant homme. Mon Dieu! je crois qu'elles se trompent aussi souvent que moi, et je persiste à penser que si l'on tient compte des difficultés sans nombre de la condition humaine, la bienveillance générale est la vraie justice. Parmi les morts dont les ossements étaient là sous mes yeux, il y eut peut-être des esclaves résignés, des servantes fidèles, des blessés de la vie arrivés à l'ironie, qui est aussi, à sa manière, une forme de la sagesse. Ce crâne que voilà est peut-être celui de l'âpre rieur qui dessina un petit âne sur un mur et écrivit au-dessous : *Labora, bone aselle, sicut ego laboravi, et proderit tibi, sicut mihi prodest.* Je n'ai pas le *Corpus inscriptionum latinarum* de Berlin sous la main pour vérifier le texte. M. Zangemeister et mon cher confrère Léon Renier me pardonneront si je fais quelque faute.

Je vois avec plaisir une inscription tracée sur une colonne de forum, dont M. Fiorelli avait envoyé l'estampage à la commission du *Corpus inscriptionum semiticarum*, il y a quelques années. Cet estampage nous parut alors absolument inexplicable, et nous le classâmes provisoirement dans la catégorie des inscriptions inconnues. Or, la belle publication des inscriptions du Safa, près de Damas, faite par MM. Waddington et de Vogüé, a éclairé le texte de Pompéi d'une manière frappante. Ces inscriptions, dont le déchiffrement est l'œuvre de M. Joseph Halévy, sont les véritables inscriptions arabes de l'époque romaine. Le *graffito* de Pompéi appartient indubitablement à ce groupe. Il n'est pas du tout surprenant de trouver un Arabe écrivant son nom sur une colonne de Pompéi, puisque, vers le même temps, des Nabatéens de Pétra laissaient à Pouzzoles tant de marques de leur passage, et en particulier deux belles inscriptions en caractères nabatéens.

C'est à ce moment que j'eus connaissance du beau volume qui devait être distribué le lendemain, et qui restera comme le monument de cette solennité scientifique[1]. Il se compose d'une série de mémoires sur les problèmes que soulèvent les villes ensevelies. C'est là que M. Ruggiero et ses collaborateurs exposent,

1. *Pompei e la regione sotterrata dal Vesuvio nell' anno LXXIX*. Naples, tip. Gianni, in-4, 291-245 pages, avec planches.

avec l'autorité qui n'appartient qu'à eux, les vues nouvelles auxquelles ils sont arrivés sur l'histoire du grand phénomène de 79. Ici encore ma philosophie fut mise à quelques épreuves ; car un des résultats les mieux établis par M. Ruggiero est que l'éruption, selon toutes les probabilités, arriva le 23 novembre, non le 23 septembre. Le texte de Pline laisse place au doute ; une foule de particularités observées par M. Ruggiero semblent prouver que l'événement eut lieu vers la fin de l'automne. La vendange était faite, et les opérations qui la suivent devaient être fort avancées ; les amphores, en général, ne sont pas trouvées dans les caves ; elles sont dans les offices, dans les cuisines ; on s'occupait d'elles ; on y mettait la poix et la résine, condiment ordinaire du vin antique. M. Ruggiero tire la même conséquence des fruits que l'on trouve et de ceux que l'on ne trouve pas à Pompéi. Cela me contrariait un peu et troublait mes impressions ; j'en fis part à un de amis. « Tous les jours se ressemblent, me dit-il. Que d'anniversaires vous avez dérangés ou supprimés dans vos livres! Est-ce que cela empêche le peuple de continuer à célébrer les fêtes le même jour? Les livres et le train du monde sont choses qui n'ont rien à voir ensemble. »

Mais déjà le jour déclinait, le gare de Pompéi s'emplissait de monde, les locomotives se mettaient en mouvement pour retourner à Naples. Nous donnâmes un coup d'œil au roi trop oublié de la fête, au Vésuve. Le Vésuve est en ce moment dans un état de grande activité; l'immensité du cratère, vomissant la fumée à pleins bords, ne se mesure de nulle part aussi bien que de Pompéi. Vu par la rue de Mercure, le vieux géant se montrait véritablement grandiose, mythologique; il était là, fier, dédaigneux, content de son œuvre, prêt à recommencer. Les aspects du Vésuve, étudiés pendant des heures, comme on peut le faire de Sorrente, sont le spectacle qui donne le mieux l'idée des conceptions mythologiques des anciens. L'attitude, humaine en quelque sorte, du monstre béant, les formes si diverses et toujours si plastiques que présente le panache de fumée, selon la direction du vent, selon les heures de la journée, donnent l'idée d'un être vivant qui a ses fureurs, ses passions. On conçoit que les Grecs et les Italiotes aient adressé des prières et des sacrifices à ces êtres capricieux et emportés, pour essayer de les apaiser; on conçoit que le juif y vît un agent de Jéhovah en colère. Je pensai surtout aux apocalypses et à la place extraordinaire qu'occupent les accidents volcaniques de la baie de Naples dans le livre d'Hénoch, dans presque toutes les prophéties sibyllines. Les grands phénomènes d'éruption et de tremblements de terre du premier et du deuxième siècle de notre ère sont les seuls en leur genre qui aient exercé une action sur l'histoire de l'humanité. Ils troublèrent les imaginations, et, se combinant avec les idées juives sur une prochaine fin du monde, ils produisirent cette idée d'une conflagration où le monde ancien devait périr à cause de ses crimes. *Judicare seculum per ignem*. Dangereuses paroles, qu'il ne faut pas trop répéter! Car, à trop parler de ces choses-là, on donne quelquefois au peuple l'idée de les réaliser.

Nous retournâmes à Sorrente par un temps frais et délicieux, retrouvant à l'inverse les sites charmants que nous avions vus tout autrement éclairés à huit heures du matin. Mon jeune compagnon fit presque toute la route à pied, grimpant sur les talus, escaladant les rochers pour jouir de ce spectacle admirable. Arrivés à Sorrente, nous triomphâmes de ceux qui avaient craint la foule, la poussière et les cérémonies officielles. De poussière, il n'y en avait pas une trace dans l'intérieur de Pompéi ; l'officiel avait été réduit avec un tact parfait à sa juste mesure, et, quant à la foule, grâce à M. Palizzi, nous ne l'avions entrevue que de loin. Notre triomphe fut complet quand nous commençâmes à vanter l'*asprino ;* tout le monde voulut en goûter ; nous en demandâmes ; il n'y en avait pas à l'hôtel, et cette demande nous attira même, je crois, une certaine déconsidération.

XV

LES PORTRAITS DE SAINT PAUL

LETTRE A M. MÉZIÈRES, DE L'ACADÉMIE FRANÇAISE

Paris, le 5 avril 1879.

Très cher confrère,

En lisant ce matin, dans le *Journal des Débats,* les charmantes paroles par lesquelles vous m'avez souhaité la bienvenue dans la compagnie, j'ai été plus touché encore que je ne l'avais été jeudi de tant de marques d'amitié, et de la part que vous voulez bien prendre à la religion de mes plus chers souvenirs. Nos dissentiments sont peu de chose; car je souscris entièrement à ce que vous dites du respect de la conscience religieuse ; je redoute autant que vous l'avènement d'une force brutale dépourvue de croyances idéales ; je me reproche parfois de ne pas habiter assez volontiers les régions moyennes de la littérature, et quant à Marc-Aurèle et à Faustine, puisque vous le voulez, je vous les abandonne, quoiqu'il me soit impossible de ne pas être frappé, en voyant le plus pieux des hommes, dans son entretien le plus intime avec la divinité, associer Faustine aux personnes les plus nobles qu'il a connues, à sa mère, à sa sœur. Cela prouve que des deux hypothèses posées par Capitolin : *vel nesciit, vel dissimulavit*, la seconde est impossible. Mais qu'importe, puisque tout le monde convient que Faustine fut une femme charmante, et que Marc-Aurèle reste l'auteur des *Pensées*, c'est-à-dire du livre le plus exquis que l'antiquité païenne nous ait légué ?

Ce qui concerne la laideur de saint Paul me tient un peu plus au cœur, car, pour rien au monde, je ne voudrais paraître avoir caricaturé le grand apôtre. Je l'aurais fait certainement si j'étais l'auteur du portrait que vous citez comme de moi. A la page 170 de mes *Apôtres*, j'ai mentionné les textes sur lesquels je m'appuyais. Vous les avez sans doute crus peu solides; permettez-moi de vous soumettre quelques observations, d'où il résultera, je crois, que ce portrait est la reproduction exacte de la manière dont les disciples et les admirateurs de Paul concevaient son image cent ans environ après sa mort.

La phrase que vous rappelez, en effet, est empruntée, pour la plus grande partie, au paragraphe 3 des *Actes* célèbres de Paul et de Thécla [1]. Tertullien, dans son traité du *Baptême*, chapitre XVII, nous donne, sur l'origine de ce livre, les détails les plus intéressants. Il raconte que ce joli roman fut l'ouvrage d'un prêtre d'Asie, grand zélateur de la gloire de Paul. Pressé de questions sur les sources où il avait puisé ces beaux récits, le prêtre, mis au pied du mur, avoua qu'il avait composé le livre « par suite du grand amour qu'il avait

---

1. Tischendorf, *Acta apostolorum apocrypha*, p. 41.

pour Paul », *convictum atque confessum id se amore Pauli fecisse*. Voilà qui est charmant, n'est-ce pas? Quel trait de lumière ce mot jette sur la manière dont on entendait alors la véracité historique! Prêter à un personnage révéré de nobles aventures, des discours que l'on croyait sublimes, loin de passer pour une coupable imposture, était une chose méritoire. On s'en faisait gloire, et l'on supposait que le personnage que l'on prenait pour sujet de la fiction devait s'en trouver fort honoré. Mais est-ce par suite du même sentiment qu'on peut être amené à prêter à son héros une petite tête, un long nez, des sourcils se réunissant au milieu du front, les jambes d'un bancroche? Je ne le pense pas. *Convictum atque confessum id se amore Pauli fecisse*. On ne croira jamais que ce soit par amour de Paul que le prêtre d'Asie ait inventé ce portrait-là. Je crois bien plutôt que le prêtre d'Asie s'est exprimé ainsi parce qu'il y avait une image traditionnelle du grand apôtre, qu'il s'est contenté de reproduire. Assurément, il y a dans les *Actes* de Paul et de Thécla des choses fabuleuses, bien

que, tout récemment, notre savant confrère
M. Le Blant, si grand maître en antiquités
chrétiennes, en relevât à beaucoup d'égards
l'autorité historique et la valeur comme couleur locale [1]. Ce qui paraît au moins certain,
c'est qu'ayant à tracer le type de l'apôtre,
l'auteur n'a pas dû le faire contrairement aux
idées reçues. On ne conçoit pas qu'écrivant un
livre destiné dans sa pensée à glorifier Paul,
il ait présenté celui-ci sous des traits presque
ridicules et contraires à l'image qu'on se faisait de lui.

A quelle date a été composé ce roman plein
de grâce et de tendresse, le plus ancien probablement des romans chrétiens, qui, s'il était
traduit aujourd'hui par un homme habile,
aurait, dans le monde pieux et dans le monde
profane, pour des motifs opposés, le plus
grand succès? Tertullien écrivait son traité du
Baptême vers l'an 196 ; c'est sûrement un de
ses premiers ouvrages. A cette date, les *Actes*
de Thécla jouissaient dans certaines Églises

1. Dans l'*Annuaire de l'Association des études grecques*,
année 1877.

chrétiennes d'une grande autorité. Tertullien combat cette autorité et nous apprend que le prêtre d'Asie, auteur du livre, était déjà mort quand il écrivait. Il n'est donc pas téméraire de reporter la date de la composition du livre à l'an 175 ou 180. Paul est mort peu avant l'an 70. L'auteur est donc à l'égard de saint Paul dans la situation de temps où nous sommes aujourd'hui à l'égard de Voltaire. Certes, il est possible que le texte des *Actes de Thécla* qui a été publié par Grabe et par Tischendorf diffère à beaucoup d'égards de celui que Tertullien avait en vue; mais ce texte est, en tout cas, très ancien. Tischendorf et Grabe sont persuadés que c'est l'ouvrage même du prêtre d'Asie, légèrement altéré.

Ce qui m'a déterminé, d'ailleurs, à donner place dans mes récits au passage des *Actes* de Thécla, c'est l'étonnante coïncidence de l'image bizarre tracée par le prêtre d'Asie avec un des passages les plus plaisants du dialogue intitulé *Philopatris*. Vous connaissez cet amusant petit ouvrage, conservé parmi les écrits de Lucien, mais qui sûrement n'appartient pas au rieur de Samosate. Le *Philopatris* est daté avec une grande précision. Il est du règne de l'empereur Julien et même de la fin de ce règne, de l'an 363 à peu près, du temps où le malheureux empereur est déjà engagé dans sa guerre fatale avec les Perses. C'est l'œuvre d'un ennemi du christianisme, uniquement attentif à présenter les nouveaux croyants comme des rêveurs chimériques et des ennemis de l'État romain.

« Autrefois, dit le chrétien Triéphon, je me nourrissais des mêmes doctrines que toi, jusqu'au moment où j'eus le bonheur de rencontrer un certain Galiléen[1] au front chauve et au long nez, qui était monté au troisième ciel et qui y avait appris les plus belles choses. Celui-ci nous régénéra par l'eau et, nous arrachant au monde des impies, nous introduisit dans la compagnie des bienheureux[2]. » Nul doute qu'il ne s'agisse là de saint Paul; l'extase au troisième ciel ne permet pas d'hésiter. Il est peu probable que le païen auteur du

---

1. *Galiléen* est pris ici dans le sens de chrétien.
2. *Philopatris*, ch. 12.

Philopatris eût lu le roman de Thécla. S'il s'accorde avec le prêtre d'Asie, c'est qu'il connaissait le type traditionnel que les chrétiens prêtaient à saint Paul. Cette tradition n'est pas à dédaigner : vous n'ignorez pas les beaux travaux de M. de Rossi sur les portraits des apôtres Pierre et Paul; il en a parfaitement établi, sinon la valeur en tant que portraits réels, au moins la haute ancienneté. Quand je vois la coïncidence de ces images respectables avec les textes, je ne puis croire vraiment que j'aie trop donné à l'imagination en suivant d'aussi vieilles indications.

Les historiens byzantins présentent exactement la même description des traits de saint Paul. Je citerai en particulier Nicéphore[1] et Jean Malala[2]. Ces auteurs ajoutent quelques traits à ceux des *Actes* de Thécla et du *Philopatris*, évidemment d'après les images qu'ils avaient sous les yeux. Or, vous, cher confrère, qui avez résidé à Athènes et qui connaissez si bien l'Église orientale, vous savez mieux que

1. *Hist. eccl.*, II, 37.
2. *Chronogr.*, p. 257, édit. Bonn.

personne quelle est la force de la tradition dans la peinture religieuse des Grecs, et combien chaque type de saint y est fixé invariablement.

Ce qu'il y a de plus extraordinaire, c'est qu'après avoir tracé le portrait de saint Paul, comme je l'ai fait, Nicéphore, Malala, et jusqu'à un certain point l'auteur des *Actes* de Thécla, prétendent que Paul était beau tout de même. Comment expliquer cette singulière contradiction ? Selon moi, par la force de la tradition, qui s'imposait à ceux qui auraient le plus désiré que la figure de l'apôtre des gentils eût répondu à l'importance de son rôle surnaturel. Ils affirmaient sa beauté *a priori,* quoique la fidélité à la tradition les obligeât à transcrire certains traits qui donnaient à cette affirmation le plus éclatant démenti.

Une raison capitale, enfin, nous interdit de négliger de pareils témoignages ; c'est qu'ils répondent parfaitement à l'idée que saint Paul lui-même nous donne de sa mine et de son tempérament dans les deux épîtres aux Corinthiens, c'est-à-dire dans des écrits dont l'au-

14

thenticité est absolument indéniable. L'apôtre nous apprend que son apparence était chétive et n'avait rien qui imposât. Les Corinthiens frivoles lui préféraient hautement des prédicateurs mieux doués sous le rapport de l'extérieur, comme Apollos. « Ses lettres sont fortes et puissantes, disaient-ils, mais sa présence corporelle est chétive et sa parole est pitoyable[1]. » Paul fait sans cesse allusion à sa faiblesse corporelle ; il se présente comme un homme qui n'a qu'un souffle, malade, épuisé, et avec cela timide, sans apparence, sans rien de ce qui produit de l'effet, si bien que ses disciples ont, selon lui, du mérite à ne pas s'arrêter à d'aussi misérables dehors. Sa parole n'avait non plus aucun prestige. Quelque chose de craintif, d'embarrassé, d'incorrect donnait d'abord une pauvre idée de son éloquence. En homme de tact, il insistait lui-même sur ses défauts extérieurs et en tirait avantage avec beaucoup d'habileté.

Le tempérament de Paul, d'après son propre

---

1. II Cor., x, 10.

LES PORTRAITS DE SAINT PAUL. 211

témoignage, n'était pas moins singulier que son extérieur. Sa constitution évidemment très résistante, puisqu'elle supporta une vie entière de fatigues, n'était pas saine. Il parle avec mystère d'une épreuve secrète, « d'une pointe enfoncée en sa chair », qu'il compare à un ange de Satan, occupé à le souffleter, et auquel Dieu a permis de s'attacher à lui pour l'empêcher de s'enorgueillir. On a écrit des volumes sur cette pointe, ou plutôt cette cheville, enfoncée dans la chair de Paul : *skolops en sarki*. C'était sûrement une infirmité ; Paul nous interdit de l'entendre de l'attrait des voluptés charnelles, puisque lui-même nous apprend qu'il était peu accessible à ces sortes de tentations. Pendant deux mois j'ai médité ce passage ; cette cheville dans la chair m'a semblé l'exacte définition du rhumatisme, vrai ange de Satan, qui soufflète en effet cruellement le patient, mais peut être pour celui-ci une mesure de salutaire humiliation.

Vous voyez donc, cher confrère, que si je me suis égaré dans l'image que je trace de saint Paul, c'est beaucoup moins par abus d'imagination que par trop de confiance en la tradition. Cette tradition, je le reconnais, ne constitue pas une certitude absolue ; il est sûr qu'une bonne photographie vaudrait mieux. Malgré les doutes qui s'y attachent, de telles données cependant ne m'ont point paru devoir être passées sous silence. La tradition, la légende même ne sauraient être entièrement bannies de l'histoire sérieuse ; elles ont leur part de vérité ; elles montrent, sinon comment les choses se passèrent, du moins comment on les conçut. J'emploie les formes de langage les plus scrupuleuses pour distinguer ce qui est certain, ce qui est probable, ce qui est possible. Mais le probable et le possible, je me crois autorisé à y donner place, à condition, bien entendu, de multiplier les *peut-être*, les *il me semble*, et les autres phrases de doute dont il ne faut pas être avare en un pareil sujet. Ce que je ne fais jamais, c'est d'ajouter une circonstance matérielle aux textes, un détail aux peintures de mœurs, un trait aux paysages. Je comprends les ensembles à ma manière ; je n'y introduis pas un élément qui ne me soit fourni. Les origines sont toujours obscures ; pour deviner les pages effacées de ces vieilles histoires, il faut une divination où il entre quelque chose de personnel. Savoir au juste comment les choses se sont passées est à peu près impossible ; le but que se propose la critique est de retrouver la manière ou les diverses manières dont elles ont pu se passer. Mais la supposition de circonstances matérielles non suggérées par les textes serait un procédé infécond et indigne de l'historien ; je ne l'emploie jamais.

Je désirais, cher confrère, me disculper d'avoir enlaidi saint Paul. Ce grand homme, qui tenait peu à sa bonne mine, puisque, plus de dix fois, il nous déclare qu'il avait l'extérieur le moins avantageux, ne m'en voudrait pas pour si peu de chose ; mais il y aurait dans le portrait que vous citez comme de moi une intention de caricature que je dois écarter. J'aurai besoin de l'intercession des saints. Un bon capucin, qui avait lu l'article que j'ai mis dans le *Journal des Débats*, il y a quelques années, sur saint François d'Assise, en fut enchanté, et à partir de ce jour, quand il entendait mal parler de moi, il disait : « Oh ! sans doute...; mais il a bien parlé de saint François d'Assise, saint François d'Assise le sauvera. » Voilà une puissante intercession ; j'espère que saint Paul y joindra la sienne, en considération de la peine que je me suis donnée, non pour le représenter comme un bel homme, mais pour le montrer comme une des âmes les plus fortes et les plus extraordinaires qui aient jamais existé.

Croyez, cher confrère, à ma plus vive amitié.

XVI

RÉPONSE

AU DISCOURS DE RÉCEPTION A L'ACADÉMIE FRANÇAISE

DE

M. JULES CLARETIE

21 février 1889

Monsieur,

Il y a plus d'un quart de siècle que nous nous vîmes pour la première fois chez M. Michelet. Le lieu, si hospitalier, l'affection qui nous attachait au maître, et une rare communauté de sentiments, nous unissaient. Vous étiez dans tout le feu de vos premières ardeurs révolutionnaires ; j'étais sous le coup des conversations intérieures que j'avais eues en Orient, comme les disciples d'Emmaüs, avec un voyageur mystérieux. Nous nous entendîmes assez vite. Vous l'avouerai-je ? Je crois bien que, en ces premiers entretiens, nous dîmes quelque mal de l'Académie française. Oh ! l'Académie, Monsieur, a des indulgences infinies pour le mal que l'on dit d'elle. Les grosses injures ne l'atteignent pas ; les doux reproches des hommes de talent, elle les prend pour des marques d'amour, et elle en tient bonne note pour ses faveurs futures. Certes, il est un point sur lequel nous avions pleinement raison : c'est quand nous regrettions que la Compagnie ne comptât pas dans son sein le maître exquis, l'historien charmant, qui nous consolait dans nos tristesses d'alors ! Mais que voulez-vous ! Une compagnie littéraire infaillible ! Nous en aurions presque peur. Les académies n'ont pas la prétention de posséder la règle d'une justice absolue. Il suffit qu'elles aient raison quelquefois. Il y faut laisser une place aux rapprochements imprévus, aux spirituels jeux du hasard, aux aimables rencontres enfin, comme celle qui nous amène aujourd'hui en cette enceinte, — vous, engagé volontaire des corps francs de la littérature d'il y a trente ans, pour prendre place en ce sénat conservateur, — moi, disciple égaré, mais obstiné, de saint Tudual ou de saint Corentin, pour vous y souhaiter la bienvenue et vous serrer la main au nom d'une vieille amitié.

J'étais sûr de vous plaire, Monsieur, en revenant avec vous sur ces souvenirs du temps où, comme dit Pétrarque, nous étions en partie d'autres hommes qu'aujourd'hui. La meilleure marque de noblesse, ainsi que vous le disiez tout à heure, est de s'aimer tel qu'on fut jeune, de rester fidèle aux illusions à travers lesquelles on découvrit d'abord la vie. Je ne crois pas que nous ayons beaucoup changé; nous sommes toujours idéalistes incorrigibles. Je vous vois trait pour trait comme vous étiez alors. L'enthousiasme était le caractère dominant de votre nature, et si ces années planes du milieu du second Empire eussent permis les protestations hasardées, vous vous y seriez, je crois, jeté vaillamment. La Révolution était comme un gouffre qui vous appelait. Vos sympathies étaient toutes pour ces dévouements instinctifs, pour cette façon de jouer avec la mort, qui donnent aux caractères de la Révolution un attrait irrésistible. Votre histoire de *Prairial* est un vrai martyrologe. Vous avez déplié, l'un après l'autre, aux Archives, ces feuillets écrits par vos héros en leurs dernières nuits ; vous avez tenu sous votre regard le poignard qui a tué Romme, Bourbotte, Soubrany ; comme le diacre du temps des persécutions, vous nous montrez la fiole rouge et le mouchoir ensanglanté. « Le livre de Claretie, disait M. Michelet, m'a fait frissonner. Il est si brûlant, si cruellement vrai ! » Vous avez eu toutes nos fièvres, Monsieur ; vous avez savouré tous nos accès de folie. Mais, ce qui montre bien la solidité de votre jugement, vous êtes revenu d'un voyage au pays de la mort sans y rien laisser de vous-même, vous avez traversé le chaos sans jamais perdre pied.

Depuis lors, vous avez marché de succès en succès. Après avoir parcouru les cercles de l'enfer, vous avez pu sourire avec tant de naturel, qu'on a cru que vous n'aviez fait que cela toute votre vie. Votre esprit, à la fois souple et ferme, capable de se passionner et de dominer sa passion, fut bien vite agréé du public, qui vous a applaudi au théâtre, suivi avec faveur dans l'histoire et le roman, lu avidement dans ces causeries hebdomadaires, genre nouveau que vous avez tout à l'heure si bien défini et qui a remplacé en quelque sorte l'ancien genre français de la correspondance. Les organes les plus importants de l'opinion ont tenu à vous confier leur chronique du jour, ces rapides jugements de référé qui classent une cause, la définissent, l'encadrent, tout en laissant à l'avenir le soin de la reprendre et de la discuter. C'est là, Monsieur, que vous vous êtes montré tout à fait au droit fil de notre siècle. Ce cher XIXe siècle, l'avenir en dira beaucoup de mal ; on sera injuste si on ne reconnaît pas qu'il fut charmant. Tel il apparaît dans vos tableaux ; vous lire, quand vous écriviez ces jolies pages, était un de mes délassements. Le XIXe siècle a sur tous les autres un immense avantage, c'est d'être le nôtre. Même quand, par profession, on a choisi la compagnie des morts, la lumière du soleil est douce. Cette vie parisienne peut sembler par moments superficielle, je l'avoue; mais elle offre un défilé aimable de douces images. C'est un bon fourneau pour brûler ce surplus de vie que n'absorbent pas la philosophie et la science. Une partie considérable de l'humanité vit de la Chronique de Paris. Quelque chose manquera au monde le jour où on ne l'aura plus.

Vos romans en volume ont ajouté des touches nouvelles à ce grand roman sans fin que, pendant des années, vous avez dévidé jour par jour. Votre épisode des amours de l'interne de la Salpêtrière est exquis. Le *Million* est une délicieuse nouvelle, du parfum le plus suave. Le *Drapeau,* la *Canne de M. Michelet,* respirent un touchant patriotisme. *Monsieur le Ministre* a fait sourire de certaines faiblesses qu'une fausse pruderie affecte souvent de prendre au tragique. La politique vous a touché, sans vous étouffer. La Comédie-Française et ses intérêts, inséparables de ceux de l'esprit français, ont prospéré dans vos mains. Quand vous avez recherché nos suffrages, certes votre mérite eût suffi pour les obtenir ; vous voulez cependant qu'on sache qu'il y eut dans votre nomination un salut aimable de notre Compagnie pour la Société d'artistes excellents qui est chargée, comme nous, de la garde de la langue et du goût national. Que la Comédie-Française, ici représentée en vertu d'un droi que nous n'avons garde d'oublier, veuille bien agréer l'expression d'une vieille confraternité dont nous sommes heureux et fiers.

En vous choisissant pour remplacer un des confrères que nous avons le plus aimés, nous étions sûrs d'avance que vous nous traceriez de lui une parfaite image. Vous avez, Monsieur, bien rempli notre attente. M. Cuvillier-Fleury sort des pages que vous venez de lire tel que nous l'avons connu, avec ses vives allures d'honnête homme, sa foi en la saine littérature, sa confiance en la raison et en la bonne culture de l'esprit, son dévouement absolu à la France, dévouement qui permit au plus loyal des patriotes de ne tenir pour étranger rien de ce que le pays a voulu et admis. Vous avez loué l'éducateur de la meilleure manière, je veux dire par ses élèves, — par un de ses élèves surtout, par ce confrère accompli que l'exil nous a pris et que nous regrettons si vivement de ne pas voir aujourd'hui parmi nous s'associer aux éloges donnés à son maître. Vous avez loué le libéral à toute épreuve, qu'aucune réaction n'ébranla, qui resta toujours fidèle à cet idéal de respect pour le droit, de bienveillance et d'honnêteté, que la France a élevé dans le monde comme le symbole de foi du galant homme. Vous avez peint tout cela en traits excellents ; car, si vous avez peu pratiqué notre confrère, vous avez eu sur son compte le plus parfait des documents, les vivantes confidences d'un témoin discret de ses épreuves et de ses joies. La meilleure part d'une belle vie est celle qui se continue dans les souvenirs d'une épouse fidèle. Vous avez connu notre confrère dans cette douce prolongation d'existence, qui est accordée à ceux qui en sont dignes. Il vous y est apparu entouré de cette tranquille lumière qui précède le grand oubli de la seconde mort; et de là viennent les nuances douces qui donnent à votre portrait tant d'harmonie, les traits de ressemblance intime qui nous ont charmés.

Le *Journal des Débats* avait élevé une tribune qu'entourait une audience extraordinaire et d'où chaque mot tombait avec autorité. L'anonymat d'un groupe d'hommes que la parité du talent et la similitude des opinions fondaient pour ainsi dire en un seul, était arrivé à constituer un pouvoir politique et social dont nous avons peine maintenant à concevoir l'importance. MM. Bertin présidaient, avec le tact et la mesure que donne un titre incontesté, aux débats de cette cour suprême de l'esprit français, qui réalisait un peu dans le journalisme ce que l'Académie est en littérature. M. Cuvillier-Fleury fut, pendant cinquante ans, un des membres les plus actifs de ce haut conseil de *dii consentes*. Sa critique, perpétuelle leçon de bon sens et d'honnêteté, s'étendait à des objets très variés. On pensait alors avec justesse que la règle du bien et du beau est en tout la même et qu'un esprit formé par les bonnes disciplines de l'antiquité peut servir aux exercices les plus divers.

Le siècle presque entier passa ainsi devant les yeux de notre confrère, et il le jugea bien. Quelle que soit l'opinion que l'on professera un jour sur le mouvement littéraire dont l'année 1815 peut être tenue pour la date initiale et 1870 pour la fin, aucun homme éclairé ne saurait refuser à ce qui s'agita durant ce temps, au sein de la conscience française, l'originalité, la hardiesse, la fécondité. Le fond d'idées légué par le xviii° siècle et la Révolution était insuffisant. Un petit filet de voix claire peut avoir des notes agréables, mais ne saurait suffire à toutes les modulations de l'esprit humain. En se débarrassant de la chaîne des vieilles croyances, qui facilement dégénèrent en une sorte de parti pris de médiocrité intellectuelle, le xviii° siècle s'était imposé une chaîne bien plus gênante que celle de l'orthodoxie, le joug d'une sorte de bon sens étroit, réduisant le monde de l'esprit à quelque chose d'étriqué, de mesquin, de froidement raisonnable. La science avait été dégagée des entraves que l'autorité religieuse fit peser sur elle jusqu'à la veille de la Révolution, et c'est là sûrement un point d'une importance capitale ; mais une sorte de sécheresse de cœur et d'imagination rendait, en somme, le progrès peu sensible. On était libre de penser, et, de fait, on pensait peu : l'immensité des événements de guerre et des révolutions politiques avait absorbé le meilleur des forces humaines. Le monde aspirait à quelque chose, et, en effet, dès que vint la paix et sous l'influence du nom seul de la liberté, se produisit dans tous les ordres un éveil extraordinaire. On s'ouvrit aux idées de l'étranger ; une foule de choses jusque-là innomées en français eurent leur droit d'entrée dans le champ clos de nos luttes et gagnèrent beaucoup à être transportées dans cette atmosphère nouvelle. On comprit l'infini, le populaire, le spontané. La langue gagna en souplesse, en étendue, en nuances. L'humanité se prit à réfléchir plus âprement qu'elle ne l'avait jamais fait sur sa destinée. Nous ne savons si toutes les questions que ce temps a posées seront résolues; mais sûrement l'histoire rapportera à la première moitié de notre siècle d'immenses conquêtes dans l'ordre de l'esprit, un sentiment général de civilité, de douceur, de goût pour la liberté, un élargissement extraordinaire du cercle de l'imagination, une notion de la science, de la philosophie et de la poésie dont nos respectables ancêtres du xviiie siècle n'eurent qu'un sentiment bien éloigné.

M. Cuvillier-Fleury assista à cette grande bataille intellectuelle en critique et en combattant. Vous nous avez finement expliqué l'espèce de dualité qui partagea toujours la conscience littéraire de notre confrère. Quoique la base de sa foi classique n'ait jamais été ébranlée, il était puissamment entraîné par les modernes. Au fond, il avait un faible pour ce qu'il combattait et un goût secret pour les qualités qu'il ne recommandait pas. *Dulcia vitia!* L'expression est de Quintilien. Elle aurait pu être de M. Cuvillier-Fleury. Il blâmait et il aimait à la fois. On nous l'a montré avec esprit retirant tel livre des mains de son élève et le lisant pour son compte avec passion. Il ne se départit jamais des règles du jugement et du naturel, et pourtant il y avait de ces « charmants défauts » qu'il était forcé d'aimer. Était-ce faiblesse? Non, c'était impartialité, instinct profond de la vérité. Presque toutes les fautes du xixe siècle sont venues d'un principe élevé. Au souvenir de tant d'ardeur, de tant de sincérité, de tant d'aspirations nobles, la postérité, nous en sommes sûrs, passera l'éponge sur bien des égarements.

Comment être juste, en effet, autrement qu'en l'aimant et la haïssant tour à tour, envers cette génération brillante, qui reçut d'une main légère et porta sans embarras le lourd héritage de l'ancienne France, de la Révolution, de l'Empire, mais ne sut rien transmettre à ceux qui vinrent après elle ; — qui fit sentir en littérature le prix de la forme achevée, et laissa peu d'œuvres irréprochables ; — qui réagit contre un ton général de pompe factice et de solennité exagérée, et fut elle-même rarement exempte d'affectation ; — qui, avec une richesse, une exubérance, une ampleur de génie vraiment extraordinaires, produisit des milliers de livres excellents, dont pas un seul n'est bien sûr de l'avenir? La cause en est avant tout, je me hâte de le dire, à la nature infiniment délicate des pensées que nous cherchons à exprimer. Le XVIIe et le XVIIIe siècle, roulant dans un cercle d'idées très borné, se privant de toute vérité qui ne pouvait pas se renfermer dans un cadre fini, arrivaient plus facilement à un style achevé qu'un siècle, comme le nôtre, surchargé de connaissances et persuadé avec raison qu'on rétrécit l'esprit humain en le limitant aux idées claires. Il y a tant de choses que nous ne pouvons qu'augurer, deviner, pressentir! Les défauts des modernes viennent souvent de ce que, luttant corps à corps avec l'infini, ils veulent dire à la fois trop de choses. Mais combien d'autres faiblesses ces grands novateurs dont nous sommes les disciples auraient pu éviter! Les bonnes époques de l'antiquité grecque et latine, le XVIIe et le XVIIIe siècle nous avaient habitués, quand il s'agit des ouvrages de l'esprit, à chercher avant tout le naturel; dans l'auteur on voulait toucher un homme; la modestie était considérée comme une condition pour plaire. Tout cela fut changé par la génération nouvelle. Le déchirement souvent nécessaire qu'une âme délicate n'accomplit, au début de la vie, qu'avec crainte et tremblement, s'appela d'un affreux barbarisme « s'affirmer ». On se paya de mots sonores dont les grands siècles avaient usé avec beaucoup de discrétion. La vanité, la présomption effrénées, l'amour du succès à tout prix, furent accueillis du public avec une indulgence exagérée. Tel romancier se disait plus grand que Napoléon, et cela ne paraissait pas trop fort. Les effusions les plus immodérées d'une vantardise enfantine réussirent à se faire accepter.

Que l'ancienne morale avait du bon en littérature ! Vieux maîtres de Port-Royal, qui pensiez que, quand on a une supériorité, on doit chercher avant tout à la cacher, qu'eussiez-vous dit de ces fadaises, de ce faux vernis de grandeur, qui passèrent, tête haute, il y a cinquante ans, sans qu'un Pascal les stigmatisât? Ah! Monsieur, qu'il est difficile à un temps de se passer d'aristocratie ! Le tact, le goût ont besoin de protection. Quelle erreur de croire qu'une société où l'homme de lettres occupe ou croit occuper la première place, peut tenir droite sa ligne de flottaison ! Les choses humaines sont bien plus compliquées qu'on ne croit ; la dignité de l'écrivain est mieux abritée derrière d anciennes conventions sociales que derrière de prétendues garanties de propriété. L'image qu'on se formait, il y a quarante ans, de l'homme de lettres, riche, brillant, faisant galamment son chemin dans le monde, habituait à l'idée fausse que l'écrivain, c'est-à-dire l'honnête homme qui a quelque chose à dire au public, exerce une profession et une profession lucrative. Une telle conception, fondée sur une erreur morale, faisait négliger les connaissances solides, encourageait les travaux superficiels, diminuait chez les masses le respect qu'elles ont naturellement pour la noblesse de l'esprit.

Une des conséquences de cette littérature avant tout spirituelle et légère fut d'habituer le public à être trop amusé. La lecture presque exclusive des romans devint pour les femmes une véritable cause d'abaissement. La lecture, pour être salutaire, doit être un exercice impliquant quelque travail. A ce point de vue, il est bon que les livres ne soient pas tout à fait écrits dans la langue ordinaire. On en vint à demander comme condition essentielle à la prose destinée aux gens du monde de ne nécessiter aucun effort d'attention de la part du lecteur. Il y avait là un juste retour des choses humaines. La France, au xviii° siècle, avait fait sa campagne libérale et anticléricale en amusant. Il était écrit que l'amusement lui serait funeste. Elle avait tué l'in-folio des bénédictins, l'in-quarto des académies. Un petit volume frivole à la main, la voilà, disent ses ennemis, qui meurt de nullité. Ce n'est jamais impunément qu'on tient la vérité pour chose indifférente. Même la littérature légère peut être faite sérieusement, et sans que les facultés maîtresses du raisonnement en souffrent aucun dommage.

Pour résumer en un mot le défaut d'une époque qui, en toute hypothèse, restera grande et honorée, je dirai que le demi-siècle dont M. Cuvillier-Fleury a été le critique éclairé, fut une époque trop littéraire. L'admiration était complaisante: on gâtait les auteurs; on les habituait à être faciles pour eux-mêmes, à rechercher le trait brillant, les couleurs voyantes et les beautés d'ostentation. On mêlait trop, d'ailleurs, la poésie et la réalité. La poésie est faite pour nous dépayser, pour consoler de la vie par le rêve, non pour déteindre sur la vie. A l'époque de l'*Astrée*, on vit des bourgeois du quartier Saint-Antoine vendre leur fonds de commerce, pour se faire bergers et paître des troupeaux imaginaires. Maintenant les rêves sont moins innocents. *Morbus litterarius!* Le trait caractéristique de ce mal est qu'on aime moins les choses que l'effet littéraire qu'elles produisent. On arrive à voir le monde comme à travers une illusion théâtrale. Le public, atteint du même mal, ne recherche que ce qui fait tableau; la clarté de la rampe dégoûte de la lumière du jour. Toute droite appréciation des choses est de la sorte empêchée. Il faut d'abord aimer le bien et le vrai pour eux-mêmes ; l'auréole que crée le succès, l'applaudissement du genre humain viennent ensuite ou ne viennent pas. A vrai dire, ils viennent quand on ne les cherche pas ; ils ne viennent pas quand on les cherche. Il n'est pas sain de parler tant que cela de gloire ni de s'adjuger si hautainement l'avenir. L'avenir n'aura peut-être pas beaucoup le temps de nous lire ; il sera trop occupé de lui-même pour s'occuper beaucoup de nous. Je crains que l'abnégation des écrivains réalistes, ne visant, disent-ils, qu'à préparer des documents dans l'intention modeste que les siècles futurs nous connaissent, ne soit mal récompensée.

Cette question qu'on entend poser si souvent : « Que restera-t-il un jour des œuvres du XIXe siècle ? » a quelque chose de superficiel et de naïf. On est égaré par ce grand fait, qui s'est passé deux ou trois fois dans l'histoire, de littératures classiques dont le prestige s'est étendu à des nations très diverses, à des siècles très divers, et qui sont restées des modèles pour le genre humain. Il n'est pas probable que ce phénomène se passe désormais. Le progrès de la civilisation dont nous sommes les témoins est en extension, non en délicatesse. On ne verra plus guère, à ce qu'il semble, des langues apprises en vue de la culture littéraire par ceux dont elles ne sont pas la langue maternelle. La séparation des nationalités portée à l'excès fera croire à chaque peuple qu'il n'a pas besoin d'aller demander des modèles aux autres. On consultera, d'ailleurs, plus qu'on ne lira. Les livres d'importance majeure se referont tous les vingt-cinq ans. Chaque nouveau venu profitera de ses devanciers, probablement en disant d'eux beaucoup de mal. La traduction elle-même nuira à la lecture des originaux. Molière, Montesquieu, Voltaire durent peu aux traductions; on les lisait en français.

Vanité des vanités, Monsieur! Les siècles qui parlent le plus de l'immortalité sont ceux qui l'ont le moins assurée. J'en dis autant de cet abus étrange du mot génie, qu'on ne prodigue jamais plus que quand il y en a le moins, et de ces prétendus privilèges que le vrai homme de génie n'a jamais connus ni réclamés. Le génie est, en général, très modeste ; il ne demande qu'une chose, c'est qu'on le laisse tranquille. On a tort de lui rendre la vie dure ; mais, lui aussi, son premier devoir est de se faire pardonner sa singularité, à force de simplicité, de vulgarité apparente, de déférence pour les autres hommes. L'avenir est aux forts, je le veux bien ; mais l'avenir est surtout aux modestes ; ceux-là dureront qui n'y ont pas pensé et ne se sont jamais crus assurés des suffrages de la postérité.

Pour fonder ces maîtrises littéraires qu'on appelle siècles classiques, quelque chose de particulièrement sain et solide est nécessaire. Le gros pain de ménage vaut ici mieux que la pâtisserie. La littérature qui veut être classique, c'est-à-dire universelle, doit pouvoir être appliquée. La bonne littérature à cet égard est celle qui, transportée dans la pratique, fait une vie noble. Une vie conduite selon les maximes littéraires du XVIIe siècle sera, quelles qu'en soient les proportions, droite et honnête. La littérature moderne ne peut subir cette épreuve. Certes, l'artiste n'est pas responsable des contresens que l'on commet avec son œuvre. Le rustre qui avale sottement un parfum qu'on lui donne à sentir ne doit s'en prendre qu'à lui-même de sa sottise. Mais, pour être éternel, c'est bien le moins qu'on en passe par quelques exigences. Tout ce qui doit quelque chose au caprice du moment passe comme ce caprice. Ce que la mode fait, la mode le défait. Dans mille ans, on ne réimprimera peut-être que les deux plus vieux livres de l'humanité, Homère et la Bible. Je me trompe : pour l'ennui des générations futures, on imprimera aussi des morceaux choisis par les professeurs de belles-lettres d'alors, en vue des examens. Là il y aura peut-être quelques demi-pages de nous, accompagnées d'une traduction interlinéaire en volapük. *Debemur morti nos nostraque.*

Ainsi, par suite de quelques erreurs d'esthétique et d'histoire, la France libérale perdit le fruit de rares efforts et de dons exquis. Les auteurs de ce temps ont l'air de croire qu'ils seront toujours jeunes; ils n'ont aucun souci de se ménager une vieillesse littéraire. Ils oublient surtout que l'humanité est une personne noble et qu'il faut la représenter en sa noblesse. A leur suite, on s'amusa d'un monde bas de fripons, de vauriens démoralisés, de Vautrin et de Quinola. On se laissa prendre d'un goût faux pour le laid, l'abject. On essaya de faire un mets avec ce qui ne doit servir que de condiment. La peinture d'un fumier peut être justifiée, pourvu qu'il y pousse une belle fleur; sans cela le fumier n'est que repoussant. La réalité, hélas! on la rencontre à chaque pas. Elle n'a pas besoin d'être documentée; nous ne la connaissons que trop bien.

On voulait du nouveau à tout prix. Il s'établit une surenchère de paradoxes. On était arrivé aux derniers pics glacés du Parnasse, où toute vie avait cessé; on prétendait monter encore, et l'on s'étonnait que le public ne suivît plus. Le public, au fond, montrait beaucoup de bon sens. Énervé par le peu de durée des réputations littéraires, il perdait toute foi en la littérature et, n'y voyait plus qu'un jeu de cartes s'abattant les unes sur les autres, selon un rythme donné. L'homme de mérite, qui, au lieu de se jeter à froid dans l'Etna, comme Empédocle, ne demandait l'honneur de sa vie qu'à de sérieux services, fut tenu pour peu de chose. Erreur fondamentale ! Malheur à la nation qui ne sait pas user comme il faut de l'homme utile, exempt de toute prétention au génie et à l'immortalité! Le génie est d'une application rare, souvent dangereuse ; une nation, pour être sûre de vivre, doit pouvoir s'en passer ; elle ne peut se passer de bon sens, de conscience, d'assiduité au travail, d'honnêteté.

Un grand affaiblissement moral fut la conséquence du mauvais régime intellectuel auquel la France s'était mise. Le poison, quoique pris à petite dose, produisit son effet. On s'était fait un besoin de liqueurs malsaines, bonnes tout au plus pour amuser un moment le palais; ce qui était inoffensif comme divertissement devint mauvais comme habitude. La vraie culture intellectuelle trop négligée se vengea ; l'étourderie n'eut plus de contrepoids. Une heure de surprise suffit pour ruiner un compromis imaginé par les plus sages esprits. Un cycle d'horribles aventures fut ouvert par ces journées néfastes, que la France, à ce qu'il paraît, n'a pas encore assez expiées. On commit de gaieté de cœur l'erreur capitale, qui est de déférer à la masse la question qu'elle sait le moins résoudre, la question de la forme du gouvernement et le choix du souverain. L'enfant de dix ans, à qui on avait donné imprudemment les droits de la majorité, fit des siennes ; quoi de surprenant à cela? On demandait de la raison à cette foule qui, le même jour, peut se montrer dupe du plus grossier charlatanisme et sottement accueillante pour toutes les calomnies. On s'imaginait que, sans dynastie, on peut constituer un cerveau permanent à une nation. De là une fâcheuse diminution de la raison centrale ; le *sensorium commune* de la nation se trouva réduit à presque rien. Avec de précieuses qualités de courage, de générosité, d'amabilité, la mieux douée des nations, pour avoir laissé descendre trop bas son centre de gravité intellectuel et moral, vit ses destinées remises aux caprices d'une moyenne d'opinion inférieure à la portée d'esprit du souverain le plus médiocre appelé au trône par les hasards de l'hérédité.

Faible dans la résistance, cette génération se montra dure et bornée dans la réaction. Nous l'avons vue, Monsieur, cette réaction aveugle qui suivit 1848, tristes années où se traîna notre jeunesse et dont nous voudrions épargner les amertumes à ceux qui viendront après nous. Nos pères n'ont pas rempli envers nous le premier devoir d'une génération envers sa puînée, qui est de lui laisser un ordre établi, un cadre national fixe. Nous manquerons probablement à ce devoir envers ceux qui nous suivront. Trahis par nos aînés, nous aurons pour excuse que nous ne pouvions léguer ce que nous n'avions pas reçu. Nous fîmes de grands sacrifices pour tirer le moins mauvais parti possible d'un âge mauvais ; ils ne servirent à rien. Ah ! que le vieux proverbe hébreu était vrai : « Nos pères ont mangé le raisin vert, et les dents de leurs enfants sont agacées ! »

S'agit-il entre nous de faire le procès aux faits accomplis? Non certes, Monsieur. Nos goûts, en histoire, sont, je crois, à peu près les mêmes. Nous avons, si j'ose le dire, la même clientèle, les fous, les exaltés. Les causes fanatiques me sont si chères, que je ne raconte jamais une de ces héroïques histoires sans avoir envie de me mettre de la bande des croyants pour croire et souffrir avec eux. Votre Camille Desmoulins, vos condamnés de Prairial, vous les aimez : vous vous passionnez pour chacun d'eux. Je les aime après vous, avec leur œil mélancolique, ces longs cheveux qui leur donnent un air d'apôtres, ces convictions ardentes, ce style à la fois déclamatoire et touchant. Il y a peut-être cependant entre nous une petite différence. Nous sommes bien d'accord sur ce point que la marche du monde se fait par l'impulsion des fanatiques et des violents. Seulement vous protestez quand on les guillotine... Après tout, ils l'ont voulu. L'œuvre des fanatiques ne réussit qu'à la condition que bien vite on soit débarrassé d'eux. Les carrières de ce genre doivent être courtes.

Figurons-nous Camille Desmoulins et Lucile mourant en 1840 ou 1845. Ce serait aussi choquant que de nous figurer Jeanne d'Arc vivant soixante-dix ans. Le prophète qui parcourait les murs de Jérusalem en criant : « Voix de l'Orient ! Voix de l'Occident ! Voix contre Jérusalem et le temple ! » fut dans son rôle quand il ajouta : « Voix contre moi ! » et la pierre lancée par les balistes romaines qui le frappa en pleine poitrine lui donna au fond la seule mort qui lui convînt.

La Révolution, vous l'avez très bien vu, ne doit pas être jugée par les mêmes règles que les situations ordinaires de l'humanité. Envisagée en dehors de son caractère grandiose et fatal, la Révolution n'est qu'odieuse et horrible. A la surface, c'est une orgie sans nom. Les hommes, dans cette bataille étrange, valent en proportion de leur laideur. Tout y sert, excepté le bon sens et la modération. Les fous, les incapables, les scélérats y sont attirés par le sentiment instinctif que leur moment d'être utiles est venu. Le succès des journées de la Révolution semble obtenu par la collaboration de tous les crimes et de toutes les insanités. Le misérable qui ne sait que tuer, a de beaux jours. La fille de joie, la folle de la Salpêtrière y a son emploi. Le temps avait besoin d'étourdis, de scélérats; il fut servi à souhait. On eût dit l'ouverture du puits de l'abîme, toutes les vapeurs infernales d'un siècle corrompu obscurcissant le ciel.

Mais il ne faut pas s'arrêter à ces détails hideux, qui sont comme le prix dont on paie la collaboration de la populace. Quand on envisage l'ensemble, — qu'on tient compte surtout de ce grand coefficient des choses humaines, la victoire, qui fait que beaucoup de folles tentatives doivent être jugées par le succès, — le phénomène général de la Révolution apparaît comme un de ces grands mouvements de l'histoire qu'une volonté supérieure domine et dirige. La pensée arrêtée chez quelques possédés : « Il faut, à tout prix, que la Révolution réussisse », devint une obsession, une voix du dehors qui s'impose, une suggestion tyrannique. A partir de ce moment la Révolution eut un génie, qui présida chaque jour à ses actes et qui, en vue du succès, ne se trompa guère. Un pacte de terreur lia des milliers d'hommes et les mit dans cet état d'entraînement impersonnel où l'on est emporté, à la vie, à la mort, sur un navire qu'on a lancé et qu'on ne gouverne plus.

La France seule pouvait offrir cet incroyable mélange d'esprit et de naïveté, de gaieté ironique et de colère concentrée. Ce fut une folle « emprise », à la façon des vœux chevaleresques du moyen âge. La gageure réussit par fureur, par amour, par la conviction enragée qu'il fallait qu'elle réussît. Et ces possédés d'une idée fixe étaient si bien d'accord avec ce que voulait la force des choses, qu'on se demande en vain ce que serait le monde si la Révolution n'eût pas réussi. Elle était nécessaire comme l'accès qui sauve ou qui tue. Elle nous laisse suspendus entre l'admiration et l'horreur. La Révolution est le plus violent des spectacles humains qu'il nous soit donné d'étudier. Même le siège de Jérusalem ne saurait lui être comparé. Ce fut une œuvre aussi inconsciente qu'un cyclone emportant sans choix tout ce qui est à sa portée. La raison et la justice sont peu de chose pour le colossal tourbillon. Comme le Léviathan du livre de Job, il est créé pour être irrésistible; comme l'abîme, il remplit sa vocation, en ne disant jamais : C'est assez.

Voilà pourquoi les hommes de la Révolution sont l'objet de jugements si contradictoires. Ces ouvriers d'une œuvre de géants, envisagés en eux-mêmes, sont des pygmées. C'était l'œuvre qui était grande, et qui, s'emparant d'eux, les faisait grands. La situation les saisissait, les enfiévrait, les transformait selon ses besoins; quand l'accès était passé, ils se retrouvaient ce qu'ils avaient été auparavant, c'est-à-dire médiocres. Votre Camille Desmoulins, par exemple, je ne vous blesserai pas, je crois, Monsieur, en vous disant que c'était vraiment peu de chose : une paille enlevée par le vent, un étourdi, un gamin de génie, comme vous l'appelez, un écervelé que l'enivrement de l'heure entraîne. Sa philosophie de l'histoire ne va pas au delà des *Révolutions romaines* de Vertot. Son style...

ah! Monsieur, vous l'avez supporté; je vous fais compliment de votre patience. On était alors grand écrivain pendant deux ou trois ans. La gravité terrible des événements faisait des hommes de génie pour un an, pour trois mois. Puis, abandonnés par l'esprit qui les avait un moment soutenus, ces héros d'un jour tombaient, à bout de forces, affolés, hagards, stupéfiés, incapables de recommencer la vie. Napoléon fut dans le vrai en faisant d'eux des expéditionnaires et des sous-chefs.

Leur littérature, en général, est très faible. Ils écrivent mal, et ce qu'il y a de singulier chez des hommes aussi convaincus, d'une façon prétentieuse. Quand on veut imprimer leurs Œuvres complètes, on se trouve face à face avec le néant. C'est la Révolution, à vrai dire, qui est leur Œuvre. Pour un si court passage à travers la vie, il ne valait pas la peine de couler ses paroles en bronze ni de bâtir solidement; on ne visait qu'à l'effet du moment. Un pareil temps ne pouvait produire un style solide, pas plus que des édifices durables. Le conventionnel Romme, à la

veille de mourir, écrit des pages et des pages.
Il tient « à ce que l'on sache comment il est
mort ». Cela est naïf et maladroit. Je lis et je
relis pourtant avec une émotion profonde ce
morceau rempli d'un feu sombre, que vous
avez publié. Votre tableau de la mort des derniers Montagnards est beau et touchant. L'horrible machine fonctionnait mal, ce jour-là. Il
fallut redresser Bourbotte. Il en profite pour
faire un discours; le cou engagé dans la planche
fatale, il parle encore. Duroy, la tête sous le
couteau, s'écrie : « Unissez-vous tous ; embrassez-vous tous : c'est le seul moyen de sauver la république. » Des phrases ridicules,
dites en une telle situation, changent bien de
caractère esthétique. Elles ont au moins une
qualité : elles sont toujours sincères.

Les pires ennemis des grands hommes de la
Révolution sont donc ceux qui, croyant leur
faire honneur, les mettent dans la catégorie
des grands hommes ordinaires. Ce furent des
inconscients sublimes, amnistiés par leur jeunesse, leur inexpérience, leur foi. Je n'aime
pas qu'on leur décerne des titres de noblesse.

Ils vont seuls comme le bourreau. A quelques illustres exceptions près, ils n'ont pas fondé de famille. On les cache comme ancêtres; personne ne se réclame d'eux. On n'avoue pas facilement des pères qu'il ne faudrait pas prendre pour modèles. Je n'aime pas, surtout, qu'on leur élève des statues. Quelle erreur! quel manque de goût! Ces hommes ne furent pas grands! ils furent les ouvriers d'une grande heure. Il ne faut pas les proposer à l'imitation; ceux qui les imiteraient seraient des scélérats. Nous les aimons, à condition qu'ils soient les derniers de leur école. Ils réussirent par une gageure incroyable, contre toute vraisemblance. Là où ils ont trouvé la gloire, leurs élèves attardés ne récolteraient que la ruine, le désastre et la malédiction.

Les centenaires ne sont la faute de personne; on ne peut pas empêcher les siècles d'avoir cent ans. C'est bien fâcheux cependant. Rien de plus malsain que de rythmer la vie du présent sur le passé, quand le passé est exceptionnel. Les centenaires appellent les apothéoses: c'est trop. Une absoute solennelle avec panégyrique, rien de mieux; un embaumement où le mort est enveloppé de bandelettes, pour qu'il ne ressuscite plus, nous plairait aussi infiniment; gardons-nous, au moins, de tout ce qui pourrait faire croire que de tels actes d'imprudence juvénile et d'irréflexion grandiose peuvent se recommencer. C'est la gloire d'une nation d'avoir dans son histoire de ces apparitions prodigieuses, qui n'arrivent qu'une fois : Jeanne d'Arc, Louis XIV, la Révolution, Napoléon; mais c'est là aussi un danger. L'essence de ces apparitions est d'être uniques. Elles sont belles à condition de n'être pas renouvelées. La Révolution doit rester un accès de maladie sacrée, comme disaient les anciens. La fièvre peut être féconde, quand elle est l'indice d'un travail intérieur; mais il ne faut pas qu'elle dure ou se répète; en ce cas, c'est la mort. La Révolution est condamnée, s'il est prouvé qu'au bout de cent ans elle en est encore à recommencer, à chercher sa voie, à se débattre sans cesse dans les conspirations et l'anarchie.

Vous êtes jeune; vous verrez la solution de

cette énigme, Monsieur. Les hommes extraordinaires pour lesquels nous nous sommes passionnés, eurent-ils tort, eurent-ils raison? De cette ivresse inouïe, réduite à l'exacte balance des profits et pertes, que reste-t-il? Le sort de ces grands enthousiastes sera-t-il de demeurer éternellement isolés, suspendus dans le vide, victimes d'une noble folie? Ou bien ont-ils, en somme, fondé quelque chose et préparé l'avenir? On ne le sait pas encore. J'estime que, dans quelques années, on le saura. Si, dans dix ou vingt ans, la France est prospère et libre, fidèle à la légalité, entourée de la sympathie des portions libérales du monde, oh! alors, la cause de la Révolution est sauvée; le monde l'aimera et en goûtera les fruits, sans en avoir savouré les amertumes. Mais si, dans dix ou vingt ans, la France est toujours à l'état de crise, anéantie à l'extérieur, livrée, à l'intérieur, aux menaces des sectes et aux entreprises de la basse popularité, oh! alors, il faudra dire que notre entraînement d'artistes nous a fait commettre une faute politique, que ces audacieux novateurs, pour lesquels nous avons eu des faiblesses, eurent absolument tort. La Révolution, dans ce cas, serait vaincue pour plus d'un siècle. En guerre, un capitaine toujours battu ne saurait être un grand capitaine; en politique, un principe qui, dans l'espace de cent ans, épuise une nation, ne saurait être le véritable.

Suspendons notre jugement. Nos fils auront la réponse à une question qui nous tient dans une incertitude douloureuse. Certes, l'histoire nous a montré plus d'une fois une cause vaincue ressuscitant, au bout de plusieurs siècles, avec la nation qui avait péri en la représentant, victime de sa supériorité et des services rendus à l'œuvre commune de l'humanité. Mais notre abnégation ne va pas jusqu'à sacrifier à une résurrection et à des apothéoses hypothétiques l'existence de notre chère patrie. La vraie manière d'honorer les généreuses utopies du passé, c'est de les montrer réalisées et applicables. Le but de l'humanité, qui saurait le dire? Mais, qu'il s'agisse de l'humanité ou qu'il s'agisse de la nature, les seuls organismes qui laissent une trace durable sont ceux qui, engendrés dans la douleur, grandissent dans la lutte, s'accommodent aux nécessités du milieu et résistent à l'épreuve décisive de la vie.

Vous nous aiderez, Monsieur, à défendre la vieille maison de nos pères, à en garder du moins le plan, pour la rebâtir un jour. Vous nous aiderez à maintenir l'idée fondamentale de cette Compagnie, le principe d'une noblesse littéraire, une conception du travail de l'esprit fondée sur le respect. Cela, dit-on, n'est plus de notre temps. Combien de choses, hélas! notre siècle a reprises, qu'il avait d'abord rebutées! Je crains que le travail du xxe siècle ne consiste à retirer du panier une foule d'excellentes idées que le xixe siècle y avait étourdiment jetées... Mais je ne veux pas finir cette réunion sur des pensées tristes. Ce siècle, qui prouve au moins sa bonté en ce qu'on a toute facilité pour en médire, est, après tout, celui où il a été jusqu'ici le plus doux de vivre. Nous avons goûté ce qu'il y a eu de meilleur. Si sa fin nous inspire parfois certaines inquiétudes, élevons-nous à cette région sereine où l'on peut se dire, sans trop d'objections : Dieu fait bien ce qu'il fait. Ces fauteuils, après tout, sont commodes pour attendre patiemment la mort; la vie y est assez douce. Jouissons du reste qui nous est accordé. Nous avons eu nos cinq actes, et, comme dit Marc-Aurèle, « celui qui nous congédie est sans colère ». Les anciens avaient une sorte de respect religieux devant le spectacle d'une vie heureuse. La vôtre me paraît avoir été de ce genre, Monsieur. Tout vous a souri, et, sans nul sacrifice de votre sincérité, vous avez su réunir dans une commune sympathie les partis les plus opposés, les suffrages les moins habitués à se trouver ensemble. Vous le devez à votre heureux génie ; vous le devez aussi à ce doux siècle de fer, à ce pays excellent où nous avons le bonheur de vivre. Notre siècle a été bon pour nous, Monsieur. Il a trouvé en nous ce qu'il aime, peut-être quelques-uns de ses défauts. Je ne sais si, en aucun autre temps, ni en aucun autre pays, nous aurions pu faire valoir aussi bien le talent qui nous a été confié. Pauvre patrie! C'est parce que nous l'aimons que nous sommes quelquefois un peu durs pour elle. Vous avez eu bien raison de dire qu'elle sera toujours le principe de nos espérances et de nos joies !

XVII

CONFÉRENCE

FAITE

A L'ALLIANCE POUR LA PROPAGATION
DE LA LANGUE FRANÇAISE

le 2 février 1888

Mesdames et Messieurs,

Quand je reçus, il y a quelques jours, la visite des jeunes et aimables délégués qui venaient m'inviter à prendre part à cette fête, j'éprouvai de grandes hésitations. Cette Association est sûrement une des œuvres auxquelles je suis le plus dévoué. D'un autre côté, je m'étais imposé pour règle absolue, cet hiver, de ne plus faire de conférences. La vieillesse, qui a tant de manières de se faire sentir, a choisi de m'éprouver en ce moment par un grand affaiblissement de la voix. Je voulais refuser; puis j'ai pensé à la joie extrême que j'aurais à me trouver encore une fois devant un auditoire jeune et sympathique; j'ai accepté. Vous serez indulgents, Mesdames et Messieurs. Ce sera, je vous l'assure, la dernière fois que je commettrai la faute de parler en des enceintes aussi disproportionnées avec mes moyens d'à présent. Je serai bref, du reste; je voudrais seulement échanger quelques pensées avec vous sur notre chère langue française, sur ses bienfaits, sur les luttes qu'elle soutient, sur les efforts que ces Messieurs font, avec un zèle si désintéressé, pour lui assurer un avenir.

Oui, cette œuvre est excellente, Mesdames et Messieurs. J'y ai toujours adhéré avec ferveur, je la défends du fond du cœur. Cette œuvre est bonne, d'abord pour notre chère patrie, que nous devons d'autant plus aimer qu'on la déchire, qu'on la méconnaît davantage. Elle est bonne aussi pour l'humanité. La conservation, la propagation de la langue française importent à l'ordre général de la civilisation. Quelque chose d'essentiel manquerait au monde le jour où ce grand flambeau, clair et pétillant, cesserait de briller. L'humanité serait amoindrie, si ce merveilleux instrument de civilisation venait à disparaître ou à s'amoindrir.

Que de choses éternellement bonnes et vraies, Mesdames et Messieurs, ont été pour la première fois dites en français, ont été frappées en français, ont fait leur apparition dans le monde en français! Que d'idées libérales et justes ont trouvé tout d'abord en français leur formule, leur définition véritable! Comme notre langue a dit de belles et bonnes choses, depuis ses bégayements du xiie siècle jusqu'à nos jours! L'abolition du servage, les droits de l'homme, l'égalité, la liberté, ont été pour la première fois proclamés en français. C'est en Angleterre, mais c'est en langue française qu'éclate, au xiie siècle, ce premier appel à l'égalité, dans la bouche du paysan :

>Nous sommes hommes comme ils sont,
>Tous membres avons comme ils ont,
>Et tout aussi grand corps avons,
>Et tout autant souffrir pouvons;
>Ne nous faut fors cœur seulement.

C'est un peu brutal ; l'égalité l'est quelquefois. Mais voulez-vous une expression non moins fière de la liberté? Voici comment s'exprime le roi de France en 1315. Cela fut écrit en latin, mais sûrement pensé en français. « Comme, selon le droit de nature, chacun doit naître franc..., nous, considérant que notre royaume est dit et nommé le royaume des Francs, et voulant que la chose concorde avec le nom, avons ordonné et ordonnons..., etc. » Ce beau préambule sert, à ce qu'il paraît, dans l'édit de 1315, de préface à des mesures fiscales ; mais n'importe, le principe était bon ; il ne faut pas se plaindre si les bons principes coûtent un peu cher.

Voici maintenant un évêque, conseiller intime de Charles V, qui, vers le milieu du xive siècle, prélude à 1789: « Oncques la très noble sequelle des rois de France n'apprit à tyranniser, et aussi le peuple gallican ne s'accoutume pas à sujétion servile, et pour ce, si la royale sequelle de France délinque de sa première vertu, sans nul doute elle perdra son royaume, et sera translaté en d'autres mains. »

C'est assez crâne, n'est-ce pas? C'était un évêque de Lisieux qui parlait ainsi; en d'autres temps, il aurait pu être évêque d'Autun et célébrer, au Champ-de-Mars, la messe de la Liberté sur l'autel de la Patrie.

Je n'en finirais pas, Mesdames et Messieurs, si je voulais énumérer, siècle par siècle, toutes les phrases utiles à l'humanité qui sont écloses en notre chère langue. C'est une langue libérale vraiment. Elle a été bonne pour le faible, pour le pauvre, ajoutons pour l'homme intelligent, pour l'homme d'esprit.

On peut abuser de tout, Mesdames et Messieurs. Les plus nobles drapeaux peuvent traîner dans la boue. Mais la pire erreur qu'on arrive à commettre est de repousser des vérités, parce qu'on en a abusé ou qu'elles sont devenues banales. Banales!... c'est donc qu'elles sont vraies; c'est le plus grand éloge, pour une idée, qu'elle soit devenue banale. *Liberté, Egalité, Fraternité.* C'est du français, cela, et cela fera le tour du monde. Un Oriental de mes amis opéra presque une révolution religieuse dans certaines parties de la Perse avec ces trois mots. Des docteurs de Kerbéla décidèrent que c'était plus beau que le Coran et qu'il avait fallu, pour trouver ces trois mots, une révélation divine. Un charmant compagnon de voyage que j'avais en Syrie (qu'il me soit permis de le nommer : c'était M. Lockroy) avait des succès inouïs de toutes sortes dans le Liban, surtout quand il chantait *la Marseillaise*. Ces braves gens comprenaient d'instinct. Partout où ira le français, Messieurs, la Révolution ira en croupe derrière lui. La Révolution, il n'en faut pas trop, je le sais ; mais il y a bien des pays du monde où, à certaines doses, elle aurait encore du bon. N'y poussons pas ; mais laissons agir notre petit clairon, qui, à certaines heures, devient, on ne sait comment, la trompette de Jéricho.

Je dis que le français a été une langue bienfaisante pour l'humanité. Ç'a été aussi une langue aimable. Oh ! que de douces choses on a dites en français ! Il n'y a pas de langue dont on puisse détacher de plus jolies phrases. Que de sentiments fins et exquis ont trouvé leur expression en cet harmonieux idiome dont

Brunetto Latini, au XIIIe siècle, trouvait déjà la parlure si délectable! On s'est demandé en quelle langue était le *Lancelot* que lisait Françoise de Rimini; pour moi, je n'ai aucun doute à cet égard : il était en français. Mes savants collègues, M. Gaston Paris et M. Paul Meyer, me redresseront si j'ai tort.

Et cette langue, qui a dit de si charmantes choses, que dira-t-elle dans l'avenir? Il faudrait être prophète pour savoir cela. Elle dira des choses assez diverses, mais toujours des choses libérales. Le français, Mesdames et Messieurs, ne sera jamais la langue de l'absurde ; ce ne sera jamais non plus une langue réactionnaire. Je ne peux pas imaginer une sérieuse réaction ayant pour organe le français. Ce bon peuple gallican, comme dit Oresme, ne s'engagera jamais bien à fond dans ce sens-là. Voyez M. de Maistre, M. de Chateaubriand ; oh! que de tels inquisiteurs m'effrayeraient peu! Et M. de Montalembert!... Affaire de rire. M. de Falloux!... Un peu plus sérieux. La question est de savoir si le réactionnaire a de l'esprit. S'il en a, il s'arrête bien vite. Je ne crains que le réactionnaire sans esprit; mais celui-là ne parle pas français; nous n'avons pas à nous occuper de lui.

Un fait bien significatif, justement, est le sentiment général des partis rétrogrades, dans le monde entier, pour le français. Ils en ont peur; ils se barricadent contre lui. On dirait que cette langue porte la peste avec elle, la peste selon les réactionnaires, bien entendu. Allez, allez toujours. Pauvre France! elle aura encore son heure. Qui sait si les propositions de paix et de liberté, qui tireront l'Europe de l'affreux état de haine et de préparatifs militaires où elle est, ne seront pas formulées en français?

Voilà pourquoi le français peut vraiment être appelé une langue classique, un instrument de culture et de civilisation pour tous. Cette langue améliore; elle est une école; elle a le naturel, la bonhomie, elle sait rire, elle porte avec elle un aimable scepticisme mêlé de bonté (sans bonté le scepticisme est une très mauvaise chose). Le fanatisme est impossible en français. J'ai horreur du fanatisme, je l'avoue, surtout du fanatisme musulman; eh bien! ce grand fléau cessera par le français. Jamais un musulman qui sait le français ne sera un musulman dangereux. C'est une langue excellente pour douter; or, le doute sera peut-être dans l'avenir une chose fort nécessaire. Concevez-vous Montaigne, Pascal, Molière, Voltaire, autrement qu'en français? Ah! Mesdames et Messieurs, que de joie s'en irait de ce monde, le jour où le français s'en irait! Conservez-le, conservez-le.

A côté des races fanatiques, il y a les races tristes. A celles-là aussi apprenez le français. Je pense ici surtout à nos frères malheureux, les Slaves. Ils ont tant souffert pendant des siècles, qu'il faut surtout les empêcher d'aimer le néant. Le français et le vin de France auraient là un rôle humanitaire à jouer. Le français réjouit; ses locutions favorites impliquent un sentiment gai de la vie, l'idée qu'au fond rien n'est bien sérieux et qu'on entre dans les intentions de l'Éternel par un peu d'ironie. La grande infériorité du barbare, de l'Oriental surtout, c'est qu'il ne sait pas rire. Apprenez à toutes les nations à rire en français. C'est la chose du monde la plus philosophique et la plus saine. Les chansons françaises sont bonnes aussi. J'ai médit autrefois du dieu des bonnes gens ; mon Dieu! que j'avais tort! C'est un dieu qui n'est pas méchant, qui n'a jamais fait de mal. Qui donc a dit que Dieu prenait plus de plaisir aux jurons du soldat français qu'aux prières d'un ministre de telle ou telle secte puritaine ? On entre par la gaieté dans les vues les plus profondes de la Providence. Il est d'une bonne politique de travailler à rendre l'homme content. C'est le seul moyen de l'empêcher d'être très méchant.

Notre race gauloise a toujours eu, sous ce rapport, une grande supériorité. Je songe souvent que, pendant cette sombre première moitié du moyen âge, où toute joie du réel sembla perdue, le paysan bourguignon ou aquitain continua de boire son vin et de chanter ses joyeuses cantilènes, sans se soucier du grand rêve surnaturel qui séduisait le reste du monde. Il ne contredisait pas à la croyance universelle ; mais il ne s'en laissait pas accabler. Ce que j'aime le plus dans Grégoire de

Tours, c'est le récit de la manière dont les bourgeois d'Orléans amenèrent Gontran à venir goûter avec eux les douceurs de la vie citadine. Gontran trouva, au bout de quelques jours, que ce genre de vie était bien supérieur aux mélancolies profondes de la vie barbare. Ce bon Caribert, roi de Paris, fut pris de même. Il mourut jeune, pour avoir trop aimé les Parisiennes de son temps. Notre langue, nos mœurs, nos vins, nos chansons ont toujours exercé dans le monde un apostolat de bonne humeur et d'humanité.

Vous avez eu d'autant plus raison, Messieurs, de vous constituer les défenseurs de notre chère langue, qu'elle s'est toujours très peu défendue elle-même. C'est une des gloires de la France, qu'elle n'a jamais violenté la conscience linguistique de personne. Jamais elle n'a pris une mesure coercitive en fait de langues. La langue est une religion à sa manière. Persécuter quelqu'un en sa langue est aussi mal que de le persécuter pour sa religion. Comme il arrive presque toujours, nous avons été punis de notre délicatesse. Un vent si peu libéral a soufflé sur le monde qu'on a presque fait un argument contre nous de ce qu'on aurait dû louer. On a pris avec moins de scrupule un pays « que, disait-on, nous n'avions pas su assimiler ». Que voulez-vous? Le monde aime les forts. Laissons-le faire ; il changera vite de mode. Attendons ; nous nous trouverons bientôt avoir eu raison. J'ai toujours trouvé beaucoup de charme dans ce contresens de la Vulgate : *Da mihi animas ; cetera tolle tibi* (donne-moi les âmes ; le reste, prends-le).

Les âmes nous sont restées fidèles, Messieurs. Mais autant la propagande brutale qui consiste à persécuter qui que ce soit pour sa langue nous est interdite, autant la propagande sympathique nous est permise. Vos écoles sont un don gratuit qui ne force personne. Vous offrez quelque chose d'excellent ; libre à chacun de refuser ou d'accepter. Vos résultats, vous les obtenez par des moyens tout pacifiques. La lecture de vos Bulletins est quelque chose de délicieux, de touchant. Que de jeunesse, que de dévouement! Quel courage chez vos maîtres et vos maîtresses ! J'aime ces vieux Canadiens qui font cent lieues à cheval pour entendre parler français. J'aime ces héroïques religieuses qui maintiennent, au milieu de la barbarie, une tradition d'honnêteté, de droiture, de cordialité. Grâce à vos excellents procédés, non seulement on apprendra le français, mais on l'aimera. Pour ces pauvres races déshéritées, toutes les bonnes choses sont venues avec lui ; il aura été le messager de toutes les bonnes nouvelles, la liberté, la justice, le contentement de vivre. Que tous rapportent au jour où ils apprirent le français le commencement de leurs joies.

Et qu'on n'objecte pas que le français est une langue aristocratique, d'une culture trop raffinée pour le barbare, une dentelle plutôt qu'une toile de ménage. Oh ! n'importe, Messieurs. Je dirai même : tant mieux. Les choses populaires sont presque toutes des choses fort aristocratiques. Il ne faut jamais servir au peuple que du très noble. Le latin, la langue qui a conquis le plus de barbares, est la langue de poètes infiniment délicats, presque décadents, comme on dit aujourd'hui. En fait de langue, il faut le nombre ; tout compte. Pour que quelques-uns parlent bien, il faut que beaucoup parlent mal. Vivent les barbares, Messieurs ! C'est par eux qu'on dure et se continue.

Avec une profonde intuition de l'histoire, vous avez vu tout cela. Le barbare appartient au premier qui le prend. La semence que vous jetez fructifiera pour des siècles. Merci pour la France, Messieurs. Merci pour nous autres écrivains, qui vous devrons peut-être que quelque feuillet de nos livres, échappé, par hasard, à la destruction, sera lu des érudits, dans mille ans. Merci pour l'Académie française, à qui vous permettrez de finir son Dictionnaire historique ; il faut pour cela douze cents ans, selon les calculs les plus modérés ; vous nous les devez. Merci pour tout le monde. Tenez, Messieurs, il y a surtout un jour où l'usage du français sera bien nécessaire ; c'est le jour de la vallée de Josaphat. Prolongez la vie du français jusqu'au jugement dernier. Je vous assure que, si on parle allemand ce jour-là, il y aura des confusions, des erreurs sans nombre. Toutes les découvertes, par exemple, se trouveront avoir été faites par des Allemands. Messieurs, je vous en prie, faites qu'on ne parle pas allemand dans la vallée de Josaphat.

Mon savant confrère, M. Gaston Paris, m'a communiqué hier, à ce sujet, un passage d'un poète champenois du xii° siècle, qui devrait nous rassurer. Selon cet auteur, le français est la langue de Dieu lui-même :

> C'est cil que Dieus ententançois,
> Qu'il le fist et bel et légier.

Voilà, certes, un beau privilège. Pour moi, Messieurs, je tiens essentiellement à ce que vous le confirmiez ; je vais vous dire pourquoi. Vous m'écoutez avec tant d'indulgence, Mesdames et Messieurs, que je vous ferai la confidence d'un rêve qui me revient souvent. Je reçois tant de lettres qui m'annoncent la damnation éternelle que j'ai fini par en prendre mon parti. Ce ne sera pas très juste ; mais j'aime mieux l'enfer, après tout, que le néant. Je suis persuadé que je réussirai à tirer parti de la situation, et, si je n'ai affaire qu'au bon

Dieu, je crois que je le toucherai. Il y a des théologiens qui admettent la mitigation des peines des damnés. Eh bien ! dans mes insomnies, je m'amuse à composer des pétitions, des placets que je suppose adressés à l'Éternel du fin fond de l'enfer. J'essaye presque toujours de lui prouver qu'il est un peu la cause de notre perdition, et qu'il y a des choses qu'il aurait dû rendre plus claires. Parmi ces placets, il y en a d'assez piquants, et qui, je le crois, feront sourire l'Éternel. Mais il est clair qu'ils perdront tout leur sel, si je suis obligé de les traduire en allemand. Préservez-moi de ce malheur, Messieurs. Je me fie à vous pour que le français soit la langue éternelle. Je suis perdu sans cela.

Pardon, Mesdames et Messieurs, d'avoir interrompu vos plaisirs par de si noires pensées. Laissez-moi vous remercier de la joie extrême que vous m'avez procurée par votre sympathique attention et votre bienveillant accueil.

XVIII

DISCOURS PRONONCÉ A MONTMORENCY

POUR

LA TRANSLATION DES CENDRES DE MICKIEWICZ

le 29 juin 1890

Messieurs,

Le Collège de France vous remercie d'avoir bien voulu l'associer à la noble pensée que vous avez eue de rendre à sa patrie d'origine les restes d'un homme éminent que la Pologne nous avait prêté et qu'elle nous reprend aujourd'hui ; c'est justice. Notre Collège, fondé pour interroger la nature et expliquer, par les langues et les littératures, le libre génie des peuples, est comme une terre commune des âmes, où tous se rencontrent. Les corps ne nous appartiennent pas. Prenez donc ces débris illustres qu'anima le génie. Adam Mickiewicz ne nous quitte pas tout entier. Nous aurons son esprit, son souvenir. Nos vieilles salles garderont l'écho lointain de sa voix. Quelques survivants de ces temps héroïques peuvent nous dire encore ce que sa parole eut d'enivrements, de magie, de puissance charmeresse. Associé en une trinité glorieuse à deux autres noms qui nous sont chers, ceux de Michelet et de Quinet, le nom de Mickiewicz est devenu pour nous un symbole, une partie inséparable de nos vieilles gloires et de nos vieilles joies.

C'est que votre illustre compatriote, Messieurs, eut la qualité maîtresse par laquelle on domine son siècle, la sincérité, l'entraînement impersonnel, l'absence d'amour-propre, un état de l'âme où l'on ne fait pas, où l'on ne dit pas, où l'on n'écrit pas ce qu'on veut, mais où l'on fait, où l'on dit, où l'on écrit ce que vous dicte un génie placé hors de vous. Ce génie, c'est presque toujours le siècle, éternel malade qui veut qu'on caresse ses plaies, qu'on calme sa fièvre par des mots sonores. C'est bien plus encore la race, la voix intérieure des ancêtres et du sang. Mickiewicz eut ces deux grandes sources d'inspiration. Quand madame Sand, en vraie sœur, comprenait du premier mot son génie, c'est qu'elle sentait bien que ce cœur-là avait ressenti toutes nos blessures, que nos convulsions l'avaient fait palpiter. La gloire de notre siècle est d'avoir voulu réaliser l'impossible, résoudre l'insoluble. Gloire à lui! Les hommes d'action qui voudront réaliser l'immensité de ce programme seront tous impuissants; les hommes de raison n'aboutiront qu'à des contradictions. Le poète, lui, qui ne doute pas, qui après chaque défaite se remet à l'œuvre plus ardent et plus fort, n'est jamais confondu. Tel fut Mickiewicz. Il y avait en lui des sources de résurrections infinies. Il connut les plus cruelles angoisses, jamais le désespoir; sa foi imperturbable dans l'avenir venait d'une sorte d'instinct profond, de quelque chose qui est en nous et nous parle plus haut que la triste réalité, je veux dire l'esprit du passé, la solidarité avec ce qui ne meurt pas. Les hommes puissants sont ceux en qui s'incarne ainsi une forme de la conscience universelle, qui accomplissent leur destinée humaine comme la fourmi travaille, comme l'abeille fait son miel.

Issu de cette famille de la race aryenne qui a été la plus conservatrice des dons primitifs, de cette Lithuanie qui, par sa langue, sa sérénité, son sérieux moral, nous représente le mieux nos honnêtes et graves ancêtres, Mickiewicz tenait aux siècles anciens par des liens de communication secrète qui faisaient de lui un voyant du passé. Et il était en même temps un voyant de l'avenir. Il croyait à sa race; mais il croyait surtout à l'esprit divin qui anime tout ce qui porte en soi le souffle de vie, et, à travers tous les nuages, il voyait un avenir brillant où la pauvre humanité se consolera de ses souffrances. Ce grand idéaliste était un grand patriote; mais c'était surtout un croyant. Et comme la vraie raison de croire à l'immortalité, ce sont les martyrs, son imagination révélatrice, inspirée par les battements de son cœur, lui persuadait que ce n'est pas en vain que l'humanité a tant travaillé, et que les victimes ont tant souffert.

Voilà pourquoi la société française éclairée accueillit si volontiers ce grand et noble esprit, l'associa à ce qu'elle avait de plus cher, le fit, d'office et presque sans le consulter, membre d'un triumvirat pour la liberté et contre la religion mal entendue. Le jour où le génie slave eut conquis sa place parmi les génies nationaux qu'on étudie d'une manière savante, et où la création d'une chaire de langues et littératures slaves fut décidée, une pensée hautement libérale vint à ceux qui dirigeaient alors les choses intellectuelles de la France, ce fut de charger Mickiewicz d'un tel enseignement. Le poète, l'homme qui représente l'âme d'un peuple, qui possède ses légendes, qui a l'intuition de ses origines, parut préférable, pour l'analyse profonde d'une race, à l'érudit de cabinet qui ne travaille qu'avec des livres. On avait raison. La prairie vivante, avec ses fleurs, est supérieure à l'herbier desséché qui n'offre qu'un souvenir pâle de la vie. Les volumes qui renferment les premiers cours de M. Mickiewicz sont un trésor de données originales sur la vieille histoire de la race slave que le professeur exposait en érudit et sentait comme un homme du peuple.

On l'accusa de sortir de son programme. Ah! qu'il est difficile de se renfermer dans un programme limité, quand on est ivre de l'infini! Tel qu'il fut, avec ses divinations hardies, ses aspirations débordantes, ses nobles illusions de prophète, nous sommes fiers de lui, et, bien que le décret de sa nomination officielle ait été ajourné par les scrupules de la politique, nous avons inscrit son nom sur les tables de marbre qui contiennent les noms de nos aînés. Il eut pour lui le meilleur des décrets, celui que contresigne l'enthousiasme du public. De la terre hospitalière où il a reposé trente-cinq ans, vous allez le transporter dans votre Saint-Denis, dans ces caveaux de Wawel où reposent vos anciens souverains. Il y sera à côté de Kosciusko et de Poniatowski, les seuls de cette noble assemblée de morts qui ne furent pas rois. A côté de ceux qui tinrent le glaive, vous avez voulu placer le poète inspiré qui a prêté une voix à votre génie ardent et fort, à vos légendes exquises, à tout ce qui chez vous transporte et console, fait pleurer et sourire. Vous donnez là une grande leçon d'idéalisme ; vous proclamez qu'une nation est une chose spirituelle, qu'elle a une âme qu'on ne dompte pas avec les moyens qui domptent les corps.

Grand et illustre confrère, de la tombe royale que l'admiration de vos compatriotes vous a préparée, souvenez-vous de la France. Pauvre France, elle n'oublie pas, soyez-en sûr. Ce qu'elle a une fois aimé, elle l'aime toujours. Ce qu'elle applaudissait dans vos paroles, elle l'applaudirait encore. La tribune qu'elle vous a offerte, elle vous l'offrirait plus libre. Vous hésiteriez à y rappeler si souvent des souvenirs de victoires ; mais vous auriez des mots du cœur pour enseigner les devoirs austères des vaincus. Allez à la gloire que vous avez méritée, retournez, au milieu des hommages des peuples, à cette patrie que vous avez tant aimée. Nous bornons notre ambition à une seule chose, c'est qu'il soit dit sur votre tombe que vous fûtes un des nôtres, qu'on sache, dans la Pologne de l'avenir, qu'il y eut aux jours d'épreuve une France libérale pour vous accueillir, vous applaudir, vous aimer.

XIX

VICTOR HUGO

AU LENDEMAIN DE SA MORT

M. Victor Hugo a été une des preuves de l'unité de notre conscience française. L'admiration qui entourait ses dernières années a montré qu'il y a encore des points sur lesquels nous sommes d'accord. Sans distinction de classes, de partis, de sectes, d'opinions littéraires, le public depuis quelques jours a été suspendu aux récits de son agonie ; et maintenant il n'est personne qui ne sente au cœur de la patrie un grand vide. Il était un membre essentiel de l'Église en la communion de laquelle nous vivons; on dirait que la flèche de cette vieille cathédrale s'est écroulée avec la noble existence qui a porté le plus haut en notre siècle le drapeau de l'idéal.

M. Victor Hugo fut un très grand homme; ce fut surtout un homme extraordinaire, vraiment unique. Il semble qu'il fut créé par un décret spécial et nominatif de l'Eternel. Toutes les catégories de l'histoire littéraire sont en lui déjouées. La critique qui essayera un jour de démêler ses origines se trouvera en présence du problème le plus compliqué. Fut-il Français, Allemand, Espagnol? Il fut tout cela et quelque chose encore. Son génie est au-dessus de toutes les distinctions de race; aucune des familles qui se partagent l'espèce humaine au physique et au moral ne peut se l'attribuer.

Est-il spiritualiste? est-il matérialiste? Je l'ignore. D'un côté, il ne sait pas ce que c'est que l'abstraction; son culte principal, j'ose presque dire unique, est pour deux ou trois énormes réalités, telles que Paris, Napoléon, le peuple. Sur les âmes, il a les idées de Tertullien; il croit les voir, les toucher; son immortalité n'est que l'immortalité de la tête. Il est avec cela hautement idéaliste. L'idée, pour lui, pénètre la matière et en constitue la raison d'être. Son Dieu n'est pas le Dieu caché de Spinoza, étranger au développement de l'univers; c'est un Dieu qu'il peut être inutile de prier, mais qu'il adorait avec une sorte de tremblement. C'est l'Abîme des gnostiques. Sa vie s'est passée sous la puissante obsession d'un infini vivant, qui l'embrassait, le débordait de toutes parts, et au sein duquel il lui était doux de se perdre et de délirer.

Cette haute philosophie qui fut l'entretien journalier des longues heures qu'il passait seul avec lui-même est le secret de son génie. Le monde est pour lui comme un diamant à mille faces, étincelant de feux intérieurs, suspendu dans une nuit sans bornes. Il veut rendre ce qu'il voit, ce qu'il sent; matériellement, il ne le peut. Le tranquille état d'âme du poète qui croit tenir l'infini ou qui se résigne facilement à son impuissance, ne saurait être le sien. Il s'obstine, il balbutie; il se raidit contre l'impossible; il ne consent pas à se taire; comme le prophète hébreu, il dit volontiers : *A a a, Domine, nescio loqui.* Sa prodigieuse imagination complète ce que sa raison n'aperçoit pas. Souvent au-dessus de l'humanité, parfois il est au-dessous. Comme un cyclope, à peine dégagé de la matière, il a des secrets d'un monde perdu. Son œuvre immense est le mirage d'un univers qu'aucun œil ne sait plus voir.

Ses défauts furent ainsi des défauts nécessaires; il n'eût pas existé sans eux; ce furent les défauts d'une force inconsciente de la nature, agissant par l'effet d'une tension intérieure. Il était né pour être le clairon sonore qui renverse les murailles des villes devenues vieilles. Il s'agissait de rompre avec le culte exclusif d'un passé glorieux, mais insuffisant. Le xviie et le xviiie siècle avaient excellé dans une conception bornée de l'esprit humain. Les grands écrivains de ce temps n'avaient voulu voir que le fini; les choses leur apparaissaient dans leur état définitif; ils ne les voyaient jamais en train de se faire. Ils n'aimaient que ce qui est clair et certain. L'infini, le développement leur échappaient. Les mystères des origines, les prodiges de l'instinct, le génie des foules, le spontané sous toutes ses formes, les dépassaient. Au commencement de notre siècle, le mal était à son comble. La contemplation physique de l'univers faisait des miracles ; *la Mécanique céleste* de Laplace et *la Mécanique analytique* de Lagrange, composées séparément, arrivaient à s'embrasser comme deux hémisphères combinés exprès pour se rejoindre! Mais la contemplation morale de l'univers, c'est-à-dire la littérature, était devenue un jeu puéril, quelque chose de vide, de factice, d'étriqué.

M. Victor Hugo fut le plus illustre parmi ceux qui entreprirent de ramener aux hautes inspirations cette culture intellectuelle déprimée. Un souffle vraiment poétique le remplit; chez lui tout est germe et sève de vie. Une autre découverte coïncide avec celle de l'esprit nouveau : la langue française, qui pouvait ne plus sembler bonne qu'à rimer de petits vers spirituels ou aimables, se trouve tout à coup vibrante, sonore, pleine d'éclat. Le poète qui vient d'ouvrir à l'imagination et au sentiment des voies nouvelles révèle à la poésie française son harmonie. Ce qui n'était qu'une cloche de plomb devient entre ses mains un timbre d'acier.

La bataille fut gagnée. Qui voudrait aujourd'hui demander compte au général des manœuvres qu'il employa, des sacrifices qui furent les conditions du succès? Le général est obligé d'être égoïste. L'armée, c'est lui; et la personnalité, condamnable chez le reste des hommes, lui est imposée. M. Hugo était devenu un symbole, un principe, une affirmation, l'affirmation de l'idéalisme et de l'art libre. Il se devait à sa propre religion : il était comme un dieu qui serait en même temps son prêtre à lui-même. Sa haute et forte nature se prêtait à un tel rôle, qui eût été insupportable pour tout autre. C'était le moins libre des hommes, et cela ne lui pesait pas. Un grand instinct se faisait jour par lui. Il était comme un ressort du monde spirituel. Il n'avait pas le temps d'avoir du goût, et cela d'ailleurs lui eût peu servi. Sa politique devait être celle qui allait le mieux à sa bataille. Elle était en réalité subordonnée à ses stratégies littéraires, et parfois elle dut en souffrir, comme toute chose de premier ordre qu'on réduit à l'état de chose secondaire et qu'on sacrifie à un but préféré.

A mesure qu'il avançait dans la vie, l'idéalisme qui l'avait toujours rempli s'élargissait, s'épurait. Il était de plus en plus pris de pitié pour les milliers d'êtres que la nature immole à ce qu'elle fait de grand. Éternel honneur de notre race! Partis des deux pôles opposés, M. Hugo et Voltaire se rencontrent dans l'amour de la justice et de l'humanité. En 1878, les vieilles antipathies littéraires sont tombées: les froides tragédies du xviii° siècle sont oubliées; Victor Hugo décerne l'apothéose à son adversaire, non certes pour son bagage littéraire, mais malgré son bagage littéraire. Le libéralisme est l'œuvre nationale de la France; on est jugé dans l'histoire d'après la mesure des services qu'on y a rendus.

Que se passera-t-il en 1985, quand le centenaire de M. Victor Hugo sera célébré à son tour? Devant les obscurités d'un avenir qui nous apparaît fermé de toutes parts, qui oserait le dire? Une seule chose est bien probable. Ce qui est resté de Voltaire restera de M. Hugo. Voltaire, au nom d'un admirable bon sens, proclame que l'on blasphème Dieu quand on croit servir sa cause en prêchant la haine. M. Hugo, au nom d'un instinct grandiose, proclame un père des êtres, en qui tous les êtres sont frères. Les prêtres feront défaut aux funérailles de M. Hugo. Cela est loyal; il eût mieux valu que les choses se fussent passées avec la même correction aux funérailles de Voltaire. Pour moi, si j'avais le droit de porter la simarre et le rabat d'un culte quelconque, et que l'on m'appelât pour donner le dernier adieu à de tels morts, je dirais ce qui suit, en versant sur les flammes saintes quelques grains d'encens :

« Frères et sœurs, faites monter, avec cet encens, vos meilleures prières, en souvenir de ces grands hommes à qui la façon épurée dont ils se figurèrent les choses divines n'a pas permis de désirer les chants ni les rites ordinaires. Un si fort idéal remplit leur âme, qu'ils s'affirmèrent l'immortalité de cette âme, comme l'immortalité de l'idéal lui-même. Ils crurent si énergiquement au vrai, au bien, à la justice, qu'ils conçurent ces apparentes abstractions comme une réelle et suprême existence. Leur langage sur ce point fut celui des plus simples d'entre vous. Ils se plurent aux mots dont vous vous servez; ils évitèrent la faute de beaucoup d'esprits subtils qui, pour ne point parler comme les siècles crédules, s'exténuent à chercher des synonymes à Dieu. »

XX

GEORGE SAND

Dans les jours qui précédèrent sa mort, madame Sand avait écrit pour le *Temps*, à propos de mes *Dialogues philosophiques*, un article que M. le directeur du *Temps* voulut bien me communiquer. Je le remerciai par la lettre suivante :

Paris, 11 juin 1876.

Mon cher ami,

Je vous renvoie, non sans quelques larmes, les feuilles que vous m'avez permis de lire. Je suis touché jusqu'au fond du cœur d'avoir été le dernier à faire vibrer cette âme sonore, qui fut comme la harpe éolienne de notre temps. Sa mort me paraît un amoindrissement de l'humanité; quelque chose manquera désormais à notre concert; une corde est brisée dans la lyre du siècle. Elle eut le talent divin de donner à tout des ailes, de faire de l'art avec l'idée qui pour d'autres restait brute et sans forme. Elle tira des pages charmantes de gens qui n'ont jamais écrit une seule bonne page ; car un instrument d'une sensibilité infinie était en elle ; émue de tout ce qui était original et vrai, répondant par la richesse de son être intérieur à toutes les impressions du dehors, elle transformait et rendait ce qui l'avait frappée en harmonies infinies. Elle donnait la vie aux aspirations de ceux qui sentirent, mais ne surent pas créer. Elle fut le poète inspiré qui revêtit d'un corps nos espérances, nos plaintes, nos fautes, nos gémissements.

Ce don admirable de tout comprendre et de tout exprimer était la source de sa bonté. C'est le trait des grandes âmes d'être incapables de haïr. Elles voient du bien partout, et elles aiment le bien en tout. « Je n'eus d'autres ennemis que ceux de l'État », disait un grand homme politique. Nous n'avons d'autres ennemis que ceux de l'idéal; or, si l'on excepte quelques âmes tristement nées, l'idéal n'a véritablement pas d'ennemis; il a des adorateurs plus ou moins imparfaits. On a quelquefois reproché à madame Sand cette indulgence qui, dit-on, l'empêchait d'éprouver assez d'indignation contre le mal, la laissait désarmée devant ses ennemis, lui faisait oublier vite l'outrage et la calomnie. C'est qu'elle avait, en effet, bien autre chose à faire qu'à s'occuper de si mesquines pensées. Haïr les sots, grand Dieu! répondre à toutes les inepties, user sa vie à une lutte inféconde, se mettre à la merci des insulteurs, en leur donnant le droit de croire qu'ils peuvent vous atteindre, quelle folie, quand le monde est si vaste, quand l'univers renferme tant de secrets à deviner, tant de choses charmantes à contempler! Madame Sand n'eut pas le défaut ordinaire aux gens de lettres. Elle ne connut pas l'amour-propre. Sa vie, passée, malgré les apparences, dans une paix profonde, dans un noble dédain des jugements bourgeois, a été tout entière une recherche ardente des formes sous lesquelles il nous est permis d'admirer l'infini.

Elle ne prenait aucune précaution contre les pharisiens. Elle ne les provoquait pas ; mais elle ne pensait jamais à eux. Sa candeur, son ingénuité lui permirent des miracles de dédain simple et d'aimable sérénité. Hier, une heure avant ses funérailles, quelques arrière-pensées littéraires, dominées par le respect, pouvaient se faire jour parmi ceux que le désir de lui rendre hommage avait réunis dans son parc. Un rossignol tout à coup se mit à chanter d'une voix si douce que plusieurs se dirent : « Ah ! voilà le vrai discours qui convient ici ; son éloge est celui qui sort de la poitrine gonflée d'amour des êtres simples et purs. » Ses funérailles ont été ce qu'elles devaient être. Elle repose au coin d'un cimetière rustique, sous un beau cyprès vert. Le peuple entier des campagnes voisines était là ; tous pleuraient. On avait senti avec tact qu'il ne fallait pas troubler les idées des simples femmes qui venaient prier pour elle, encapuchonnées, avec leur chapelet à la main. Ce cercueil, couvert de fleurs, porté par des paysans, devait traverser l'église. Pour moi, j'eusse regretté de passer, sans entrer, devant le porche abrité de grands arbres; j'eusse regretté l'absence du vieux chantre qui récitait les psaumes sans comprendre, et de l'enfant de chœur qui portait l'eau bénite d'un air distrait. Oh! la belle légende que celle que bâtiront là-dessus le peuple et l'Église, ces éternels créateurs du mythe, plus vrai que la vérité! Les simples, qui s'imaginent qu'elle eut des *erreurs* à rétracter, la feront se convertir. On ne pourra se résoudre à damner une si grande âme. La première fois que je vis une image de madame Sand, ce fut en Bretagne, vers 1836 ou 1837 (j'avais quinze ans); les prêtres la montraient avec horreur; c'était une lithographie représentant une grande femme, vêtue de noir, foulant aux pieds un crucifix. Que l'Église pardonne vite!

Dans dix ans, elle sera sauvée. Des milliers de plus la liront, disant, pour excuser leur hardiesse : « Elle put se tromper; mais elle finit bien. »

Beaucoup la liront; mais bien peu sauront comprendre une pareille sincérité, une si complète absence de déclamation, une si parfaite horreur de la pose et de la phrase, tant d'innocence d'esprit. Le génie joue avec l'erreur, comme l'enfance avec les serpents; il n'en est pas atteint. Madame Sand traversa tous les rêves; elle sourit à tous, crut un moment à tous; son jugement pratique put parfois s'égarer; mais comme artiste elle ne s'est jamais trompée. Ses œuvres sont vraiment l'écho de notre siècle. On l'aimera, on le recherchera avidement, quand il ne sera plus, ce pauvre XIXe siècle que nous calomnions, mais à qui il sera un jour beaucoup pardonné. George Sand alors ressuscitera et deviendra notre interprète. Le siècle n'a pas ressenti une blessure dont son cœur n'ait saigné, pas une maladie qui ne lui ait arraché des plaintes harmonieuses. Ses livres ont les promesses de l'immortalité, parce qu'ils seront à jamais le témoin de ce que nous avons désiré, pensé, senti, souffert.

Donnez vite à vos lecteurs ces belles pages, les dernières, ce semble, qu'elle ait écrites avant d'être atteinte par les douleurs de la mort, et croyez à ma vive affection.

XXI

M. COUSIN

Mon savant confrère M. Janet vient de publier sous ce titre : *Victor Cousin et son œuvre*[1], un volume plein de faits et de judicieuses remarques. M. Janet a trouvé que le moment était venu d'exposer avec impartialité l'œuvre de restauration philosophique tentée par M. Cousin au commencement de ce siècle. Il a rempli sa tâche en ami; mais l'amitié ne l'a point aveuglé. Le dénigrement, après tout, fait

[1]. Paris, Calmann Lévy, 1885.

commettre autant d'erreurs que la bienveillance. Un excellent principe en histoire littéraire, c'est de se défier de tous les témoignages, mais en définitive de croire plutôt les amis que les ennemis.

L'oubli qui, en moins de vingt ans, a frappé l'œuvre de M. Cousin, est quelque chose de singulier. Cet oubli est injuste; à beaucoup d'égards, cependant, on se l'explique. Il n'est pas bon pour la philosophie de remporter de trop complètes victoires. La Révolution de 1830 fut plus funeste à M. Cousin que ne l'avait été l'esprit étroit de la Restauration. Libre, ou pour mieux dire obligé de traduire en pratique ce qui n'avait été jusque-là pour lui que théorie, il dut entrer dans l'ordre des concessions et des compromis; il devint un administrateur de la philosophie plutôt qu'un philosophe. Le désir très sincère de fonder une philosophie enseignable dans les écoles et de remplacer les pitoyables manuels qui avaient régné jusque-là, abaissa son génie. Il tomba dans la chimère d'une philosophie d'État, dans le rêve d'un catéchisme laïque, rêve impliquant une double prétention erronée, la première c'est que les libres penseurs s'en contenteraient, la seconde c'est que les catholiques en seraient enchantés. Or ni les libres penseurs ni les catholiques ne se prêtèrent au malentendu. M. Cousin en fut pour ses frais de complaisance. Son merveilleux talent ne l'abandonna point; mais, à le voir pendant près de quarante ans observer un silence prudent sur les problèmes qui constituent l'essence même de la philosophie, on se déshabitua de l'envisager comme un philosophe; l'écrivain exquis nuisit au penseur; il sembla se contenter si facilement des solutions officielles qu'on se prit à douter que la soif du vrai eût jamais été chez lui un besoin bien impérieux.

Et cependant telles étaient la complexité et les ressources cachées de sa riche nature que, très réellement, avant le dogmatiste orthodoxe, il y avait eu chez lui un penseur. M. Janet excelle à le montrer; c'est ici le côté neuf et finement observé de son livre. Il y a eu deux phases dans la vie philosophique de M. Cousin.

Le but suprême de l'existence ne fut pas toujours pour lui de libeller en style correct des programmes appropriés à l'usage des lycées. Il y eut, à l'origine de tout cela, un esprit singulièrement ouvert aux bruits du dehors, un éloquent et profond interprète de tout ce qui s'agitait dans la conscience européenne, un jeune enthousiaste, ivre à son jour d'idéal et de haute spéculation. Ses défauts alors sont ceux de son temps, — temps préoccupé à l'excès d'éloquence, de poésie, de succès mondains; — ce sont surtout les défauts de ses maîtres, les Allemands. L'importance qu'il attribue à l'idéalisme subjectif est exagérée; l'attention qu'il donne à la connaissance scientifique de l'univers est insuffisante. Mais, à travers une foule de défauts, quel haut sentiment de l'infini! quelle vue juste du spontané et de l'inconscient! quel accent religieux, inouï depuis Malebranche, quand il parle de la raison! Que l'on comprend bien les traces que gardèrent de ce premier enseignement des hommes tels que Jouffroy! Je connus le cours de 1818, dans sa première rédaction, celle de M. Adolphe

Garnier, qui est la vraie, sous les ombrages d'Issy vers 1842. L'impression fut sur moi on ne peut plus profonde; je savais par cœur ces phrases ailées; j'en rêvais. J'ai la conscience que plusieurs des cadres de mon esprit viennent de là, et voilà pourquoi, sans avoir jamais été de l'école de M. Cousin, j'ai toujours eu pour lui le sentiment le plus respectueux et le plus déférent. Il a été non un des pères, mais un des excitateurs de ma pensée.

M. Janet a donc eu raison de protester contre un genre d'ingratitude auquel sont sujettes des générations qui jouissent, en entrant dans la vie, de la pleine liberté. Elles oublient ce qu'il a fallu de courage pour soulever un monde d'ignorance et de préjugés; elles traitent de faiblesse ce qui ne fut que prudence; elles reprochent presque à Galilée et à Descartes de n'avoir pas cassé les vitres de l'Inquisition et de la Sorbonne. La jeunesse de notre temps ne peut presque plus comprendre, en particulier, ce que furent les années de réaction qui suivirent 1848, années où les ennemis de l'esprit humain régnèrent en maîtres. J'ai connu M. Cousin vers ce temps-là. Certes l'effet qu'il produisit alors sur moi était bien moindre que celui que j'éprouvai à Issy en recueillant l'écho lointain de sa première parole. J'étais plus fait, moins susceptible d'être séduit, et lui, il avait perdu la plus grande partie de ses séductions. Mais quel charme encore! quelle gaieté! quel amour du travail! quel respect de la langue et quelle conscience dans les recherches! Je l'ai aimé deux fois en quelque sorte, et celui que j'allais saluer en Sorbonne n'était pas tout à fait le même que celui qui m'avait troublé et enchanté à Issy. Mais toujours il me parut bon, aimable, vivant exclusivement de la vie de l'esprit, sincèrement libéral. Deux classes de personnes seulement pouvaient se montrer pour lui sévères : d'abord les disciples qu'il avait enrégimentés et qui s'imaginaient, en étant ingrats, reconquérir leur indépendance ; puis des esprits un peu lourds qui le prenaient tout à fait au sérieux, et n'admettaient pas le grain d'ironie comme un de ses éléments essentiels.

En somme, Victor Cousin a été une des personnalités les plus attachantes du XIXe siècle. Je ne sais s'il tiendra une grande place dans une histoire critique de la philosophie conçue sur le plan de Brucker ou de Tennemann; mais, certainement, il remplira un curieux chapitre de l'esprit français à un de ses moments les plus brillants. C'est un trait bien honorable pour le maître à demi oublié que le premier essai de réaction en sa faveur soit venu d'un esprit aussi sincère, aussi ami de la vérité que l'est M. Janet. Heureux celui qui vit encore assez, vingt ans après sa mort, pour trouver un apologiste aussi habile et aussi convaincu!

XXII

MADAME HORTENSE CORNU

Il y a huit jours[1], quelques amis étaient réunis dans la petite église de Longpont, près Montlhéry, pour rendre les derniers devoirs à une femme qui laissera, sans distinction de partis, à ceux qui la connurent un souvenir profond. Madame Hortense Cornu occupera une place importante dans l'histoire de notre temps, et cependant il n'a été donné qu'à un petit nombre d'apprécier cet esprit rare, ce

1. 10 juin 1875.

cœur si noble, cette âme si philosophique, cette riche nature, où les dons les plus divers se réunissaient sans se contrarier. La retraite où elle vivait depuis cinq ans l'avait fait oublier; l'ingratitude des uns, l'injustice des autres avaient étendu le vide autour d'elle; elle s'en réjouissait presque; elle était trop philosophe pour chercher, aux approches de la mort, d'autres consolations que le souvenir du bien qu'elle avait fait.

Hortense-Albine Lacroix naquit à Paris le 8 avril 1809. Sa mère était attachée au service de la reine Hortense. Le sort fut pour elle plein de bizarreries. Un an, presque jour pour jour, avant elle, était né, dans la même maison, celui qui devait être l'empereur Napoléon III. Les deux enfants grandirent ensemble et, à partir de 1815, devinrent compagnons inséparables, reçurent la même éducation. Ce qui manquait à cette éducation, ce n'était pas le savoir des maîtres; c'était la suite, la surveillance, l'attention des parents et des précepteurs. Louis-Napoléon était dès lors ce qu'il fut plus tard : nature profonde, rêveuse, embarrassée, mais forte et obstinée, incapable d'être distraite de son idée fixe, incapable aussi d'acquérir du dehors ce que le mouvement lent et obscur de sa pensée ne l'amenait pas à voir lui-même. Il avait la volonté inflexible du croyant, la gaucherie de l'obsédé; son manque absolu de facilité le prédestinait à embrasser énergiquement ce qu'il comprenait, mais aussi à ne jamais comprendre une foule de choses. Les leçons qu'il écoutait enfant furent pour lui à peu près inutiles; le maître ne croyait pas qu'il fût de son devoir de recourir aux méthodes longues et patientes pour faire pénétrer son enseignement dans un esprit qui n'était fermé qu'en apparence, mais où l'on ne pouvait entrer qu'après en avoir longtemps cherché les issues.

Il en était tout autrement de la petite fille de douze à treize ans qui écoutait à côté de lui. Celle-ci n'avait pas besoin qu'on l'aidât à comprendre; les leçons, en réalité, étaient pour elle. La maison était vaste, triste et solitaire. Enfermés seuls, presque tout le jour, dans une grande salle d'étude, les deux enfants s'élevaient comme ils pouvaient. En une heure, Hortense avait broché son devoir et celui de son condisciple, et le reste du temps se passait à des exercices de stratégie dont les livres de classe payaient les frais. Les tables, les chaises, les bancs devenaient des forteresses improvisées ; les dictionnaires servaient de projectiles, et plût au ciel que le prince se fût toujours borné à une artillerie aussi inoffensive que celle-là !

La nature bonne et affectueuse du prince Louis ne pouvait manquer de s'attacher à l'enfant qui partageait dès lors son espèce de réclusion. Hortense Lacroix avait juste ce qui lui manquait, le mouvement, l'initiative, la vie. Par elle, l'univers extérieur arrivait jusqu'à lui. Renfermé, à la manière d'un somnambule, dans un monde fantastique, hanté dès lors de cette espèce d'hallucination du spectre napoléonien, qui, comme l'ombre d'Hamlet, devait le mener jusqu'au bout de l'étroite chaussée au delà de laquelle il n'y a plus que l'abîme, l'enfant timide, têtu, taciturne avait trouvé une sœur en ce petit camarade, qui osait tout avec lui, l'étonnait, l'éveillait, le secouait sans cesse, faisait seul son éducation, et lui servait de truchement avec le monde réel. Hortense Lacroix, à cet âge, était aussi intelligente qu'elle le fut jamais ; la raison ne réglait pas encore ce qu'il y avait en elle d'un gamin de Paris spirituel, révolutionnaire, devinant d'instinct ce qu'il n'a pas encore appris. Ce charmant petit Gavroche, avec ses traits pleins de finesse, était le contraire en tout de l'autre enfant, grave, embarrassé, sombre, ne sachant rien dire de ce qu'il pensait, mais dont les traits intérieurs et la destinée étaient déjà fixés d'une manière irrévocable.

Quoique abattue, la famille Bonaparte conservait des relations avec la plupart des maisons régnantes de l'Allemagne. Hortense Lacroix y fut connue de bonne heure et singulièrement appréciée ; la grande-duchesse Stéphanie de Bade, en particulier, avait pour elle une vive affection. L'Allemagne était alors au moment de sa plus grande splendeur philosophique et littéraire. Cette belle et intelligente façon de comprendre la culture de l'esprit humain laissa chez la jeune fille une impression très profonde ; mais elle en vit bientôt les lacunes et les limites. Ce fut surtout l'Italie qui l'enchanta; elle en fut tout enivrée ; le goût de l'art s'éveilla vivement en elle, et elle conçut dès lors, comme l'occupation principale de sa vie, une histoire de l'art moderne jusque dans ses pages les plus obscures. Son érudition l'en rendait parfaitement capable. Les pages qu'elle a publiées sur l'art italien dans le dix-huitième volume de l'*Encyclopédie moderne* de Didot, sous le pseudonyme de Sébastien Albin, ont quelque chose de tout à fait juste et solide. Elle méditait aussi des Mémoires d'iconographie, en particulier une *Histoire du crucifix*, qu'elle n'a jamais, je crois, exécutée.

Deux jeunes élèves de M. Ingres, qui se trouvaient alors à Rome et fréquentaient le palais habité par la famille Bonaparte, la connurent et conçurent pour elle le plus vif attachement. Gleyre fut l'ami de toute sa vie; Sébastien Cornu l'épousa. M. Cornu avait bien ce qu'il fallait pour le bonheur d'Hortense. Cet artiste si consciencieux et si convaincu était en même temps le plus doux et le meilleur des hommes. A côté de lui, Hortense déploya librement son activité toute virile, sans qu'une seule fois ce tranquille ami, presque mystique comme Flandrin, fût troublé d'un voisinage, exquis sans doute, mais qui ne créait pas la Thébaïde autour de lui.

Le fait est que jamais femme ne vécut les parties élevées de la vie de son siècle avec autant d'ardeur que madame Cornu. Rien ne lui échappait. Son goût pour la conversation et la discussion lui avait fait connaître tout ce qui s'agitait en Italie et ailleurs. Ce que son esprit pénétrait vite, son cœur l'embrassait avec chaleur. Elle pensait comme un homme et sentait comme une femme. Bien que très Allemande par le tour de l'intelligence, bien qu'à demi Italienne par l'admiration et par l'amour d'un passé sans égal, elle était essentiellement Française par l'esprit. Son patriotisme était le plus pur, le plus désintéressé, le plus sincère que j'aie jamais connu. Son rêve était une France centre des aspirations du monde entier. Sa religion était la religion de la France; elle y était fidèle, même quand elle en voyait les erreurs passagères et les illusions.

Or, à cette époque, la France avait bien réellement une religion, c'était le libéralisme, le goût du développement noble de l'humanité, l'estime et la sympathie pour tout ce qui porte les traits de l'homme, la sympathie pour tout ce qui est faible, persécuté, pour tout ce qui essaie de monter ou de s'affranchir. Naïfs que nous étions! nous ne pensions pas que ceux que notre pays aidait le plus à sortir des limbes lui diraient bientôt comme les rieurs du Calvaire : « Il a délivré les autres et il ne peut se sauver lui-même. Qu'il s'en tire maintenant, s'il peut! » Madame Cornu, indifférente pour l'ingratitude qui ne concernait qu'elle, mais moins indulgente pour l'ingratitude envers les autres, ne pouvait se rappeler sans amertume combien elle avait vu de récents parvenus autrefois suppliants et heureux d'être obligés. Ces expériences nous corrigeront-elles et nous feront-elles renoncer à de vieilles vertus dont on réussira bien, à la longue, à déshabituer le monde? C'est peu probable. Nous sommes trop vieux pour suivre les maximes que semblent vouloir inaugurer les nouveaux maîtres de la mode. Si vraiment le dernier mot de la sagesse et du progrès, c'est de faire fi des droits de l'homme et des droits des peuples, de traiter de chimère toute chevalerie, toute générosité, toute reconnaissance entre les nations, de substituer à notre simple et claire notion de la liberté je ne sais quelles subtilités au moyen desquelles on prouve que la liberté consiste à être aussi gouverné que possible pour son bien, oui, nous aimons mieux être des arriérés que de servir ce progrès-là. Sachons attendre, un jour on nous regrettera. A une maîtresse capricieuse, qui parfois l'agaçait, toujours l'amusait, le monde a préféré un maître. Qu'il fasse l'expérience. Pour nous, restons obstinément libéraux, même envers ceux qui ne le sont pas; disons comme la Pauline de Corneille :

> Mon devoir ne dépend pas du sien;
> Qu'il y manque s'il veut; je dois faire le mien.

Madame Cornu eut toutes les nobles erreurs du temps où elle fut jeune. Elle aimait l'Italie; elle aimait la Pologne ; elle avait l'aversion de ce qui est fort et le goût du faible, voyant toujours dans cette faiblesse même une présomption de bon droit. Voilà pourquoi elle était d'ordinaire avec ceux qui conspiraient; elle sympathisait avec les révolutionnaires de tous les pays ; celui qui hasardait sa vie pour sa cause lui était cher par cela seul. En France, ses relations étaient avec le parti républicain. A l'époque de sa vie où nous sommes arrivés, ces sentiments ne créaient pas la moindre dissidence entre elle et son ami d'enfance. C'était le temps où ce dernier écrivait : « Ce qu'il nous faut en France, c'est un gouvernement qui soit en rapport avec nos besoins, notre nature. Nos besoins sont l'égalité et la liberté ; notre nature, c'est d'être les ardents promoteurs de la civilisation. » Pendant sa prison de Ham, le prince Louis trouva en son amie d'enfance plus de dévouement que jamais. Le prince avait le goût des recherches historiques et y aurait eu de l'aptitude si son éducation n'avait été négligée. Madame Cornu se fit à distance son secrétaire. Elle passait les journées dans les bibliothèques à lui copier des textes, et employait ses nombreux amis à lui procurer les livres dont il avait besoin. Jamais amitié ne fut plus dégagée de tout calcul. Qui pouvait prévoir en 1840 que, huit ans après, ce qui avait été folie deviendrait sagesse aux yeux de cinq millions et demi d'électeurs?

Madame Cornu, en tout cas, était si loin d'être avec les conseillers de mesures illégales, que le 2 décembre 1851 marqua une complète rupture entre elle et son ami. Pendant plusieurs années elle cessa absolument de le voir. Elle ne s'interdit aucune vive parole; sa petite maison du boulevard Latour-Maubourg fut surveillée activement; son nom figura un moment sur des listes d'exil confectionnées par un zèle maladroit. Il était impossible que cela durât bien longtemps. L'empereur avait besoin de sa petite amie d'Augsbourg et d'Arenenberg. Elle était une partie de lui-même, un organe de sa vie. L'affection que lui portait madame Cornu était trop vive pour que ses ressentiments ne cédassent point à un signe. D'ailleurs, elle était comme nous tous. Elle avait un idéal qu'elle mettait au-dessus de la politique. Quelle plus belle occasion pouvait-elle avoir de réaliser le bien qu'elle avait rêvé! Les grâces étaient à ses pieds. Inutile de dire qu'elle n'accepta jamais rien pour elle; mais dès lors elle conçut le plan qui, durant quinze ans, l'occupa tout entière : chercher à mieux entourer l'empereur, lui rappeler ses rêves de jeunesse, réveiller ses sympathies de libéral pour les nations souffrantes, lui redire les liens particuliers qui l'unissaient à l'Italie. Politique excellente, mais à laquelle il aurait fallu être conséquent. Ce ne fut pas la faute de madame Cornu si, par suite des hésitations de l'empereur et cette habitude qu'il avait de se croire obligé de faire un pas en arrière après avoir fait un pas en avant, ce qui aurait dû être notre salut et notre force devint un poison mortel. On regrettera peut-être un jour que celle qui connaissait si bien les intermittences de cet esprit singulier, ses tergiversations, ses résolutions subites et alors fatalement irrévocables, n'ait pas mieux calculé la portée de l'effet qu'elle produisait sur lui. Mais qui peut tenir compte de l'imprévoyable?... C'est dans un autre ordre, d'ailleurs, que madame Cornu devait rendre au pays des services éminents et dont le souvenir ne périra pas.

La forte éducation et les longues recherches de madame Cornu avaient fait d'elle, à la lettre, un savant. Elle aimait la conversation des érudits, et, à partir de 1856, elle manqua à peine une séance de l'Académie des inscriptions et belles-lettres. Nous l'envisagions comme un confrère, nous causions avec elle des lacunes de nos études, de tant de belles choses à faire, de tant de réformes à opérer. Elle comprenait tout, voyait très bien ce qui était possible et ce qui ne l'était pas. Elle avait trop de jugement pour croire qu'elle eût enchaîné l'empereur. Cela n'a été donné à personne; la nature solitaire, la personnalité profonde de Napoléon III ne lui ont jamais permis de se livrer tout entier. Il cédait beaucoup; il était même faible : *non* était le mot qu'il savait le moins prononcer; néanmoins le fond de sa pensée était immuable. Son propre gouvernement lui déplaisait; mais il croyait que la France n'en voulait pas d'autre. Madame Cornu vit très bien que changer le fond du gouvernement et surtout décider l'empereur à modifier son entourage officiel était une entreprise impossible; toutefois elle vit aussi qu'en détail on pouvait beaucoup obtenir, surtout dans l'ordre des choses sérieuses, où elle était sûre de troubler les visées de bien peu de rivaux.

L'enseignement supérieur, ou plutôt scientifique, fut la partie où elle réussit le mieux. Sa connaissance de l'Allemagne lui avait révélé, avant que nous en eussions causé avec elle, le défaut de notre enseignement supérieur, de ces cours ouverts à tout venant, sans élèves fixes, où l'on va passer une heure, non pour apprendre une science, mais pour entendre parler agréablement. Que les Facultés continuent la tradition de ces éloquentes leçons, nous n'avions à cela rien à dire; mais, au Collège de France, des conférences d'Athénée nous paraissaient déplacées. L'éclat extraordinaire des enseignements de la Sorbonne sous la Restauration, la trop grande indulgence que le talent dépourvu de science trouva sous le règne de Louis-Philippe, le partage des études historiques entre l'Académie des sciences morales et politiques et l'Académie des inscriptions et belles-lettres, lequel eut l'inconvénient de laisser croire qu'on peut scinder dans les sciences historiques l'exposition générale et le travail des documents, et par-dessus tout le penchant qui entraîne notre pays bien plus vers le succès littéraire que vers les discussions scientifiques, avaient produit dans celles de nos institutions qui ont pour but unique la découverte de la vérité un certain abaissement. Grâce à madame Cornu, une renaissance s'opéra. La création de plusieurs cours, tels que ceux de M. Berthelot, de M. Léon Renier, de M. Bréal, au Collège de France, l'établissement de l'École des hautes études, plusieurs missions scientifiques, dont quelques-unes furent très fructueuses, une impulsion nouvelle donnée à l'acquisition des objets antiques, un grand nombre de publications savantes entreprises, avec le sentiment le plus juste des besoins de l'érudition, marquèrent une ère nouvelle. Loin de nous la pensée de dire que tout cela fut son œuvre; mais tout cela lui appartient indirectement, puisque c'est sous son influence que l'empereur entra dans la direction d'idées qui a fait de la seconde partie de son règne une époque très brillante pour les études critiques. M. Duruy, que madame Cornu soutint de tout son crédit, appliquait les mêmes vues dans les ordres les plus divers. A l'heure qu'il est, les fruits s'aperçoivent. Un immense progrès s'est accompli dans nos études historiques et philologiques. Une autorité s'est formée en dehors des élégantes balivernes qui séduisent les gens du monde. Les saines méthodes sont représentées dans presque toutes les branches par quelque bon travailleur. L'École des hautes études est un laboratoire ouvert, où ces méthodes s'enseignent dans des leçons familières, les seules qui soient fructueuses. Sur ce dernier point, je lui fis d'abord quelques objections. « Pourquoi, lui disais-je, créer un établissement nouveau sous ce titre? L'École des hautes études existe depuis trois cent cinquante ans. François Iᵉʳ l'a créée en 1530; c'est le Collège de France, puisque ce grand établissement représente justement l'élaboration scientifique, à laquelle l'Université, corps principalement enseignant, ne saurait suffire. Placée entre la Sorbonne et notre Collège, votre École sera ce qu'on appelle en architecture un porte-à-faux. » On ne s'arrêta pas à cette objection, et l'on fit bien, sans doute. Avec l'empereur, il était plus facile de créer du neuf que de réformer ce qui était établi; car ce qui est établi se défend; bienveillant comme il l'était, l'empereur écoutait toutes les réclamations et, pour ne mécontenter personne, prenait des mesures contradictoires, d'où il ne se tirait ensuite qu'avec beaucoup d'embarras.

C'est ce qu'éprouva madame Cornu dans les efforts qu'elle fit du côté des beaux-arts. Ici elle échoua presque complètement. Son goût était grand et pur; elle rêvait un art d'État, classique et grave, et ne pouvait souffrir le genre de production qu'encourage le commerce. En art, comme en littérature, elle était même peut-être un peu injuste pour certains mérites. En cet ordre, elle avait au plus haut degré les opinions des Bonapartes, essentiellement classiques, intolérantes même par moment, ne faisant nulle part à la fantaisie, à la petite littérature, au romantisme, étroitement renfermées dans la tradition grecque, latine et italienne. Je ne pus jamais l'amener à être juste pour Sainte-Beuve ni pour un ou deux écrivains de notre temps, chez lesquels un peu de manière l'empêchait de voir de rares qualités. L'art pour l'art, la littérature pour la littérature lui étaient intolérables. Elle n'admettait pas qu'il y eût des courants latéraux dans le grand fleuve de l'esprit humain. La littérature, à ses yeux, était un combat pour la France et le progrès ; ceux qui s'attardaient aux buissons de la route lui paraissaient des déserteurs.

Comme tout cela était chez elle le fruit de l'amour pur des choses pour elles-mêmes, elle se résignait parfaitement à être souvent vaincue. Elle éprouva auprès de l'empereur deux ou trois gros échecs ; mais la nature de l'amitié que l'empereur avait pour elle ne pouvait souffrir d'atteinte ni ne permettait de sa part aucune susceptibilité. Les bontés de S. M. l'impératrice, son affection, ses soins de mère pour le prince impérial, l'amitié constante du prince Napoléon, de madame la princesse Julie Bonaparte, de S. M. la reine de Hollande la rendaient heureuse et la soutenaient dans ses épreuves.

L'acte lamentable du mois du juillet 1870 renversa tous ces rêves. Elle ne vit pas l'empereur en ces jours lugubres, et, l'eût-elle vu, elle n'eût pu sans doute pénétrer le brouillard funeste où cette pensée, dont elle connaissait si bien les défaillances, s'était enfermée. Les années qui suivirent ne furent pour elle qu'une agonie. Au commencement de la guerre, elle se retira dans une petite maison qu'elle avait à Longpont. M. Cornu y fut atteint d'une maladie grave ; il mourut comme on le transportait à Versailles. Une affection de cœur s'était depuis quelque temps déclarée chez elle ; en quelques mois elle vieillit de vingt ans. Comme elle devait s'y attendre, elle fut fort abandonnée. Cette femme, à qui tant de personnes devaient la vie et la fortune, se trouva dans un état voisin de la gêne. Elle n'avait guère que sa maison de Longpont, d'une valeur insignifiante. Si quelques-uns de ses amis ne lui eussent fait comprendre que sa pauvreté serait pour eux un reproche insupportable, elle serait morte dans le dénûment.

Son haut idéalisme ne se démentit pas un moment durant sa cruelle maladie. Elle vit venir la mort avec sérénité. Aux derniers jours, la lutte fut terrible entre une tête forte et puissante, vivant encore tout entière, et des organes détruits. Congédiant un de ses amis : « Dites à Marguerite (une jeune fille de dix-huit ans) que mourir n'est pas grand'chose ; seulement, c'est bien long. » Qui mieux qu'elle avait mérité de quitter la vie avec calme? Elle a fait beaucoup de bien ; elle a empêché beaucoup de mal ; le bien qu'elle a fait lui survit et fructifiera sans cesse ; tous ses amis garderont son image précieusement gravée en leur cœur.

XXIII

LA REINE SOPHIE DE HOLLANDE[1]

———

Un grand deuil pour tous ceux qui aiment la France, en même temps que les bonnes et belles choses, est la mort de la reine Sophie de Hollande. « *La dernière des grandes princesses,* voilà le titre de l'étude qu'il faudrait faire sur elle », me disait hier un des hommes qui l'ont le mieux connue, et qui seul pourrait dire tout ce qu'il y eut de sincérité, d'ardeur désintéressée, de hautes aspirations dans cette âme

[1]. Morte le 25 mai 1877.

d'élite, victime à tant d'égards de notre siècle de fer. Elle eut, en effet, au plus haut degré les qualités que le trône exalte, mais ne crée pas. La moderne philosophie, qui fait consister la destinée de l'homme en un effort perpétuel vers la raison, peut ne pas toujours convenir à ceux que le sort a voués aux devoirs humbles ; c'est par excellence la philosophie des souverains. La reine Sophie, y joignant le tact délicat de la femme, répondit victorieusement à ceux qui croient que l'unique perfection des reines est la grâce tendre et abandonnée d'une Marguerite de Provence ou la résignation d'une Jeanne de Valois.

Elle appartenait à cette grande époque de la race allemande où tant de fortes qualités, masquées durant des siècles par la rudesse ou par une sorte de gaucherie, arrivèrent à révéler tout à coup une forme inconnue jusque-là de l'aristocratie humaine. Ce qui caractérisait au plus haut degré cette manière nouvelle de sentir et de penser, c'était la chaleur de l'âme, quelque chose de noble, de généreux, de fort, impliquant le respect de soi-même et des autres. La société française du xviie et du xviiie siècle avait donné le modèle de ce qui peut s'appeler politesse, esprit éclairé. Gœthe et ses grands contemporains, tout en rendant hommage à notre brillante initiative, montrèrent que Voltaire, malgré sa gloire méritée, n'était pas tout, que le cœur est un maître aussi nécessaire à écouter que l'esprit. La religion ne fut plus le servile attachement aux superstitions du passé ni aux formes étroites d'une orthodoxie théologique; ce fut l'infini vivement compris, embrassé, réalisé dans toute la vie. La philosophie ne fut plus quelque chose de sec et de négatif; ce fut la poursuite de la vérité dans tous les ordres, avec la certitude que la vérité à découvrir sera mille fois plus belle que l'erreur qu'elle remplacera. Une telle sagesse rend celui qui la possède ardent et fort. L'éducation virile que reçut la reine Sophie à la cour de Wurtemberg, sa riche et ouverte nature, lui inculquèrent de bonne heure ces grands principes comme une foi, mais une foi qui ne sait pas ce que c'est que condamner et haïr

Son existence en fut toute pénétrée. L'esprit allemand d'alors ressemblait à Jéhovah, qui, selon la belle expression de Job, « fait la paix sur ses hauteurs ». On ne voulait rien détruire ; on prétendait tout concilier. La reine resta fidèle à cet esprit, même quand il fut renié par plusieurs de ceux qui l'avaient proclamé. Elle se montrait empressée à faire accueil à tout ce qui éclosait de bon dans le monde entier. Le préjugé national était ce qu'elle craignait le plus ; loin de parquer l'éducation morale de l'homme dans les données d'une race et d'une langue, elle rêvait comme Herder un échange réciproque de tous les dons de l'humanité. Sa sympathie ne s'arrêtait que devant le médiocre et le mal ; alors, elle ne comprenait plus.

Sa vie se passa ainsi à aimer. Elle aima d'abord le noble pays qui l'eut pour souveraine, et qui, mieux qu'aucun autre, a connu son esprit et sa bonté. Elle aima la Hollande, non seulement parce que le sort lui en avait fait un devoir, mais parce qu'elle vit tout d'abord ce qu'a de providentiel cet estuaire sacré, asile de la liberté, où tant de fois l'esprit humain a trouvé un refuge contre les pouvoirs trop forts du reste de l'Europe. Qui peut dire que cette mission, il n'aura pas à la remplir encore? La Hollande lui rendait bien son affection. Jamais souveraine ne fut plus populaire. Personne ne comprenait mieux qu'elle l'âme de la nation, sa grandeur passée, ses devoirs à venir. Elle était fière d'être associée à tant de gloire, et quand, dans quelques jours, elle reposera à Delft, à côté du Taciturne, qu'elle admirait, son tombeau sera un sceau de plus au pacte d'union de la Hollande et de la maison d'Orange, c'est-à-dire à la charte fondamentale de la nationalité du pays.

Elle aimait aussi la France. Le jour de son mariage, en 1839, à Stuttgard, le ministre protestant qui prêchait crut devoir relever son sermon par une diatribe contre Napoléon. Un jeune homme de dix-sept ans, cousin germain de la princesse, qui était là, se leva et sortit. Ce fut dans cette petite cour un esclandre, une grosse affaire. « Si j'avais pu, j'aurais fait comme lui », dit Sophie. La grandeur de l'épopée française, comprenant deux parts indissolubles, la Révolution et l'Empire, s'était de bonne heure emparée de son imagination. Elle nous aimait avec nos défauts. Nos écrivains, nos artistes, nos hommes d'esprit, lui étaient familiers; elle les connaissait souvent mieux que nous. Même notre démocratie, elle en était curieuse. Elle craignait tant de passer inattentive à côté de ce qui peut avoir quelque chance d'avenir! Pauvre France! elle lui pardonnait; car elle savait qu'une grande âme est derrière ses fautes, et qu'un jour l'enfant prodigue sera préféré à ceux qui n'ont jamais péché.

C'est ainsi que cette grande reine, la plus allemande peut-être des princesses de notre siècle, n'a eu que de la sympathie pour ce que des fanatiques appellent l'ennemi de race. Elle aimait à la fois la France et l'Allemagne, et elle avait raison. Les nobles choses, loin de s'exclure, se tiennent et s'appellent, et nous maintenons que les grands Allemands d'autrefois reconnaîtraient bien plus leurs vrais fils spirituels dans ceux qui, depuis dix ans, protestent contre une politique violente que dans ceux qui se laissent éblouir par ces coups de force. La reine souffrit cruellement le jour où elle vit ce qu'elle avait adoré comme une aspiration à la justice devenir une négation brutale de tout principe idéal. L'unité allemande avait été son rêve; mais elle la voulait autrement faite. Elle reconnaissait à peine l'Allemagne de sa jeunesse dans cette imitation des défauts de notre premier empire, dans ce dédain transcendant de toute générosité, dans cette façon de reprocher aux autres d'imiter les exemples de réforme intérieure que l'Allemagne en ses beaux jours a donnés à tous les peuples.

Cette vie ardente se consumait elle-même; une sorte de feu intérieur dévorait cette nature que rien ne laissait insoucieuse. Ce n'est pas que la reine ne sût se reposer. Sa tranquille Maison du Bois, près de La Haye, respirait le calme et la sereine gaîté. Des études historiques, où elle se complaisait et par lesquelles elle cherchait à se distraire des appréhensions du présent, étaient pour son esprit un régime excellent. Néanmoins des symptômes graves se manifestaient du côté du cœur. Au mois de décembre dernier, quand la reine vit Paris pour la dernière fois, ses amis s'effrayèrent. La douce et tranquille atmosphère de La Haye la remit un peu. Une fête organisée par quelques amis de la philosophie pour célébrer l'anniversaire de la mort de Spinoza l'intéressa vivement. Elle voulut y assister en esprit, et fit exposer dans la salle de la réunion un portrait, le seul peut-être authentique, du penseur hollandais, qui ne quittait jamais sa chambre. Le soir, elle rappelait la belle maxime de ce grand sage : « La philosophie est la méditation, non de la mort, mais de la vie. » Sa mort a été en Hollande un deuil public. Sa vie, nous la méditerons peut-être un jour, quand il nous sera possible, en pensant à elle, de faire trêve à nos regrets.

XXIV

DISCOURS PRONONCÉ

AUX FUNÉRAILLES DE M. ERNEST HAVET

le 24 décembre 1889

Messieurs,

Le collègue illustre à qui nous disons aujourd'hui adieu fut un serviteur éminent de la plus grande œuvre de notre siècle, la recherche obstinée de la vérité. Ce savant était avant tout un honnête homme de race française. Comme Descartes, il n'aimait que les idées claires, exprimées clairement. Le génie de l'Allemagne (quand on pouvait parler d'un génie allemand) a percé plus profondément peut-être dans les abîmes qui nous serrent de si près ; mais Havet sera cité, dans des siècles, pour avoir le premier jeté sur les problèmes qui ont le plus troublé les âmes quelques mots justes, fermes, sobres et froids. Il croyait, et je crois comme lui, que le temps des voiles officieux est passé, qu'il ne sert de rien de distinguer entre les vérités bonnes à dire et celles qui ne le sont pas, puisqu'on ne trompe plus personne et que la masse de l'espèce humaine, lisant dans les yeux du penseur, lui demande sans ambages si au fond la vérité n'est pas triste. Le seul moyen de consoler un peu la pauvre humanité, c'est de la bien persuader que nous ne lui cachons rien, et que nous agissons avec elle, non en rhéteurs préoccupés de soucis politiques et pédagogiques, mais en savants d'une absolue sincérité.

Havet ne dissimula jamais aucune nuance, même fugitive, de sa pensée. Il croyait à la civilisation, à la raison, à cette lumière de la conscience humaine, qui nous révèle quelques traits de la vérité, quelques règles du bien. Pour lui, l'histoire de cette révélation, la seule réelle, était claire dans ses lignes essentielles. Née en Grèce, cette terre mère de toutes les harmonies, la raison, sous des noms divers, et non sans d'étranges alliages, fait le tour du monde. Ce soleil dont Rome, à sa grande époque, eut de si beaux reflets, ne disparaît jamais complètement. L'humanité en vit. Les idées surnaturelles de l'Orient, la décadence du monde antique, les invasions des barbares le voilent sans l'éteindre. Le christianisme, dans ses parties essentielles, n'est qu'un viatique composé d'idées grecques, savamment préparé pour la triste nuit de mille ans à laquelle l'aurore de la Renaissance a mis fin. Tout vient ainsi d'une seule éclosion lumineuse. La Grèce a préparé le cadre scientifique, susceptible d'être indéfiniment élargi, et le cadre philosophique, susceptible de tout embrasser, où n'ont cessé de se mouvoir, depuis deux mille ans, les efforts intellectuels et moraux de la race à laquelle nous appartenons.

Laissons de côté de mesquines réserves (j'en aurais, comme historien d'Israël, quelques-unes à faire); notre collègue est dans le vrai. La culture grecque ne demande aucun sacrifice à la raison; la culture originaire d'Orient en demande, puisque jamais un fait n'est venu prouver qu'un être supérieur ait fait à un homme ou à des hommes une révélation quelconque. L'idéal (*to kalon*) de la Grèce est bien la vie humaine tout entière, embellie, ennoblie. Suivre ce grand cordon d'eau vive, ce Nil bleu qui traverse les déserts, fut la tâche de Havet. Il s'en acquitta avec une sorte de foi. Jamais croyant ne fut plus fidèle à son dogme que Havet à sa philosophie.

Oui, je le répète, il avait raison. La Grèce a créé la vérité, comme elle a créé la beauté. D'un autre côté, nos races celtiques et germaniques ont bien eu quelque part à la fondation de ce qui peut s'appeler honnêteté, droiture de cœur. Tout ce qu'il y a de meilleur dans le christianisme, nous l'y avons mis, et voilà pourquoi le christianisme nous tient si fort à cœur, voilà pourquoi il ne faut pas le détruire. Le christianisme, en un sens, est bien notre œuvre, et, en y cherchant la trace de nos sentiments les plus intimes, Havet ne cherchait pas une chimère. Le christianisme, c'est nous-mêmes, et ce que nous aimons le plus en lui, c'est nous. Nos vertes et froides fontaines, nos forêts de chênes, nos rochers y ont collaboré. Dans l'ordre des choses de l'âme, notre charité, notre amour des hommes, notre sentiment tendre et délicat de la femme, le suave et subtil mysticisme d'un saint Bernard ou d'un François d'Assise, viennent bien plutôt de nos ancêtres, païens peut-être, que de l'égoïste David, ou de l'exterminateur Jéhu, ou du fanatique Esdras, ou du strict observateur Néhémie.

Havet comprit à merveille tout cela et l'exprima en un style parfait. Son livre des *Origines du Christianisme,* qui ne traite qu'un côté du sujet, le traite d'une façon définitive. C'est un livre inflexible. Havet croit au vrai; il ne transige pas. Venez lui dire qu'en rejetant les vieilles croyances traditionelles, on rejettera en même temps des choses excellentes ; que ces conventions aimées, acceptées, sont comme des postulats de la vie : il vous dira que l'utilité sociale prétendue ne saurait être la mesure de la recherche des choses. Le premier abord de la vérité est rarement agréable. Ce n'a jamais été impunément jusqu'ici qu'on a eu raison. Le Grec qui osa dire que le soleil pouvait bien être gros comme le Péloponèse fut traité non seulement de fou, mais de malfaiteur. Les modérés le tinrent pour un esprit faux, exagéré; il fut mis à mort, dit-on. De nos jours, cela n'arrive plus. Havet fut injurié par toutes les routines coalisées, par l'entente secrète de toutes les faiblesses; il tint ferme, resta calme et finit par l'emporter.

Honneur donc, Messieurs, à cet illustre ami de la vérité! Il fut une des gloires de notre race. Il ressentit tous les besoins légitimes de son siècle, sans participer à aucune de ses fautes. Sa grande âme traversa le monde, sans autre souci que le vrai. Les séductions, les charmes décevants de la probabilité ne l'attiraient pas. Il n'aimait que le certain; les mirages lui échappèrent; il ne vit que ce qui dure, la raison. Le triomphe de la raison sera sa récompense. Une récompense! A vrai dire, nous n'en voudrions pas. Nous avons servi la vérité dans les tristes conditions que le sort a faites à l'espèce humaine. Voilà notre récompense, nous n'en voulons pas d'autre. *Nil nisi te, Domine ; nil nisi te.*

Adieu, cher collègue. Vous avez combattu le bon combat, le combat pour le vrai, pour la raison. Nous attendrons longtemps, sans doute, le triomphe de notre cause. Mais nous avons l'éternité pour attendre. Nos ancêtres du Collège de France, qui fondèrent le vrai, à travers la persécution, la pauvreté, en virent bien d'autres : Ramus, qui se fit tuer pour la correction des principes de notre institut; Denys Lambin, qui vit son sort écrit dans celui de Ramus; tant de modestes « professeurs de langues », comme on nous appelait, qui bravèrent l'orgueilleuse Sorbonne d'alors! Plus heureux qu'eux, nous aurons aperçu le vrai, sans beaucoup souffrir pour lui. Votre sort, d'ailleurs, ne fut-il pas digne d'envie? Dans une inscription funéraire, trouvée en Syrie, le passant est censé consoler ainsi le mort : « Courage, puisque tu es mort sans avoir eu à pleurer aucun de tes enfants et en laissant vivante l'épouse que tu aimais! » Ce dernier bonheur ne vous fut pas réservé; la perte d'une épouse digne de vous fut une des tristesses qui assombrirent vos dernières années. Mais vous laissez après vous deux fils que nous aimons, héritiers de votre méthode et de votre savoir. Vous laissez une œuvre complète, dont tous les amis du vrai sauront profiter. Courage, cher Havet, courage!

XXV

DISCOURS PRONONCÉ

A

L'INAUGURATION DE LA STATUE DE M. ABOUT

le 20 décembre 1887.

Oh! voilà bien, Messieurs, ces traits que nous aimions! Voilà bien ce sourire qui courait sur les lèvres de notre confrère quand il écrivait tant d'œuvres charmantes; voilà cette figure épanouie, où se lisait dès le premier abord la philosophie à la fois ironique et aimable qui l'a soutenu dans sa carrière d'ardente activité. Quelle riche nature, Messieurs, quelle surabondance de sève! quelle prodigalité de vie! Quelle joie ce fut pour nous, en ces années de tristesses qui marquèrent le milieu de notre siècle, de voir entrer dans le champ clos des grandes luttes ce brillant jeune homme, vrai petit-fils de Voltaire, en qui le vieil esprit français, ce vaincu qui ressuscite toujours, semblait narguer allègrement ceux qui l'avaient cru mort, et s'écrier : « Je vis encore ! » Oui, entre plusieurs débutants illustres, grâce auxquels notre pays, humilié par tant de révolutions mal concertées et de réactions aveugles, put répondre, après 1848, aux défis qu'on lui adressait, About fut celui qui continuait avec le moins de mélange notre ancienne tradition. Il avait la qualité principale de l'esprit français, l'honnête droiture, la clarté. Voltaire fut avant tout un esprit honnête; About le fut aussi au plus haut degré. Demander à de tels hommes de porter éternellement un masque sur leur visage, d'accepter docilement ces conventions, souvent puériles, auxquelles le grand nombre a peu de mérite à se soumettre, c'est demander à la lumière de ne pas aller en ligne droite. L'atmosphère où ils vivent est d'une transparence absolue; le mystère n'a pas de sens pour eux; comme la lumière électrique, ils fouillent tous les replis et rendent le mensonge difficile; les ridicules qu'ils aperçoivent, il leur est impossible de ne pas les stigmatiser.

Est-ce là de l'égoïsme, de la froideur? Oh! non, certes. Ces adversaires impitoyables des teintes fausses et des demi-jours aiment la vérité. L'hypocrisie leur inspire un soulèvement de cœur; les dogmes qui fuient la pleine lumière les agacent. A toute proposition de dissimuler ce qu'ils pensent, ils répondent : « A quoi bon vivre, si l'on n'a plus de cause pour vivre? »

Un amour fort, d'ailleurs, un amour dominant était le principe moral de cette âme que des critiques superficiels ont qualifiée de frivole. C'était l'amour de cette pauvre France, à laquelle il devait ce qu'il y avait de meilleur en lui. Les partis qui se succédaient au pouvoir avec une rapidité désespérante eussent voulu que, pour leur être fidèle, il refusât de leur survivre. Mais la France existait toujours pour lui, après la ruine des partis. Son patriotisme, aux jours d'épreuve, sut être éloquent et courageux. La France avait été la fée qui l'avait doué, qui l'avait couronné tant qu'elle put décerner des couronnes. Quand elle n'eut plus à distribuer, à ceux qui l'aimaient, que des signes de deuil, About se voua à une tristesse dont il ne voulut pas être consolé. Il prit en suspicion jusqu'à son talent, qui aurait pu le distraire. Le fin lettré d'autrefois devint un lutteur des luttes journalières. Il s'aigrit, méconnut quelquefois ses amis, irrita ses ennemis.

La colère, Messieurs, même la plus juste, est mauvaise conseillère. Ce qu'il y a de pire dans la condition du vaincu, c'est que sa situation le condamne à se tromper. Il devient exigeant, soupçonneux, susceptible. Si About se laissa quelquefois égarer par les faux jugements de cette sorte, il en fut surtout victime. Ah! grande dureté de notre temps! Les adversaires se déchirent, se méprisent. A voir combien ils sont sévères les uns pour les autres, on les croirait vertueux, et pourtant, si un vrai sentiment moral inspirait leurs attaques, ils seraient indulgents. Oh! quand verrons-nous élever un temple au pardon réciproque et à l'oubli? A vrai dire, je crains que le temple de mes rêves ne soit le cimetière. La paix, qui ailleurs n'est qu'une chimère, ici seulement devient une réalité. Bientôt, je crois, nous dirons avec l'Ecclésiaste : « Heureux les morts ! »

Notre confrère n'eut pas même cette récompense qu'ont d'ordinaire les vieux lutteurs, d'assister tranquilles, sur la fin de leur vie, aux batailles des autres. Au moment où il allait occuper le fauteuil où vos suffrages l'avaient appelé, la mort est venue le prendre. Nous n'avons pas eu la joie de le voir siéger parmi nous. Tel est le degré d'âpreté où est arrivée de nos jours la bataille de la vie, qu'on ne relève plus ses morts. Grâce à vous, Messieurs [1], grâce au talent de l'artiste dont l'œuvre vient de vous être révélée, l'avenir saluera, en ce lieu, l'image vraie d'un des hommes qui de nos jours ont le plus ajouté à la masse de raison commune, à cette masse

---

1. MM. les membres du comité qui avait pris l'initiative de l'érection de la statue.

qui, faible encore, s'augmente de siècle en siècle par l'effort de toutes les grandes âmes et de tous les bons esprits. Derrière les nuages qui s'amoncellent, il y a encore un ciel bleu et de chauds rayons. Quand l'heure de l'impartialité sera venue, bien des adversaires reconnaîtront qu'ils ont travaillé sans le savoir à la même œuvre. Tous alors proclameront qu'About fut un de ceux qui ont le plus aimé, à une heure critique s'il en fut, le progrès et la liberté.

XXVI

LETTRE A M. GUSTAVE FLAUBERT

SUR

LA TENTATION DE SAINT ANTOINE

Venise, 8 septembre 1874.

Mon cher ami,

Hier, au palais Labbia, les scènes de la vie de Cléopâtre, de Tiepolo, me firent penser à votre *Tentation de saint Antoine,* si injustement appréciée. Il y a trois ans, mon cher et regretté beau-frère, Arnold Scheffer, me fit comprendre ce qu'il y a, dans ces fresques, d'éclat, de vie, de couleur, d'originalité individuelle. Tiepolo a-t-il voulu donner une leçon d'histoire ou une leçon de morale, une leçon d'archéologie ou une leçon de politique ? A-t-il prétendu relever ou rabaisser Antoine et Cléopâtre ? L'a-t-on accusé d'avoir manqué de respect envers la majesté royale compromise en un festin d'allure équivoque ? Non ; il a ouvert à l'imagination un rêve brillant. Cela suffit ; ni l'archéologue, ni le moraliste, ni l'historien, ni le politique n'ont à réclamer. Il n'y a de mauvais en fait d'art que ce qui n'a ni style ni tournure.

*Pictoribus atque poetis
Quidlibet audendi semper fuit æqua potestas.*

On ne l'entend plus de la sorte. L'affaiblissement de l'imagination tend à créer pour l'œuvre écrite, à l'égard du peintre, une inégalité de traitement que nous ne pouvons accepter. Callot et Téniers ont fait ce que vous avez fait ; ils n'ont reculé devant rien, et ils ne sont blâmés par personne. Les *Tentations* de Callot et de Téniers n'apprennent rien en fait d'histoire, ne prouvent rien en fait de morale, ne réfutent rien en fait de politique. Pas plus que vous, ces artistes n'ont voulu prêcher, améliorer, instruire. Leur but, non plus que le vôtre, n'a pas été de prouver que la foi profonde triomphe des assauts les plus violents. On ne leur a pas reproché d'avoir été de mauvais hagiographes, d'avoir déshonoré saint Antoine. Callot et Téniers sont badins ; vous êtes fantastique ; l'un doit être aussi permis que l'autre. Le *Songe d'une nuit d'été* a ses droits à côté de la farce gauloise et du rire de Voltaire, qui ont leurs droits aussi.

Si j'avais encore écrit dans les journaux, j'aurais cherché à relever ces malentendus, quand a paru votre livre. Tel prétendait que vous aviez voulu écrire une histoire du gnosticisme, et pensait qu'un bon précis aurait mieux valu ; tel trouvait que vous aviez mal rendu la biographie de saint Antoine ; tel autre assurait que votre pensée secrète était d'inculquer un système de philosophie. Chez nous, on veut qu'un livre instruise, édifie ou amuse... amuse tout de bon, fasse rire. La chose amusante et philosophique par excellence, la contemplation de la réalité, la spectroscopie de l'univers, est peu comprise. On ne veut pas que le cauchemar ait son charme. On l'accorde en peinture; on admet la *Salomé* ou le *Coupeur de têtes* de Henri Regnault, œuvres qui, assurément, n'apprennent rien du tout et ne réveillent aucune image agréable. Que Boileau, si excellent appréciateur de la forme, avait raison!

> Il n'est point de serpent ni de monstre odieux
> Qui, par l'art imité, ne puisse plaire aux yeux.

Cette grande consolatrice de la vie, l'imagination, a un privilège à part, qui en fait, tout bien compté, le plus précieux des dons; c'est que ses souffrances sont des voluptés. Avec elle, tout est profit. Elle est la base de la santé de l'âme, la condition essentielle de la gaieté. Elle nous fait jouir de la folie des fous et de la sagesse des sages. Les Grecs se plaisaient à l'antre de Trophonius, puisqu'ils y allaient. Si le sabbat était vrai, je ne dis pas que je voudrais y aller : cela est contraire aux règles de conduite que je me suis imposées; mais je tiendrais à ce qu'il y eût des gens pour y aller, et je lirais avec plaisir les tableaux vivement colorés qu'ils en feraient.

On oublie qu'une moitié de la littérature grecque, cette merveille, cette règle du beau, quand on sait la comprendre, n'est que ciselure et imagination. Que prouve une idylle de Théocrite? Que s'est proposé, les trois quarts du temps, ce poète charmant? Ce que se proposait notre ami Théophile Gautier : trouver un thème à de fines images, à des vers adorablement faits. Dans la première idylle, trente-cinq vers sont consacrés à décrire une écuelle avec un réalisme qui dépasse tout ce que l'école de notre temps a jamais osé. Est-ce que le *Tombeau d'Adonis* de Bion a un but quelconque, moral, historique ou politique? Et les *Métamorphoses* d'Ovide, cette suite délicieuse de mobiles et ravissantes images, en rapport profond avec la nature et dont chacune fait naître mille questions sans les résoudre... je crois vraiment que si, de nos jours, un poète faisait un chef-d'œuvre de ce genre, il y aurait des critiques pour lui dire : « Difficiles enfantillages, que nous voulez-vous! » Hélas! notre public est de ceux dont parle votre Apollonius : « Il croit comme une brute à la réalité des choses ». Quand on aura bâti un art sur cette donnée, je me rendrai ; jusque-là, ce seront là pour moi raisonnements de Blemmyes, de pygmées et de sciapodes. Savez-vous ce que pense M. Hugo de votre livre? On dit qu'à côté de son génie, il a un discernement remarquable en fait de goût. Il est vrai qu'il n'aime pas l'histoire, ce qui crée une énorme lacune dans ses jugements.

Parce que la procession des rêves de l'humanité ressemble par moments à une mascarade, ce n'est pas une raison pour s'en interdire la représentation. Pauvre humanité! Oh! plus je vais, plus je l'aime et la prends en estime. Comme elle a travaillé! Partie de si bas, que de choses grandes ou charmantes elle a tirées de son sein! « Oh! le bon animal que l'homme! » Parmi ces folies saintes, il n'en est pas une qui n'ait son côté touchant, ne relève notre race et les esprits qu'elle porte. Même l'ironie est un culte ; la comédie est un acte d'aristocrate, que Louis XIV, les grands siècles, les grands peuples seuls peuvent se permettre. Quoi! il plaît à ce noble si éprouvé par le sort, à ce pauvre battu de l'orage, de se divertir un moment de sa destinée, de s'amuser du défilé de ses chimères, de rire une heure avant de se reprendre à pleurer, et on le trouve mauvais! Je persiste à croire que ce martyr souffre pour quelque chose, qu'il aura un jour sa récompense. Mais tout le monde traverse ses heures de doute; en ces heures-là, il n'y a que la couleur et l'image qui consolent. Et ce n'est pas là une vaine débauche. L'imagination a sa philosophie. Demandez-le à Gœthe, à Darwin. La morphologie est tout, et tout y sera ramené.

Que n'avons-nous Sainte-Beuve? Celui-là critiquait, mais comprenait. Vous rappelez-vous nos dîners avec ce grand ami, dont la perte me laisse le même vide littéraire que s'il avait entraîné dans la tombe la moitié du public avec lui? Je soutenais toujours, vous savez, que la couleur n'est que l'accessoire, qu'elle sert à relever un fait principal, qui, d'ordinaire, doit être d'ordre moral. Mais il n'y a pas de règle absolue. Lucien, Apulée, et même ce farceur de Philostrate, le Méry de l'antiquité, ne sauraient être éconduits. Tout ce qui n'est pas commun doit être accueilli avec bienveillance. En fait d'art, la platitude bourgeoise présente seule quelque chose d'immoral.

Quelle erreur d'appeler maladie l'exercice vigoureux de nos facultés naturelles ! C'est la médiocrité qui est scrofuleuse et maladive. Avez-vous remarqué que les esprits outrecuidants et bornés qui ont perdu notre patrie n'ont pas acquis depuis quatre ans une idée nouvelle? Le travail de l'imagination est sain, comme il est sain pour un pays d'avoir de bons militaires, de bons peintres, de bons philologues, de bons ouvriers en tout genre. On comprenait cela il y a quarante ans. Mais vous êtes mal tombé. A l'heure qu'il est, les partis nous apprécient en proportion de l'aide que nous leur apportons. Vous présentez à un tel public une œuvre longuement étudiée; chacun se demande en quoi vous servez sa politique. Pauvre pays! Il lui est arrivé comme à votre Catoblépas, qui un jour s'est dévoré les pattes sans s'en douter.

On vous suppose des intentions de propagande, tandis que vous ne voulez qu'une seule chose, charmer, frapper, toucher, émouvoir. Vous offriez aux délicats un parfum à sentir ; les lourdauds l'ont bu à pleines gorgées. Ce n'est pas votre faute.

On n'a pas compris votre conclusion admirable, le rôle profondément conçu d'Hilarion (la science développant lentement ses batteries mortelles), vos ébionites adorables, votre Bouddha, votre Oannès, le discours d'Isis, le dialogue philosophique d'Antoine sur les épaules de Satan. Cela me plaît extrêmement, et je ne suis pas seul de mon avis ; des professeurs de la Faculté de théologie protestante de Strasbourg, maintenant à Paris, à qui j'ai prêté votre livre, en ont été ravis. On peut sans doute nous récuser, nous autres qui nous occupons de l'histoire des dogmes ; nous sommes un peu à votre égard comme un chimiste ou un physicien, à qui une femme jeune et charmante parle de ses travaux. Nos idées revenant à nous, parées de votre riche fantaisie, nous font un véritable effet d'enchantement.

On vous trouve exagéré dans beaucoup de cas où vous n'êtes que vrai. Votre impression du désert de Libye est juste. Qui a seulement été au Caire et a vu les tombeaux des califes, presque enterrés dans le sable, comprend ce genre de beauté. Ce n'est pas le seul que notre globe possède, et il n'y faudrait pas enfermer le public. Je vous avoue timidement que, plus d'une fois, en Syrie, en Égypte, je rêvais d'une jolie maison de la vallée d'Auge, tapissée de roses du Bengale, d'une prairie des bords de l'Oise, d'un village de Bretagne à l'heure où sonne l'*Angelus* du soir. Mais il ne faut arracher à la lyre esthétique aucune de ses cordes. C'est en vibrant toutes ensemble qu'elles font ce plein accord qu'on appelle une belle œuvre, un beau siècle.

Et sûrement, ce qu'on a le moins compris, cher ami, c'est votre indifférence au succès vulgaire. Combien d'autres, après *Madame Bovary*, auraient fait des répétitions sans fin de l'œuvre que la foule avait acceptée! Vous avez fui à l'autre pôle, de la Normandie en Thébaïde. Aristocrate comme vous l'êtes, vous avez eu peur d'avoir fait quelque sottise, en voyant que vous aviez amusé le public. La colère vous a saisi; héroïque en tout, vous avez pris un assommoir pour mettre en fuite vos admirateurs bourgeois. Je comprends cela ; mais maintenant il faut une revanche. Faites volte-face ; revenez à ce qui intéresse tout le monde. Vous avez peint en maître supérieur le repoussant et l'étrange. *Sat prata biberunt*. Une personne qui vous aime beaucoup me disait, il y a quelques mois, combien elle désirait vous voir faire un livre qui fût vous tout entier, qui excitât les hommes à la noblesse et à la vertu. Gardez vos fonds de tableau ; ils sont parfaits ; mais faites-les servir à quelque chose. Ajoutez-y un rien ; mettez, comme dans *Madame Bovary*, une fleur sur ces fumiers. Le bien et le beau existent comme le mal et le laid. Vous saurez les peindre admirablement quand vous voudrez.

Nous partons dans quelques jours pour Bologne et Parme. Croyez à ma vive amitié.

XXVII

HENRI-FRÉDÉRIC AMIEL [1]

(PREMIER ARTICLE)

Il faut savoir un gré infini aux personnes qui, par un sentiment de pieuse amitié, ont entrepris la tâche difficile de faire connaître Henri-Frédéric Amiel à un public dont ce penseur distingué se préoccupait beaucoup, mais auquel une certaine timidité l'empêchait de s'adresser directement. La situation intellectuelle d'Amiel est une des plus particulières de notre temps; sa vie montre admira-

1. Septembre 1884.

blement quelques-unes des maladies qui travaillent notre époque. Avec des aptitudes philosophiques tout à fait éminentes, Amiel n'arriva qu'à la tristesse ; avec de vraies qualités littéraires, il ne sut pas donner à ses idées la forme qui s'impose. Parfait honnête homme, il manqua, dans la direction de sa vie, d'un dessein ferme. Des moralistes et des publicistes de second ordre ont été plus remarqués que lui ; des écrivains cent fois moins instruits ont laissé plus de trace dans notre histoire littéraire ; une foule de natures médiocres ont peut-être rendu plus de services à la cause du vrai et du bien que cet ami passionné de tout idéal.

Si Amiel avait été de cette troupe, assurément la meilleure entre les élus, qui a pris pour devise *Ama nesciri*, il n'y aurait rien à dire. C'est un principe reçu chez les personnes d'une critique exercée que la littérature est une diminution de ce qu'elle touche ; que les plus beaux sentiments seront à tout jamais inconnus ; que les idées les plus fortes et les plus vraies qu'on ait eues sur l'univers sont restées inédites ou, pour mieux dire, non exprimées. Dieu et ses anges, comme l'on disait autrefois, ont eu le privilège des seuls beaux spectacles de l'ordre moral et intellectuel, je veux dire de méditations et de sentiments se produisant au sein d'une objectivité absolue, sans être gâtés par l'arrière-pensée intéressée de les mettre en valeur. L'homme silencieusement vertueux, le grand cœur qui ne fait point parade de son héroïsme, le grand esprit qui ne livre ses hautes vues que s'il y est comme forcé, sont supérieurs à l'ouvrier en paroles, préoccupé de donner une forme à des opinions qui ne sont peut-être pas chez lui bien profondes. Amiel, quoique très vertueux, n'était pas arrivé au degré de désintéressement des ascètes qui se vouent au silence perpétuel. Il n'était pas exempt du grand mal de notre temps, qui est le mal littéraire, la fausse idée que la pensée et le sentiment existent pour être exprimés, ce qui détourne d'aimer la vie pour elle-même et fait attribuer au talent une valeur exagérée. Amiel voudrait produire; mais il sent bien qu'il n'est pas écrivain. Selon l'expression vulgaire qu'a mise à la mode une certaine littérature, c'est un raté, parce qu'il ne sait pas attacher le public à l'ordre d'idées qu'il a choisi; mais c'est un raté qui sent ce qui lui manque, qui adore ce qu'il n'a pas et se consume dans le regret. Il ne voit pas assez que, sans être écrivain, on peut faire des choses de premier ordre, et il se rabat alors sur le plus faux des compromis, je veux dire sur le journal intime, les pensées détachées, les mémoires destinés à soi seul.

C'est là un genre dangereux, quelquefois malsain, un genre que prennent d'ordinaire ceux qui n'en ont pas d'autre, et sur lequel, à moins de réussite exceptionnelle, doit peser *a priori* une certaine condamnation. L'homme qui a le temps d'écrire un journal intime nous paraît ne pas avoir suffisamment compris combien le monde est vaste. L'étendue des choses à connaître est immense. L'histoire de l'humanité est à peine commencée; l'étude de la nature réserve des découvertes absolument impossibles à prévoir. Comment, en présence d'une si colossale besogne, s'arrêter à se dévorer soi-même, à douter de la vie? Il vaut

bien mieux prendre la pioche et travailler. Le
jour où il serait permis de s'attarder aux jeux
d'une pensée découragée serait celui où l'on
commencerait à entrevoir qu'il y a une borne
à la matière du savoir. Or, en supposant que,
dans des siècles, on aperçoive une pareille
borne pour l'histoire, on ne l'apercevra jamais pour la nature. Même les problèmes qui
paraissent complètement barrés, comme ceux
de l'astronomie physique, sont susceptibles
d'être tournés tout à coup d'une manière imprévue. Travaillant sur des formules de plus
en plus compréhensives, acquises par les
générations scientifiques antérieures, la physique, la chimie, la biologie ont devant elles
un programme qui s'élargit à mesure qu'on
avance. Mon ami, M. Berthelot, aurait le
temps de s'occuper, pendant des centaines de
vies consécutives, sans jamais écrire sur lui-
même. J'estime qu'il me faudrait cinq cents
ans pour épuiser le cadre des études sémitiques, comme je les entends, et, si jamais le
goût, chez moi, venait à s'en affaiblir, j'apprendrais le chinois; ce monde nouveau,

encore presque intact pour la critique, me mettrait en appétit pour un temps indéfini. Le scepticisme subjectif, le doute sur la légitimité de nos facultés, est la glu où se prennent les natures attaquées de la maladie du scrupule. Les appréhensions de ce genre viennent toujours d'une certaine oisiveté d'esprit. Celui qui a soif de la réalité est entraîné hors de soi. C'est ainsi qu'un génie comme Victor Hugo n'a jamais eu le loisir de se regarder lui-même. Quand on est puissamment attiré par les choses, on est sûr que ce sont elles et non pas une vaine fantasmagorie que l'on serre.

Amiel n'a pas cet amour de l'univers qui fait qu'on n'a d'yeux que pour lui. Pendant plus de trente ans, il ne laissa pas passer un jour sans s'observer et sans décrire son état d'âme; il consignait ses réflexions dans des cahiers grand in-quarto qui, réunis, forment un total de plus de seize mille pages. *Felix culpa!* De cette masse indigeste, les amis d'Amiel (oh! la bonne chose que de laisser derrière soi de vrais amis!) ont recueilli deux volumes de pensées qui nous offrent, sans aucun sacrifice fait à l'art, le parfait miroir d'une conscience moderne des plus honnêtes, arrivée au plus haut degré de culture, et en même temps le tableau achevé des souffrances d'un génie stérile. Ces deux volumes peuvent certainement compter entre les écrits philosophiques les plus intéressants qui aient paru en ces dernières années.

Les défauts d'Amiel, en effet, sont aussi saillants que possible. Lui-même se plaît à les souligner et à les mettre en vedette; mais il n'y en a pas un seul qui ne vienne d'un excès de noblesse et d'un principe élevé. « Je m'attache obstinément à ne rien faire qui puisse me faire plaisir, me servir ou m'aider. Ma passion est de nuire à mes intérêts, de braver le bon sens, de m'entêter à mon détriment... J'ai honte de mon intérêt comme d'un mobile ignoble et servile. »

« Quelle singulière nature, s'écrie-t-il, et quel penchant bizarre ! Ne pas oser jouir naïvement, sans scrupule, et se retirer de table de peur que le repas ne finisse ! » —

« Dès qu'une chose m'attire, dit-il encore, j'en détourne la tête, ou plutôt je ne puis ni me faire à l'insuffisant, ni trouver quelque chose qui satisfasse mon aspiration. Le réel me dégoûte, et je ne trouve pas l'idéal. » Voilà la vérité. Son impuissance vient de ce qu'il est trop parfait. « En amour, dit M. Scherer, il reculait devant l'aveu ; en littérature, il reculait devant une œuvre. » On n'est pas homme de lettres sans quelque défaut ; ou plutôt la profession même de l'homme de lettres est un défaut. L'homme parfait comme le rêve Amiel n'aurait pas de talent ; le talent est un léger vice, dont un saint doit avant tout se corriger.

La stérilité d'Amiel vient d'une autre cause, de la diversité trop grande de ses origines intellectuelles et morales. La variété, en cet ordre, est chose excellente ; mais il ne faut pas que les éléments se neutralisent ; il faut qu'un d'entre eux domine et que le reste ne soit qu'accessoire. Amiel est trop hybride pour être fécond. L'excellente éducation germanique qu'il reçut fut en lutte permanente avec d'autres parties de sa nature. Il s'en prit à la langue [1] ; il crut que le français était la cause de la difficulté qu'il éprouvait à émettre sa pensée. Erreur profonde. « La langue française, dit-il, ne peut rien exprimer de naissant, de germant; elle ne peint que les effets, les résultats, le *caput mortuum*, mais non la cause, le mouvement, la force, le devenir de quelque phénomène que ce soit. Elle est analytique et descriptive; mais elle ne fait rien comprendre; car elle ne fait voir les commencements et la formation de rien. » Si Amiel avait mieux su la langue qu'il écrivait habituellement, il aurait vu que le français peut suffire à l'expression de toute pensée, même des pensées les plus étrangères à son ancien génie, et que, si, dans la transfusion, elle laisse tomber quelques détails, ces détails étaient justement des superfétations qui empêchaient la pensée nouvelle de revêtir un caractère universel. Amiel n'était pas parfaitement maître de son instrument. N'en con-

---

1. Tome Ier, pages 83 et 84 ; tome II, page 184.

naissant pas toutes les notes, il le jugeait inapte à rendre certains sons ; il le faussait alors par impatience ; il eût mieux fait de le bien étudier.

Jeune et presque au sortir du collège, Amiel alla en Allemagne. Il embrassa la discipline intellectuelle qui dominait alors avec beaucoup d'ardeur. L'École hégélienne lui apprit ses manières compliquées de penser, et, du même coup, le rendit incapable d'écrire. Cette école poussait plus à la faconde et à la dissertation sur toutes sortes de sujets qu'à la composition suivie qu'exige la prose. Hegel a du bon ; mais il faut savoir le prendre. Il faut se borner à une infusion ; c'est un thé excellent ; mais on n'en doit pas mâcher les feuilles. C'est ce que fit trop Amiel. Tout devient pour lui matière à système ; si bien, par exemple, que, rencontrant un jour une fort jolie personne dans le Jura, du côté de Soleure, il passe sa journée à faire la théorie de la coquetterie et des inconvénients de la beauté[1]. Si, du moins,

---

1. Tome II, pages 6 et suivantes.

l'éducation hégélienne lui eût donné l'esprit scientifique! Il n'en fut rien. Aucune école n'a répandu plus d'idées ingénieuses ou profondes que celle de Hegel; mais, dans presque aucune direction, elle n'a produit de vrais savants. Il y a chez Hegel un peu de Raymond Lulle, je veux dire cette fausse idée qu'on peut suppléer à l'étude directe des réalités par des manivelles, par des procédés généraux. De là, une sorte de lassitude, qui se manifesta très vite chez les chefs et les adeptes de cette École, d'ailleurs si éminente. Il n'y a pas de curiosité, quand le résultat est prévu d'avance. On voit vite le bout de ce qu'on atteint avec les tourniquets de la logique; on ne voit jamais, au contraire, le bout de la réalité.

L'espèce de porte-à-faux qui rend si instable l'assise de la vie d'Amiel a pour cause cette éducation mal harmonisée. Il n'est pas carrément établi sur sa chaise. Il n'a pas une conception suffisamment nette du but de l'esprit humain, de ce qui donne une base sérieuse à la vie. Ce n'est ni un savant, ni un lettré.

Il déclare, à plusieurs reprises, que, pour lui, l'idéal suprême, c'est l'art du lettré; mais il sent parfaitement que cet art lui manque ; il s'en fait même une fausse idée. Il distingue trop le fond de la forme ; il croirait volontiers qu'écrire est une chose distincte de penser. C'est un des plus honnêtes chercheurs de vérité qu'il y ait jamais eu ; c'est presque un saint, et, avec cela, il fait halte à tous les angles de la route, pour pleurer des maux ou (ce qui est plus singulier) des péchés imaginaires, et pour noter des détails que ne remarque pas celui qui est pressé. Il n'est jamais pressé ; c'est là une qualité, si l'on veut ; mais c'est la marque d'un esprit médiocrement possédé par la curiosité, par l'appétence des choses. Il ne se figure pas le monde aussi grand, ni aussi étonnant qu'il l'est. Il s'imaginerait volontiers, Dieu me pardonne! qu'on en peut avoir le dernier mot. Or, cela n'est pas. Tout est à faire ou à refaire dans l'ordre des sciences de la nature et de l'humanité. Quand on a la conscience de travailler à cette œuvre infinie, on n'a pas le temps de s'arrêter aux petites mélancolies du chemin.

Ce qu'il y a de plus fâcheux, c'est que cette philosophie si tendue ne le rendit pas aussi heureux qu'il aurait mérité de l'être. Au premier coup d'œil, on ne voit pas bien quelle plainte il pouvait avoir à former contre la destinée. Il naquit éminemment bien doué sous le rapport intellectuel et moral ; il eut tous les moyens d'acquérir une culture élevée ; jamais il n'eut à lutter contre de bien dures nécessités ; il vécut soixante ans, fort souffrant, il est vrai, dans les dernières années, mais toujours l'esprit libre. Avec cela, il semble qu'il aurait dû être heureux comme un roi ; et cependant, le tour habituel de sa pensée est une plainte contre le sort. Il paraît que son enfance ne fut pas entourée d'affection, et c'est là une des pires choses qui puissent arriver à l'homme ; les joies ou les tristesses des premières années se reflètent sur la vie entière. Genève, d'un autre côté, était évidemment un des points du monde qui convenaient le moins à sa nature. Son éducation allemande l'y avait rendu comme étranger ;

et puis un petit État ressemble un peu à une petite ville. Peut-être Amiel n'observait-il pas à l'égard du monde où il vivait un système de précaution assez complet. Quand on n'est pas comme les autres hommes, il faut un peu se garer d'eux. Chacun de nous n'a le droit d'exiger de la société dont il fait partie que d'être toléré. On y réussit presque toujours par la bienveillance et l'impartialité. Une des naïvetés d'Amiel fut de se croire obligé de prendre part à des batailles de pygmées et de faire cause commune avec un parti qui, s'il eût été aux affaires, ne l'eût pas mieux compris que le parti démocratique. Il se fit réactionnaire de gaieté de cœur et de la façon la plus désintéressée. L'homme qui a voué sa vie à la recherche du vrai et à la poursuite du bien ne doit s'attacher absolument à aucune des révolutions qui se succèdent en ce monde. Il ne doit connaître qu'un seul intérêt : celui de l'âme humaine et de l'esprit humain.

Ce qu'on doit vivement regretter, c'est qu'Amiel ne soit pas venu à Paris en 1860, à l'époque où se fondait la *Revue germanique*;

M. Scherer l'y conviait ; M. Sainte-Beuve eût exercé sur lui une influence dominante. Nous eussions réussi, je crois, à diminuer, pour son bonheur, l'action délétère des ferments de tristesse que la nature, ainsi que sa première et sa seconde éducation, avaient mis en lui.

La religion, il faut le dire, avait augmenté la gravité du mal. C'est ici, assurément, le côté le plus singulier d'Amiel. Cet hégélien à outrance, ce bouddhiste, ce rationaliste parfaitement édifié sur la non-existence du surnaturel particulier, suivait le culte établi. La trace des prédications de Saint-Pierre de Genève se retrouve fréquemment dans ses pensées. Amiel est non seulement un protestant, c'est un protestant orthodoxe, très opposé au protestantisme libéral. Il parle du péché, du salut, de la rédemption, de la conversion, comme si c'étaient là des réalités. Le péché surtout le préoccupe, l'attriste, lui, le meilleur des hommes, qui moins que personne pouvait savoir ce que c'est. Il me reproche fort de n'en pas tenir assez de compte, et il se demande à deux ou trois reprises :

« Qu'est-ce que M. Renan fait du péché? »
Ainsi que je le disais l'autre jour, dans ma
ville natale, je crois bien qu'en effet je le supprime. Voilà la grande différence entre l'éducation catholique et l'éducation protestante.
Ceux qui, comme moi, ont reçu une éducation
catholique en ont gardé de profonds vestiges.
Mais ces vestiges ne sont pas des dogmes; ce
sont des rêves. Une fois ce grand rideau de
drap d'or, bariolé de soie, d'indienne et de
calicot, par lequel le catholicisme nous masque la vue du monde, une fois, dis-je, ce
rideau déchiré, on voit l'univers en sa splendeur infinie, la nature en sa haute et pleine
majesté. Le protestant le plus libre garde
souvent quelque chose de triste, un fonds d'austérité intellectuelle analogue au pessimisme
slave. Autre chose est de sourire de la légende
de tel saint mythologique; autre chose de
garder l'empreinte de ces terribles mystères
qui ont attristé tant d'âmes et des meilleures.
Ce qu'il y a de singulier, en effet, c'est que ce
sont les âmes les plus étrangères au péché
qui s'en tourmentent le plus, le cherchent

obstinément et, sous prétexte de s'extirper un mal qu'elles n'ont pas, se dissèquent, se déchirent perpétuellement à coups de scalpel.

Il y avait, du reste, dans l'attitude religieuse d'Amiel plus que des souvenirs d'enfance. Ces beaux tours de force qui permettent de tout nier spéculativement, pour tout affirmer pratiquement, il avait dû les apprendre à Berlin du vieux Marheineke ou de quelqu'un de ses disciples. Depuis, cela n'a fait que croître et embellir. Le paradoxe intellectuel le plus étrange par lequel l'Allemagne philosophique nous ait étonnés est la prétention bizarre d'une certaine école à fonder la religion sur le postulat du pessimisme. Dernièrement, n'avons-nous pas vu M. Hartmann, ce même M. Hartmann qui déclare nettement que la création est une erreur et que l'hypothèse du néant eût bien mieux valu que l'hypothèse de l'être, trouver, en même temps, que la religion est nécessaire et qu'elle a pour base le mal inhérent à la nature humaine?

« La religion, écrit M. Hartmann, prend sa

source dans ce fait que l'esprit humain se heurte au mal, au péché, et que, par suite, il aspire à les expliquer et, autant que possible, à les vaincre. Celui qui se demande : — Comment arriverai-je à supporter le mal? comment arriverai-je à réconcilier avec elle-même ma conscience tourmentée ? celui-là est sur le chemin de la religion. Qu'on mette l'accent sur le mal ou sur le péché, c'est toujours le mécontentement à l'égard du monde qui mène à la religion. Si les impressions pénibles causées par le mal et par le péché ne pèsent pas assez dans le plateau de la balance pour surmonter, d'une manière durable, les impressions agréables de la vie du monde, les élans religieux de l'esprit ne seront que des velléités passagères... C'est seulement quand le doute amer relativement au mal et l'angoisse de la culpabilité morale ont dominé les satisfactions mondaines et formé le courant général de l'existence ; c'est seulement quand le sentiment pessimiste a pris le dessus, que la religion peut s'établir dans l'âme d'une façon durable. Là où ne se trouve pas cette direction pessimiste de l'esprit, la religion ne saurait croître, au moins spontanément. »

Voilà vraiment l'antipode de nos idées. Nous pensons, nous autres, qu'on est religieux, quand on est content du bon Dieu et de soi-même. Et voilà que, maintenant, on n'est religieux que quand on est de mauvaise humeur et qu'on a commis des péchés!... Je n'y comprends plus rien. De jour en jour, je me dégoûte du transcendant, et j'arrive à croire que la solution française, se résumant en la liberté, et devant graduellement aboutir à la séparation des cultes et de l'État, est, dans la situation présente de l'esprit humain, la seule solution raisonnable. Le libéralisme ne termine rien sans doute ; mais c'est justement en cela qu'il a raison, ou, du moins, c'est en cela qu'il est le seul expédient pratique, en présence de l'individualisme dans la croyance, qui est devenu la loi de notre temps.

Les esprits supérieurs ont souvent à se garder de ces tendances réactionnaires, masquées sous des apparences de philosophie profonde. Planant très haut dans la région de l'atmosphère où les idées éclosent et où se forment les grands courants d'air qui les mènent, ils s'imaginent accoupler à leur gré les nuages, et, comme Éole, faire souffler le vent où ils veulent. Ces belles stratégies aériennes ont quelque chose de touchant, mais d'un peu prétentieux. On veut être la lance qui frappe et guérit; après avoir savamment coupé la racine des croyances morales et religieuses, on veut en apparaître comme le restaurateur; après que le lecteur a passé par les transes du scepticisme, il se trouve que, grâce à Dieu, tout est sauf. Et, à ce sujet, je ne peux m'empêcher de songer à notre penseur éminent M. Lachelier, l'inventeur du mouvement tournant philosophique le plus surprenant des temps modernes depuis Kant. Après avoir appliqué à toutes les opérations de l'esprit une critique tellement corrosive qu'il n'en subsiste presque rien, parvenu au dernier terme du nihilisme, il fait volte-face. Une pensée triste suffit pour qu'il se trouve parfait chrétien. Cette reconstruction du christianisme sur la base du pessimisme est un des symptômes

intellectuels les plus frappants de notre temps.
Il est si difficile de se priver de l'appui d'un
culte établi, qu'après avoir détruit les églises
de granit, on bâtit des églises en plâtras. Cela
me rappelle l'église de Ferney, servant maintenant de grenier à foin, avec l'inscription :
Deo erexit Voltaire.

Ce qui est bien remarquable, c'est que les
éléments de ce christianisme pessimiste, par
lequel on croit faire refleurir la religion dans
le monde, sont uniquement tirés de saint
Paul. Jésus et la prédication galiléenne sont
oubliés; on ne sait plus ce que c'est que le
soleil du royaume de Dieu. Je l'avoue, le
dogme du péché originel est celui pour lequel
j'ai le moins de goût. Il n'y a pas un autre
dogme qui soit bâti comme celui-là sur la
pointe d'une aiguille. Le récit du péché
d'Adam ne se trouve que dans une des rédactions dont les pages alternantes composent le
tissu de la Genèse. Si la rédaction élohiste
seule nous était parvenue, il n'y aurait pas de
péché originel. Le récit jéhoviste de la faute
première, récit très beau du reste et relative-

ment fort ancien, ne fut jamais remarqué par l'ancien peuple d'Israël. Saint Paul le premier en tira l'effroyable dogme qui, durant des siècles, a rempli l'humanité de tristesses et de terreurs. Que cela ait été puissant à sa date, que le protestantisme, en particulier, pour avoir le droit de supprimer des scories bien plus abusives et plus grossières, ait eu raison de mettre l'accent sur ces croyances austères, qui, en plaçant l'homme dans une absolue dépendance de Dieu et de Jésus-Christ, le soustrayaient au prêtre et à l'Église officielle, cela est parfaitement véritable; mais pourquoi des esprits rationnels, tels que nous sommes, garderaient-ils de pareilles fictions? Si l'on admet la part de surnaturel contenue dans le péché originel et dans la rédemption, je ne vois pas pourquoi l'on s'arrête. La question est de savoir si le surnaturel existe. Quand on reconnaît son existence, il n'y a pas de raison de marchander sur la quantité.

Ce dogme du péché a-t-il au moins l'avantage de rendre compte d'une façon plus ou moins symbolique des grands faits de l'histoire et de la société humaines ? Non, certes. Veut-on dire que le mal physique et moral surabonde, que l'homme n'atteint son but, qui est la réalisation d'une société quelque peu juste, que par des efforts continuels? Oh! cela est vrai, sans doute. Mais c'est donner à l'expression d'un fait évident un tour mythique et inexact. Le monde nous révèle, avec une absence complète de plan réfléchi, un effort spontané, comme celui de l'embryon, vers la vie et la conscience. Le monde, ou pour parler d'une manière plus limitée, la planète que nous habitons, tire ou tirera du capital qui lui a été départi le *summum* de ce qui est possible. Il lui faut le temps pour cela; mais le temps indéfini est à sa disposition. Demander à l'univers et à chacun des corps qui le composent de réaliser tout d'abord la perfection absolue, c'est lui demander une flagrante contradiction. Le bien n'est obtenu par la conscience obscure de l'univers que moyennant une certaine quantité de mal. Être ou n'être pas, c'est à choisir. Mais du moment que l'univers a pris — et je crois qu'il a très bien fait — le parti de l'être et de la conscience, la dose compensative de mal est absolument inévitable.

La métamorphose des animaux est un accès de douleur. La douleur est l'avertissement perpétuel de la vie, l'incitation à tout progrès. Pourquoi l'insecte aspire-t-il à se débarrasser d'un organe qui gênerait sa nouvelle vie? Parce qu'il souffre. Pourquoi l'être engendré veut-il se séparer de l'être générateur? Parce qu'il souffre. La douleur crée l'effort; elle est salutaire. L'homme est évidemment l'être particulier le plus élevé que nous puissions connaître. Ses étonnantes prérogatives sont achetées par de dures conditions. Le développement d'un organisme aussi compliqué que le corps humain suppose une somme considérable de souffrances. Il est impossible que l'enfant ne souffre pas, que la mère ne souffre pas, que le vieillard ne souffre pas, et, quant à la mort, elle est la conséquence absolument nécessaire de cette loi évidente que tout organisme qui a commencé doit finir.

« Tu enfanteras dans la douleur » est présenté par les théologiens comme une condamnation à la suite d'un crime ; mais, pour que cela fût exact, il faudrait que la période actuelle eût été précédée d'une autre période où la femme enfantait sans douleur ; ce qui n'a jamais été, si ce n'est aux plus bas échelons de l'humanité. L'homme de grande race est un cas-limite, un maximum obtenu en côtoyant des précipices ; mille causes de ruine le cernent, l'assiègent. L'exquis est une gageure contre le possible. La nature, visant à obtenir le type animal le plus élevé, ne pouvait pas faire que la naissance d'un tel être ne fût une crise pour la mère. Supposons l'homme ayant une tête plus puissante encore que celle qu'il a dans les bonnes races, il tuerait sa mère en naissant, et il serait sujet à de perpétuels congestions. Tout, dans la nature, est la résultante d'un balancement entre des inconvénients et des avantages opposés. Le levier du bras est très désavantageux pour l'effort musculaire ; un levier meilleur nous eût donné un bras comme l'aile du pélican. Notre cœur, notre moelle épinière, notre cerveau sont choses bien fragiles; plus solides, ils eussent été réfractaires aux usages délicats que nous en tirons. La nature n'enfile jamais d'impasse ; pour l'obtention du résultat, toujours bon, qu'elle poursuit, elle va jusqu'au point où l'inconvénient compensateur est mortel; elle agit comme un général qui met en balance l'importance de l'objectif et les pertes nécessaires pour l'atteindre. Elle veut la plus haute somme de vie avec le moins de souffrance possible.

Elle veut... je dis mal sans doute ; mais les choses se passent comme s'il en était ainsi. Le résultat définitif de la bataille obscure qui se livre incessamment pour la vie est en faveur du bien. L'être trop défectueux disparaît ou n'arrive pas à l'être; l'être imparfait se réforme et aspire à un type possible de vie normale. Cela est si vrai que les petits inconvénients, la nature ne s'en soucie guère. De même qu'il est plus facile, dans un État, de corriger de grands maux, des chancres constituant un danger de mort, que d'extirper de petits abus qui ne menacent pas l'existence du corps social; de même la nature n'a pas corrigé dans le corps humain des défauts qui nous choquent, mais qui n'étaient pas de nature à condamner l'espèce à l'impuissance d'exister.

(DEUXIÈME ARTICLE)

La religion d'Amiel alla toujours s'épurant; mais elle resta toujours une religion triste, plus analogue, en somme, au bouddhisme qu'au christianisme. Quoiqu'il blâme les excès de ce qu'il appelle le sivaïsme allemand, dans Bahnsen par exemple, il se rapproche beaucoup, en réalité, des dernières formules de Hartmann. Péché et délivrance, voilà le résumé de la théologie de ces modernes disciples de Çakya-Mouni.

Rien, selon moi, de plus contraire aux idées qui doivent prévaloir dans l'avenir. Il faut augmenter la somme de bonheur de la vie humaine. Ce n'est pas de péché, d'expiation, de rédemption qu'il faut désormais parler à l'homme; c'est de bonté, de gaieté, d'indulgence, de bonne humeur, de résignation. A mesure que les espérances d'outre-tombe disparaissent, il faut habituer les êtres passagers à regarder la vie comme supportable; sans cela ils se révolteront. On ne maintiendra plus l'homme en repos que par le bonheur. Or, dans une société qui n'est pas trop mal faite, bien peu de personnes ont à se plaindre d'avoir été mises au monde. Le pessimisme et le nihilisme ont pour cause l'ennui d'une vie qui, par suite d'une organisation sociale défectueuse, ne vaut pas la peine d'être vécue. La vie ne vaut que par ses fruits; si l'on désire que l'homme y tienne, il faut la rendre savoureuse et délectable à mener.

Amiel se demande avec inquiétude: « Qu'est-ce qui sauve? » Eh! mon Dieu! c'est ce qui donne à chacun son motif de vivre. Le moyen de salut n'est pas le même pour tous. Pour l'un, c'est la vertu; pour l'autre, l'ardeur du vrai; pour un autre, l'amour de l'art; pour d'autres, la curiosité, l'ambition, les voyages, le luxe, les femmes, la richesse; au plus bas degré, la morphine et l'alcool. Les hommes vertueux trouvent leur récompense dans la vertu même; ceux qui ne le sont pas ont le plaisir.

Tous ont l'imagination, c'est-à-dire la joie suprême, les enchantements qui ne vieillissent pas. A part quelques cas de pathologie morale, il n'y a pas de vie si sombre où ne pénètre encore quelque rayon de soleil.

La plus dangereuse erreur, en fait de morale sociale, est la suppression systématique du plaisir. La vertu rigoureusement correcte est une aristocratie; tout le monde n'y est pas également tenu. Celui qui a reçu le privilège de la noblesse intellectuelle et morale y est obligé; mais la bonne vieille morale gauloise n'imposait pas les mêmes charges à tous : la bonté, le courage et la gaieté, la confiance dans le Dieu des bonnes gens, suffisent pour être sauvé. Il faut que les masses s'amusent. Pour ma part, je n'éprouve aucun besoin d'amusement extérieur; mais j'ai besoin de sentir qu'on s'amuse autour de moi; je jouis de la gaieté des autres. Les sociétés de tempérance reposent sur d'excellentes intentions, mais sur un malentendu. Je ne connais qu'un argument en leur faveur. Madame T... me disait un jour que les maris de certains pays, quand ils n'ont pas été tempérants, battent leur femme. Voilà qui est horrible, assurément; il faudrait tâcher de corriger cela. Mais, au lieu de supprimer l'ivresse pour ceux qui en ont besoin, ne vaudrait-il pas mieux essayer de la rendre douce, aimable, accompagnée de sentiments moraux? Il y a tant d'hommes pour lesquels l'heure de l'ivresse est, après l'heure de l'amour, le moment où ils sont les meilleurs!

L'inégalité et la variété sont les lois fondamentales de l'espèce humaine. Il ne faut rien supprimer dans les manifestations opposées de ce bizarre être collectif. On a dit qu'il n'est ni ange ni bête; je dirais plutôt qu'il est à la fois ange et bête. Un être organisé éternel et parfait est une contradiction. Faut-il pour cela refuser le pinceau de lumière que la nature nous dispense à notre tour? C'est comme si l'on repoussait une coupe de vin exquis parce qu'elle sera vite épuisée, un plaisir parce qu'il ne dure pas longtemps. L'inégalité est grande sans doute ; mais presque tout le monde a quelque chose, et le progrès des sociétés humaines réduira de plus en plus le nombre des déshérités. Reste la douleur, qui sûrement est chose odieuse, humiliante, nuisible aux fonctions nobles de la vie. L'homme peut la combattre, presque la supprimer, toujours s'y soustraire. Les cas où l'homme est rivé à la vie sont très rares. La seule destinée absolument condamnée est celle de l'animal esclave, du cheval, par exemple, qui ne peut se suicider, ou bien celle des condamnés à mort, gardés à vue, ou de l'aliéné ; mais ce sont là des situations bien exceptionnelles. L'immense majorité des individus n'a pas à se plaindre de son passage par l'être, puisque la balance de la vie se solde en joie et que la mort pourra sans doute un jour être rendue sans douleur.

Le problème de l'origine du mal, si péniblement agité par l'ancienne philosophie, n'est donc pas un problème. La théorie manichéenne du Dieu bon et du Dieu méchant est irréfutable dans la conception théiste du dieu calculateur et tout-puissant. Elle n'a plus de sens dans la conception d'un univers tirant spontanément de son sein tout ce qu'il peut. Le mal est la condition absolue de l'existence consciente. Le monde réussit à procurer un peu de bien, de justice, d'idéal avec des myriades d'égoïsmes. Quand on pense au chemin qu'il a fallu faire pour que, du régime d'extermination réciproque, qui était la loi du monde primitif, émergeât la notion de l'impératif catégorique de Kant, on est vraiment surpris des voies savantes que la politique de la nature a suivies. L'ordre de choses où le mal a le plus de conséquence, et où nous avons surtout pour devoir de le combattre, c'est le règne humain; là il reste sans contredit infiniment à faire ; mais beaucoup aussi a déjà été fait. Le monde humain est aujourd'hui bien moins méchant et bien moins injuste qu'il ne l'était il y a trois ou quatre mille ans. L'intention générale de l'univers est bienveillante. Le mal qui s'y trouve conservé est l'imperfection nécessaire que la spontanéité ne pouvait éliminer et que la science doit combattre. Il s'agit de savoir si l'hypothèse de l'existence du monde était pire, comme le soutient M. Hartmann, que l'hypothèse du non-être. Pour moi, je crois que l'hypothèse de l'être valait mieux, par le seul fait qu'elle a été réalisée. Le monde, dans l'opinion de M. Hartmann, est un effet sans cause. L'être ou du moins la conscience n'a commencé et ne continue dans le monde que parce qu'il y a dans l'être une plus-value de bien pour l'ensemble des individus conscients.

Un monde où le mal l'emporterait sur le bien serait un monde qui n'existerait pas ou qui disparaîtrait. Il y a très peu d'êtres, en effet, qui, mis en présence de la destruction, n'en aient horreur. Ils préfèrent l'existence, avec ses misères, au néant. Le suicide est un fait extrêmement rare. Même l'animal en apparence le plus odieusement exploité par un autre a ses compensations. L'huître fait le plaisir de l'homme, qui l'avale en des conditions où la douleur doit être pour elle à peu près nulle; et avant cela, pendant des mois, l'homme l'a gardée dans une huîtrière où il l'a défendue contre les bêtes ennemies, et où elle a joui d'une existence plus longue et plus heureuse qu'elle ne l'aurait eue à l'état de nature. Il y a, nous l'avouons, quelques créatures humaines pour lesquelles, par suite de coïncidences funestes, il eût mieux valu ne pas être. Espérons que les cas de ce genre deviendront de plus en plus rares et même disparaîtront tout à fait.

Rien donc n'est moins fondé que les objections que font les pessimistes à l'esprit de bonté qui, selon nous, domine dans l'univers. Ces objections atteignent en pleine poitrine les théistes purs, pour lesquels la conscience divine est une conscience réfléchie, combinant scientifiquement les choses. Elles sont insolubles pour ceux qui s'en tiennent aux idées de l'ancienne théologie sur la toute-puissance divine. Mais de telles objections sont sans valeur contre ceux qui croient que le monde est abandonné au jeu spontané de ses propres forces. La nature est comme une chaudière à haute pression: elle émet hors d'elle tout ce que ne retient pas la paroi de l'impossible. En réalité, ce que demandent les pessimistes, ce qu'ils conçoivent comme l'idéal d'un monde parfait, c'est un monde à miracles, un monde où le *deus ex machina* interviendrait sans cesse pour corriger, dans le détail, les défauts qu'il n'a pas su prévenir dans l'ensemble. Ce qui les obsède surtout, c'est l'erreur anthropocentrique, c'est la fatuité naïve de l'homme, jugeant le monde au point de vue de son bienêtre, comme si la fourmi dressait sa théorie de l'univers en ne tenant compte que des convenances de sa petite société.

Amiel a le sens trop juste pour se laisser aller aux exagérations de l'école, dénuée de tact, qui est sortie du spirituel Schopenhauer. Amiel est poète, et il a un vif amour de la nature. Il comprend la moitié de Gœthe; puis la contradiction fondamentale de son être reprend le dessus.

« Gœthe ignore la sainteté et n'a jamais voulu réfléchir sur le terrible problème du mal... Il n'est jamais arrivé au sentiment de l'obligation et du péché. » Ce machinéisme idéaliste est d'autant plus singulier chez Amiel qu'il admet pleinement les droits de l'esthétique. Or, le seul fait d'admettre dans la nature une sorte de coquetterie est plein de conséquences. Si la nature était méchante, elle serait laide. Est-ce par un effet du hasard que l'acte fondamental de la nature, l'union des sexes, est indissolublement lié au sentiment esthétique et en un sens la cause de toute esthétique? La beauté est la parure que la fleur et l'animal se donnent en vue de l'amour. Dans cette parure de la plante et de l'animal, jamais une faute de dessin ; jamais une couleur criarde ou mal assortie. La nature a du goût; seulement elle ne va pas jusqu'à la morale ; elle ne va pas au delà de l'amour.

Voilà pourquoi, aux yeux de la raison, elle est si souvent injuste et immorale. Nous éprouvons un invincible besoin de supposer dans le gouvernement du monde la justice dont nous trouvons la dictée dans nos cœurs ; et, comme il est de toute évidence que cette justice n'existe pas dans la réalité de l'univers, nous arrivons à exiger absolument, comme condition de la morale, la survivance de chaque conscience humaine au delà de la tombe. Ici éclate l'antinomie suprême de la nature et de la raison. Un tel postulat, en effet, est la chose la plus nécessaire *a priori* et la plus impossible *a posteriori*. La thèse du *Phédon* n'est qu'une subtilité. J'aime encore mieux le système judéo-chrétien de la résurrection. La résurrection serait un miracle, et ne se conçoit pas dans l'état actuel du monde, où nous ne voyons au-dessus des faits matériels que cette pauvre humanité, si faible encore, et une conscience générale obscure, tout à fait insoucieuse des individus. La raison, maintenant n'est pas toute-puissante ; elle supporte des injustices flagrantes, qu'elle ne peut empêcher. Mais si nous pouvions supposer qu'elle fût toute-puissante un jour, rien ne l'empêcherait alors d'être juste et juste rétrospectivement pour les âges où la justice n'avait pas été possible. En un mot, Dieu est déjà bon ; mais il n'est pas tout-puissant : il le sera sans doute un jour. Dieu fait déjà ce qu'il peut pour la justice ; un jour, disposant du capital de l'univers entier, il pourra tout. On concevrait de la sorte une grande réparation, et, comme un sommeil d'un million de siècles n'est pas plus long qu'un sommeil d'une heure, le règne de la justice que nous avons aimée nous paraîtrait la continuation immédiate de l'heure de la mort.

La résurrection serait ainsi l'acte final du monde, le fait d'un dieu tout-puissant et tout sachant, capable d'être juste et voulant l'être. L'immortalité ne serait pas, comme l'a voulu Platon, un don inhérent à l'homme, une conséquence de sa nature; ce serait un don réservé par l'être, devenu absolu, parfait, omniscient, tout-puissant, à ceux qui auraient contribué à son développement. Elle serait une exception, une sélection divine, une récompense accordée par le bien et le vrai triomphants aux seules consciences du passé où aurait dominé l'amour du vrai et du bien. Elle serait enfin un miracle, c'est-à-dire un acte divin réfléchi; de tels actes, dont nous ne connaissons pas maintenant un seul exemple, deviendraient la loi de l'univers le jour où l'être serait arrivé à la conscience parfaite.

J'essaie quelquefois de m'imaginer un sermon pour le jour de la Toussaint (la plus éternelle des fêtes), prononcé dans mille ans, quand peut-être on entreverra déjà le secret de l'immortalité. N'est-il pas remarquable que la fête de la Toussaint, inséparable de la fête des Morts, soit la seule fête que le peuple ait gardée? Il y a dans la mélancolie avec laquelle nous pensons aux élus des âges moins favorisés une espèce d'effort pieux pour les rendre à la vie. Il faut songer que tout ce qui a existé existe encore quelque part en une image qui peut être ranimée. Les clichés de toutes choses sont gardés. Les astres de l'extrémité de l'univers reçoivent, à l'heure qu'il est, l'image de faits qui se sont passés il y a des siècles. Les empreintes de tout ce qui a existé vivent, échelonnées aux diverses zones de l'espace infini. Il s'agit pour le photographe suprême d'en tirer de nouvelles épreuves. Sûrement, il ne revivifiera que ce qui a servi au bien et par conséquent au vrai. Ce sera là notre récompense. Les âmes inférieures auront eu la leur dans les basses jouissances qu'elles ont recherchées.

Voilà les questions que j'aurais tant aimé discuter avec ce pauvre Amiel, si j'avais eu le plaisir de le connaître. A la page 123 du tome II, je trouve qu'il se montre pour moi quelque peu injuste. Il s'indigne que, parfois, traitant ces sujets, je fasse une place au sourire et à l'ironie. Eh bien! en cela je crois être assez philosophe. Une complète obscurité, providentielle peut-être, nous cache les fins morales de l'univers. Sur cette matière, on parie; on tire à la courte paille; en réalité, on ne sait rien. Notre gageure à nous, notre *real acierto* à la façon espagnole, c'est que l'inspiration intérieure qui nous fait affirmer le devoir est une sorte d'oracle, une voix infaillible, venant du dehors et correspondant à une réalité objective. Nous mettons notre noblesse en cette affirmation obstinée; nous faisons bien : il faut y tenir, même contre l'évidence. Mais il y a presque autant de chances pour que tout le contraire soit vrai. Il se peut que ces voix intérieures proviennent d'illusions honnêtes, entretenues par l'habitude, et que le monde ne soit qu'une amusante féerie dont aucun dieu ne se soucie. Il faut donc nous arranger de manière que, dans les deux hypothèses, nous n'ayons pas eu complètement tort. Il faut écouter les voix supérieures, mais de façon que, dans le cas où la seconde hypothèse serait la vraie, nous n'ayons pas été trop dupés. Si le monde, en effet, n'est pas chose sérieuse, ce sont les gens dogmatiques qui auront été frivoles, et les gens du monde, ceux que les théologiens traitent d'étourdis, qui auront été les vrais sages.

Ce qui semble de la sorte conseillé, c'est une sagesse à deux tranchants, prête également aux deux éventualités du dilemme, une voie moyenne dans laquelle, de façon ou d'autre, l'on n'ait pas à dire : *Ergo erravimus*. C'est surtout pour les autres qu'il y faut mettre des scrupules. Pour soi, on peut risquer les grands partis; mais on n'a pas le droit de jouer pour les autres. Quand on a charge d'âmes, il faut donc s'exprimer avec assez de réserve pour que, dans l'hypothèse de la grande banqueroute, ceux qu'on y a compromis se trouvent n'avoir pas été trop victimes.

In utrumque paratus! Être prêt à tout, voilà peut-être la sagesse. S'abandonner, suivant les heures, à la confiance, au scepticisme, à l'optimisme, à l'ironie, voilà le moyen d'être sûr qu'au moins par moments on a été dans le vrai. Vous me direz que, de la sorte, on ne se trouvera pas non plus avoir eu complètement raison. Sans doute ; mais, comme il n'y a pas la moindre chance que ce quaterne-là soit réservé à personne, il est prudent de se rabattre sur des prétentions plus modestes. Eh bien ! l'état d'âme que M. Amiel appelle dédaigneusement « l'épicuréisme de l'imagination » n'est peut-être pas, pour cela, un mauvais parti. La gaieté a cela de très philosophique qu'elle semble dire à la nature que nous ne la prenons pas plus au sérieux qu'elle ne nous prend nous-mêmes ; si le monde est une mauvaise farce, par la gaieté nous la rendons bonne. D'un autre côté, si une pensée indulgente et bienveillante préside à l'univers, nous entrons bien mieux par la résignation joyeuse dans les intentions de cette pensée suprême, que par la morne raideur du sectaire et l'éternelle jérémiade du croyant.

« Persiflez les pharisaïsmes ; mais parlez droit aux honnêtes gens », me dit Amiel avec une certaine aigreur. Mon Dieu ! que les honnêtes gens sont souvent exposés à être des pharisiens sans le savoir ! C'est Socrate, dit-on, qui inventa l'ironie. Si c'est vrai, il faut avouer que le sage d'Athènes a dit le dernier mot de la philosophie. Nous n'admettons plus, en effet, que l'on parle de philosophie autrement qu'avec un sourire. Nous devons la vertu à l'Éternel ; mais nous avons droit d'y joindre, comme reprise personnelle, l'ironie. Par là nous rendons à qui de droit plaisanterie pour plaisanterie ; nous jouons le tour qu'on nous a joué. Le mot de saint Augustin : *Domine, si error est, a te decepti sumus*, reste très beau, très conforme au sentiment moderne. Seulement nous voulons que l'Éternel sente que, si nous acceptons la piperie, nous l'acceptons le sachant et le voulant. Nous sommes résignés d'avance à perdre les intérêts de nos placements vertueux; mais nous ne voudrions pas être exposés au ridicule de sembler y avoir beaucoup compté. En parlant de tout cela d'une façon positive, nous craignons de paraître avoir trop donné dans le piège tendu à notre simplicité.

Telle fut, du reste, la conclusion définitive d'Amiel. Quelques semaines avant de mourir, il vit la sagesse. Aux derniers feuillets du journal, se lit la belle page que voici :

« Depuis bien des années, le Dieu immanent m'a été plus actuel que le Dieu transcendant, la religion de Jacob m'a été plus étrangère que celle de Kant ou même de Spinoza. Toute la dramaturgie sémitique m'est apparue comme une œuvre d'imagination. Les documents apostoliques ont changé de valeur et de sens à mes yeux. La croyance et la vérité se sont distinguées avec une netteté croissante. La psychologie religieuse est devenue un simple phénomène et a perdu la valeur fixe et nouménale. Les apologétiques de Pascal, de Leibniz, de Secrétan ne me semblent pas plus probantes que celles du moyen âge, car elles supposent ce qui en est question, une doctrine révélée, un christianisme défini et immuable. Il me semble que ce qui me reste de toutes mes études, c'est une nouvelle phénoménologie de l'esprit, l'intuition de l'universelle métamorphose. Toutes les convictions particulières, les principes touchants, les formules accusées, les idées infusibles ne sont que des préjugés utiles à la pratique, mais des étroitesses d'esprit. L'absolu de détail est absurde et contradictoire. Les partis politiques, religieux, esthétiques, littéraires, sont des ankyloses de la pensée. Toute croyance spéciale est une raideur et une obtusité, mais cette consistance est nécessaire à son heure. Notre monade, en tant que pensante, s'affranchit des limites du temps, de l'espace et du milieu historique; mais, en tant qu'individuelle et pour faire quelque chose, elle s'adapte aux illusions courantes et se propose un but déterminé. »

Ces lignes furent écrites le 4 février 1881.

Amiel mourut le 11 mai de la même année. Il eut ses défauts ; mais ce fut certainement une des têtes spéculatives les plus fortes qui, dans la période de 1845 à 1880, réfléchirent sur les choses. La forme qu'il choisit pour exposer sa pensée, un journal manuscrit de seize mille pages, fut aussi désavantageuse que possible. Grâce aux soins posthumes de ses amis, grâce à M. Scherer, qui, dans une étude approfondie, a parfaitement rendu le beau caractère de cette vie, la pensée d'Amiel apparaîtra à tous ceux qui s'intéressent aux problèmes de philosophie, aussi claire et aussi complète que s'il avait su faire un livre, c'est-à-dire se borner.

XXVIII

EXAMEN DE CONSCIENCE PHILOSOPHIQUE[1]

I

Le premier devoir de l'homme sincère est de ne pas influer sur ses propres opinions, de laisser la réalité se refléter en lui comme en la chambre noire du photographe, et d'assister en spectateur aux batailles intérieures que se livrent les idées au fond de sa conscience. On ne doit pas intervenir dans ce travail spontané ; devant les modifications internes de notre rétine intellectuelle, nous devons rester

---

[1]. Septembre 1888.

passifs. Non que le résultat de l'évolution inconsciente nous soit indifférent et qu'il ne doive entraîner de graves conséquences ; mais nous n'avons pas le droit d'avoir un désir, quand la raison parle ; nous devons écouter, rien de plus ; prêts à nous laisser traîner pieds et poings liés où les meilleurs arguments nous entraînent. La production de la vérité est un phénomène objectif, étranger au moi, qui se passe en nous sans nous, une sorte de précipité chimique que nous devons nous contenter de regarder avec curiosité. De temps en temps, il est bon de s'arrêter, de se recueillir en quelque sorte, pour voir en quoi la façon dont on envisage le monde a pu se modifier, quelle marche, dans l'échelle de la probabilité à la certitude, ont pu suivre les propositions dont on a fait la base de sa vie.

Une chose absolument hors de doute, c'est que, dans l'univers accessible à notre expérience, on n'observe et on n'a jamais observé aucun fait passager provenant d'une volonté ni de volontés supérieures à celle de l'homme.

La constitution générale du monde est remplie d'intentions, au moins apparentes ; mais dans les faits de détail, rien d'intentionnel. Ce qu'on attribue aux anges, aux *daimones*, aux dieux particuliers, provinciaux, planétaires, ou même à un Dieu unique agissant par des volontés particulières, n'a aucune réalité. De notre temps, rien de ce genre ne se laisse constater. Des textes écrits, si on les prenait au sérieux, feraient croire que de tels faits se sont passés autrefois ; mais la critique historique montre le peu de crédibilité de pareilles narrations. Si le régime des volontés particulières avait été, à une époque quelconque, la loi du monde, on verrait quelque reste, quelque arrachement d'un tel régime dans l'état actuel. Or l'état actuel ne présente aucune trace d'une action venant du dehors. L'état que nous avons devant nous est le résultat d'un développement dont nous ne saisissons pas le commencement ; dans les innombrables mailles de cette chaîne, nous ne découvrons pas un seul acte libre, avant l'apparition de l'homme ou, si l'on veut, des êtres vivants.

Depuis l'apparition de l'homme, il y a eu une cause libre qui a usé des forces de la nature pour des fins voulues; mais cette cause émane elle-même de la nature; c'est la nature se retrouvant, arrivant à la conscience. Ce qui ne s'est jamais vu, c'est l'intervention d'un agent supérieur pour corriger ou diriger les forces aveugles, éclairer ou améliorer l'homme, empêcher un affreux malheur, prévenir une injustice, préparer les voies à l'exécution d'un plan donné. Le caractère de précision absolue du monde que nous appelons matériel suffirait à éloigner l'idée d'intention; l'intentionnel se trahissant presque toujours par le manque de géométrie et l'à-peu-près.

Ce que nous venons de dire s'applique avec une certitude en quelque sorte expérimentale à la planète Terre, dont l'histoire nous est assez bien connue pour qu'une grosse particularité de son régime ne puisse nous échapper. Nous pouvons l'appliquer sans hésitation au soleil et au système solaire tout entier, qui ne forment avec nous qu'un seul petit *cosmos*. Nous pouvons même l'appliquer à tout le système sidéral qui se révèle aux habitants de la terre grâce à la transparence de l'air et de l'espace [1]. Malgré les distances, dépassant toute imagination, qui séparent ces différents corps les uns des autres et de nous, on a pu constater que la physique, la mécanique, la chimie de ces corps sont les mêmes que celles du système solaire. Nul doute qu'ils ne suivent, comme le système solaire, les lois d'un développement ayant ses causes en lui-même. En tout cas, s'il en était autrement, l'*onus probandi* incomberait à ceux qui soutiendraient le contraire, en vertu de ce principe que l'on ne doit pas discuter comme possible ce qu'aucun indice ne porte à supposer. Tout indice, même faible, doit être suivi par la science avec acharnement ; mais l'assertion gratuite n'a pas besoin d'être réfutée ; *quod gratis asseritur gratis negatur*.

De même que nous ne voyons pas au-dessus de nous de trace d'intelligence agissant en vue

---

[1]. C'est là ce que, dans tout ce morceau, j'appellerai *univers*.

de fins déterminées, nous n'en voyons pas non plus au-dessous. La fourmi, quoique très petite, est plus intelligente que le cheval ; mais si, dans l'ordre microbique, il y avait des êtres très intelligents, nous nous en apercevrions à des actions réfléchies émanant d'eux. Or l'action de ces petits êtres, qui sont la cause de presque tous les phénomènes morbides, a si peu de portée qu'il a fallu une science très avancée pour l'apercevoir ; à l'heure qu'il est, leur action se confond presque encore avec les forces chimiques et mécaniques. D'après notre expérience, bornée sans doute, l'intelligence paraît limitée au règne du fini ; au-dessus et au-dessous, c'est la nuit.

On peut donc poser en thèse que le *fieri* par développement interne, sans intervention extérieure, est la loi de tout l'univers que nous percevons. Le nombre infini des coups fait que tout arrive et que des buts atteints par hasard semblent atteints par volonté. Notre univers expérimentable n'est gouverné par aucune raison réfléchie. Dieu comme l'entend le vulgaire, le Dieu vivant, le Dieu agissant, le Dieu-

Providence, ne s'y montre pas. — La question est de savoir si cet univers est la totalité de l'existence. Ici le doute commence. Le Dieu actif est absent de cet univers; n'existe-t-il pas au delà?

Et d'abord, cet univers est-il infini? La poussière d'or, inégalement répartie, que nous voyons au-dessus de notre tête, dans une nuit claire, remplit-elle l'infini de l'espace? Est-il sûr qu'il n'y ait pas des stations dans l'espace d'où un œil verrait : d'un côté, un ciel peuplé d'étoiles comme celui que nous contemplons; de l'autre, un abîme noir, le vide de tout corps lumineux? Immense, cet univers l'est assurément. Mais qu'est-ce qu'un décillion de lieues auprès de l'infini?

Et quand il serait sûr que l'espace rempli de soleils est sans limites, s'ensuivrait-il qu'il n'y a pas d'autres infinis d'un ordre supérieur ou inférieur? Le calcul infinitésimal ne roule assurément que sur des formules; mais ces formules sont des symboles frappants. Il y a des ordres divers d'infini, dont les inférieurs sont zéro à l'égard des supérieurs. Ce paradoxe apparent sert de base à des calculs d'une absolue vérité. Toute quantité finie, ajoutée à l'infini ou retranchée de l'infini, équivaut à zéro; toute quantité finie n'est rien comparée à l'infini. Nos idées de l'espace et du temps sont toutes relatives. La distance de la terre à Sirius est énorme d'après nos mesures. Les vides intérieurs d'une molécule peuvent être aussi considérables pour des êtres doués d'un autre critérium de la grandeur. La longévité de notre monde pourrait, aux yeux d'un dieu, paraître l'équivalent d'un jour.

Tout semble ainsi composé de mondes existant à peine au regard les uns des autres, et pour eux-mêmes étant l'infini. Celui qui connaît le mieux la France ignore ce qui se passe dans les mille petits centres de province; celui qui connaît un de ces petits centres ne voit rien au delà et le trouve composé de centres plus petits encore, dont chacun ne voit que lui-même. Des mondes renfermant des mondes, l'infiniment petit de l'un étant l'infiniment grand de l'autre, voilà la vérité. Notre réalité (celle où nous vivons et qui pour nous est le fini) est faite avec des infinis d'un ordre inférieur; elle sert elle-même à faire des infinis supérieurs. Elle est un infiniment grand pour ce qui est au-dessous, un infiniment petit pour ce qui est au-dessus, un milieu entre deux infinis.

Nous voyons peu l'ordre d'infini qui nous dépasse ; mais l'ordre d'infini qui est au-dessous de nous, le monde de l'atome, de la cellule, du microbe composé de microbes, est d'une existence aussi certaine que l'ordre du fini, qui est le sujet habituel de nos recherches et de nos méditations. Les clichés de la mémoire, ces innombrables petites images que nous pouvons épousseter et faire revivre à volonté, tiennent sous la boîte osseuse de notre cerveau, dans un espace très limité. Les types de la génération, renfermés les uns dans les autres, comme le bouton de fleur dans le bouton, sont un autre exemple de la flexibilité infinie de l'espace ou plutôt de sa relativité[1]. L'atome

---

1. Les considérations de la géométrie moderne sur l'espace ayant plus de trois dimensions ont peut-être par ce biais un lien avec la réalité.

peut renfermer un infini. Le charbon de terre qui entretient la chaleur dans nos cheminées est un composé de petits mondes que notre monde emploie; nous sommes peut-être l'atome de carbone qui entretient la chaleur d'un autre monde. Nous ne voyons pas Dieu en cet univers; l'athéisme y est logique et fatal; mais cet univers est peut-être subordonné; on est peut-être athée pour ne pas voir assez loin. Des cercles sans fin se commandent-ils les uns les autres, ou bien un absolu fixe et immobile englobe-t-il ces zones infinies du variable et du mobile, selon la belle formule biblique : *Tu autem idem ipse es, et anni tui non deficiunt?* Nous l'ignorons absolument.

C'est dans la comparaison de l'atome à l'univers que les considérations infinitésimales ont leur juste application. Relativement à l'ordre de grandeurs où nous vivons, l'atome est un infiniment petit, un zéro. Relativement à un ordre de grandeur au-dessous, l'atome est un infiniment grand. L'atome est pour nous un point résistant; la conception de l'atome comme un solide plein, aussi petit que l'on voudra, paraît devoir être écartée, le plein indivisible n'existant pas dans la nature. Notre univers, quoique composé de corps laissant entre eux d'immenses vides, est en réalité impénétrable. Supposons une flèche tirée avec une force infinie aux confins de l'univers ; cette flèche ne traverserait pas l'univers, en apparence si clairsemé ; elle rencontrerait des corps sans nombre, qui l'arrêteraient ; de même qu'une balle ne réussirait pas à traverser un nuage sans se mouiller.

Un atome de corps simple, un atome d'or, par exemple, peut ainsi être conçu comme un univers, dont les différents composants, loin de former un solide plein, seraient aussi éloignés l'un de l'autre que les différents centres de systèmes solaires. L'impénétrabilité résulterait de l'invariabilité interne d'un tel corps, à laquelle aucun moyen naturel ou scientifique n'a pu jusqu'ici porter atteinte. L'inattaquabilité du corps simple serait un fait analogue à la stabilité des lois de notre univers ou plutôt à l'absence de volontés particulières dans le gouvernement de cet univers. L'absence de toute intervention externe dans l'ordre de choses que nous voyons répondrait à ce fait qu'aucun chimiste n'a réussi jusqu'ici à détruire le groupement d'une force primordiale infinie qui constitue un atome.

Il n'est donc pas exact de dire: « L'univers que nous voyons est éternel », pas plus qu'il n'est exact de dire : « L'atome est éternel ». L'atome est un phénomène qui a commencé, il finira ; notre univers est un phénomène qui a commencé, il finira. Ce qui n'a jamais commencé et ne finira jamais, c'est le tout absolu, c'est Dieu. La métaphysique est une science qui n'a qu'une ligne : « Quelque chose existe; donc quelque chose a existé de toute éternité ; » une telle affirmation équivaut à « Nul effet sans cause », assertion qui a bien quelque chose d'expérimental. Mais, entre cette existence primordiale et le monde que nous voyons, il y a des infinis d'intervalles. Le monde que nous voyons et l'atome de corps simple ont peut-être des décillions de décillions de siècles d'existence ; ou, ce qui revient au même, depuis des décillions de décillions de siècles, aucune volonté particulière n'a atteint ni notre univers ni l'atome. Comme l'imagination humaine ne saisit pas la différence entre l'infini et l'indéfini, cela suffit pour les certitudes dont nous avons besoin. Entre une probabilité d'un milliard contre un et la certitude nous ne distinguons pas. L'induction : « Le soleil s'est levé aujourd'hui, il se lèvera demain », nous donne une pleine sécurité ; cette grande construction par à peu près, qui est la vie humaine, trouve une base plus solide qu'elle-même dans ce fait que jamais, à notre connaissance, les lois de la nature n'ont subi d'infraction.

Mais, de ce que cela n'est point arrivé, au moins depuis un temps énorme, est-on en droit de conclure que cela n'arrivera jamais? Le monde est peut-être le jeu d'un être supérieur, l'expérience d'un savant transcendant possédant les derniers secrets de l'être. Un chimiste de génie réussira-t-il un jour à décomposer l'atome simple ou à le supprimer? Jusqu'à la veille du jour où une telle découverte se fera, les consciences qui peuvent exister

dans l'atome[1] diront, comme nous disons :
« Le monde est immuable, éternel », et, au
moment de la découverte, elles reconnaîtront
leur erreur. De même, un être supérieur por-
tera peut-être un jour atteinte à la loi de stabilité de notre univers, sans avoir beaucoup
plus de souci des êtres qui s'y trouvent que le
manœuvre qui gâche une motte de terre n'en
a des insectes qui peuvent y mener leur petite
vie. Sans aller jusqu'aux profondeurs de l'action chimique, prenons pour objet de notre
méditation tel atome perdu dans les masses
de granit qui forment les substructions de nos
rivages. Voilà des milliers de siècles qu'il
existe, et, s'il y a dans cet atome des êtres pen-
sants, leur opinion doit être que leur monde,
si petit pour nous, si grand pour eux, est
impénétrable, infini, autonome, vivant de lui-

1. L'atome n'est pas plus conscient que l'univers; rien,
du moins, ne le prouve; mais, de même que l'univers,
inconscient dans son ensemble, renferme des consciences,
celle de l'homme, par exemple, qui ne se font pas sentir
dans le tout ; de même l'atome, dans ses éléments, deux
fois infiniment petits relativement à nous, peut renfermer
des consciences, qui ne se font pas non plus sentir dans le
tout.

même. Ils se tromperaient cependant. Vis-à-vis de la côte de Bretagne où j'écris ces lignes[1], j'ai vu dans mon enfance une île, l'île Grande, qui a maintenant presque disparu. C'est M. Haussmann qui l'a fait disparaître; les masses de granit qui la composaient forment, à l'heure qu'il est, les trottoirs des boulevards de Paris construits sous le second empire. Quand la mine commença de jouer dans ces profondeurs, l'étonnement des millions de milliards de petits mondes qui étaient là, cachés dans une ombre pour nous absolue, a dû être grand. Et seuls les univers granitiques placés sur les points de brisement ont dû s'apercevoir de quelque chose. A l'intérieur des dalles que nous foulons aux pieds à Paris, des millions d'univers dorment, aussi tranquilles dans leur erreur de l'autonomie de leur monde, que quand ils faisaient partie des rochers de Bretagne. La lumière ne viendra pour eux que le jour où ils seront réduits en macadam.

La surprise qu'éprouvèrent les petits uni-

---

1. Rosmapamon (Côtes-du-Nord).

vers des rochers granitiques de l'île Grande, la surprise qu'éprouverait le monde caché dans un atome d'or, si l'or venait à être dissous, peut nous être réservée. Un Dieu se révèlera peut-être un jour. L'éternité de notre univers n'est plus assurée, du moment que l'on est en droit de supposer qu'il est un fini, subordonné à un infini. L'infini supérieur peut disposer de lui, l'utiliser, l'appliquer à ses fins. « La nature et son auteur » n'est peut-être pas une expression aussi absurde qu'il semble. Tout est possible, même Dieu. L'histoire de l'univers, dira-t-on, autant que l'homme peut la savoir, ne présente aucune raison de former une telle hypothèse. Sans doute ; mais les atomes des profondes couches de granit de l'île Grande ont été bien longtemps aussi avant de s'apercevoir de l'existence de l'humanité. Dieu ne fait pas d'apparitions dans le monde que nous mesurons et observons ; mais on ne peut prouver qu'il n'en fasse pas dans l'infini du temps. L'homme ne voit pas faux, comme le supposent les sceptiques subjectifs ; il voit borné. Son univers est grand et vieux sans doute; c'est a dans la formule $\infty + a$; or dans ce cas $a = 0$.

Il n'est donc pas impossible qu'en dehors de l'univers que nous connaissons (fini ou infini, n'importe) il y ait un infini d'un autre ordre, pour lequel notre univers ne soit qu'un atome. Cet infini, qui pour nous serait Dieu[1], peut ne se révéler qu'à des intervalles selon nous extrêmement longs, insignifiants au sein de l'absolu. A ce point de vue, l'existence d'un Dieu aux volontés particulières, qui n'apparaît pas dans notre univers, peut être tenue pour possible au sein de l'infini, ou du moins il est aussi téméraire de la nier que de l'affirmer.

II

Les innombrables consciences individuelles que la planète Terre a produites, que les

---

[1]. Je parle au sens relatif. Un être nous dépassant de l'infini et se décelant à nous par des actes particuliers intentionnels, serait Dieu pour nous, comme l'homme est le dieu de l'animal.

autres planètes, les autres soleils, les autres univers ont pu produire, ont bien l'air de devoir rester encapsulées dans l'univers auquel elles ont appartenu. La réviviscence de ces consciences serait un miracle, comme l'ont pensé les théologiens qui ont soutenu que l'âme de l'homme est immortelle, non par sa nature, mais par une volonté particulière de Dieu. Dans le milieu que nous expérimentons, il ne se passe pas de miracles; mais, au point de vue de l'infini, rien n'est impossible. Il est bien curieux que les juifs, qui, sans croire aucunement à une âme immortelle, ont le plus contribué à répandre les idées des récompenses futures, sous la forme de croyance au royaume de Dieu et à la résurrection, se formaient une imagination analogue, concevant les apparitions de la justice divine comme intermittentes et le réveil des justes comme un miracle directement opéré par Dieu. Cela valait mieux assurément que les sophismes du *Phédon*. L'infinité de l'avenir noie bien des difficultés. Si Dieu existe, il doit être bon, et il finira par être juste. L'homme serait ainsi immortel dans l'infini, à l'infini. Les deux grands postulats de la vie humaine, Dieu et l'immortalité de l'âme, gratuits au point de vue du fini où nous vivons, sont peut-être vrais à la limite de l'infini.

Le temps, en effet, n'existant que d'une manière toute relative, un sommeil d'un décillion d'années n'est pas plus long qu'un sommeil d'une heure. Le paradis n'existe pas; dans un décillion d'années, il existera peut-être. Ceux qu'une tardive justice y replacera croiront être morts de la veille. Comme dans la légende du moyen âge, en palpant leur lit d'agonie, ils le trouveront encore chaud. Avoir été, c'est être. La successivité est la condition absolue de notre esprit; mais, dans l'objet, la successivité et la simultanéité se confondent. A ce point de vue, un feu d'artifice est éternel. Mon petit-fils, qui a cinq ans, s'amuse tellement à la campagne qu'il n'a qu'une tristesse, c'est de se coucher. « Maman, demande-t-il à sa mère, est-ce que la nuit sera longue aujourd'hui? » Quand, en présence de la mort, nous nous demandons:

« Cette nuit sera-t-elle longue? » nous ne sommes pas moins naïfs.

Ici le mystère est absolu; nous sentons bien en nous la voix d'un autre monde; mais nous ne savons quel est ce monde. Que nous dit cette voix? Des choses assez claires. D'où vient cette voix? Rien de plus obscur. Cette voix se fait entendre à nous dans des attraits inexpliqués, des plaisirs impalpables, de petits airs de farfadets, fugaces, insaisissables, qui nous insinuent le dévoûment, nous rendent capables du devoir, nous inspirent le courage, nous font subir les séductions de la beauté. Elle éclate surtout dans ces sublimes absurdités où l'on s'engage, tout en sachant fort bien que l'on fait un mauvais calcul, dans ces quatre grandes folies de l'homme, l'amour, la religion, la poésie, la vertu, inutilités providentielles que l'homme égoïste nie et qui, en dépit de lui, mènent le monde. C'est quand nous écoutons ces voix divines que nous entendons vraiment l'harmonie des sphères célestes, la musique de l'infini. *Præstet fides supplementum sensuum defectui.*

L'amour est le premier de ces grands instincts révélateurs qui dominent toute la création et qui semblent édictés par une volonté suprême[1]. Son excellence, c'est que tous les êtres y participent et qu'on en voit évidemment le lien avec les fins de l'univers. Son premier nid paraît bien avoir été aux origines de la vie, dans la cellule. Le commencement de la dualité des sexes y donna une direction qui ne changea plus et produisit de merveilleuses

1. Il est surprenant que la science et la philosophie, adoptant le parti pris frivole des gens du monde de traiter la cause mystérieuse par excellence comme une simple matière à plaisanterie, n'aient pas fait de l'amour l'objet capital de leurs observations et de leurs spéculations. C'est le fait le plus extraordinaire et le plus suggestif de l'univers. Par une pruderie qui n'a pas de sens dans l'ordre de la réflexion philosophique, on n'en parle pas, ou l'on s'en tient à quelques niaises platitudes. On ne veut pas voir qu'on est là devant le nœud des choses, devant le plus profond secret du monde. La crainte des sots ne doit pourtant pas empêcher de traiter gravement de ce qui est grave. Les physiologistes ne veulent voir que ce qui tient au jeu des organes. Je parlai un jour à Claude Bernard de ce que le fait universel de l'attrait sexuel a de profond. Il me répondit, après un moment de réflexion : « Non ; ce sont là des fonctions claires, des conséquences de la nutrition. » Très bien ; mais qu'alors on fonde une science qui s'occupera des conséquences obscures des fonctions claires. Pourquoi, par exemple, la fleur a-t-elle le parfum ?

éclosions. La dissonance des deux sexes, se réunissant à une certaine hauteur en une consonance divine, d'où naît l'accord parfait de la création, est la foi fondamentale du monde. Dans le règne végétal, ces aspirations mystérieuses se résument en la fleur, la fleur, ce problème sans égal, devant lequel notre étourderie passe avec une inattention stupide : la fleur, langage splendide ou charmant, mais absolument énigmatique, qui semble bien un acte d'adoration de la terre à un amant invisible, selon un rite toujours le même. La petite fleur, en effet, que l'homme voit à peine, est aussi parfaite que la grande. La nature y met la même coquetterie ; un même être se mire dans les deux.

Au sein du règne animal, l'équivalent de la fleur est l'ivresse de joie de l'enfant, la beauté de la jeune fille, cette lueur d'un jour, cette exsudation lumineuse qui, comme la phosphorescence du ver luisant, montre l'ardeur fiévreuse d'une vie aspirant à l'épanouissement. Comme la fleur, la beauté est impersonnelle ; l'effort de l'individu n'y est pour rien. Elle naît, apparaît un moment, disparaît, comme un phénomène naturel. La nature tout entière est elle-même une grande fleur pleine d'harmonie. On n'y trouve pas une faute de dessin. — C'est nous, dit-on, qui y mettons cette eurythmie. — Comment se fait-il alors que l'homme gâte si souvent la nature? Le monde est beau jusqu'à ce que l'homme y touche; le ridicule, les gaucheries, le mauvais goût, les fausses couleurs, les crudités, les laideurs, les saletés, commencent avec l'apparition de l'homme dans ce paradis auparavant immaculé.

Chez l'animal, l'amour a été le principe de la beauté. C'est parce que l'oiseau mâle fait à ce moment un effort suprême pour plaire, que ses couleurs sont plus vives et ses formes mieux dessinées[1]. Chez l'homme, l'amour a été une école de gentillesse et de courtoisie, j'ajoute de religion et de morale. Une heure où

---

1. Les choses ont été renversées par l'humanité. Le vrai analogue de la beauté du mâle, c'est la pudeur de la femme. Un petit air de réserve, de timidité, de sujétion touchante, a fini par devenir pour l'homme quelque chose de plus attrayant que la beauté.

l'être le plus méchant a un mouvement de tendresse, où l'être le plus borné a le sentiment d'une communion intime avec l'univers, est sûrement une heure divine. C'est parce que l'homme entend à ce moment la voix de la nature, qu'il y contracte de hauts devoirs, y prête des serments sacrés, y goûte des joies suprêmes ou se prépare de cuisants remords. C'est, en tout cas, l'heure de sa vie passagère où l'homme est le meilleur. La sensation immense qu'il éprouve, quand il sort ainsi en quelque sorte de lui-même, montre qu'il touche véritablement l'infini. L'amour, entendu d'une manière élevée, est ainsi une chose religieuse, ou plutôt fait partie de la religion. Croirait-on que cet antique reste de parenté avec la nature, la frivolité et la sottise aient réussi à le faire envisager comme un reste honteux de l'animalité? Est-il possible qu'une fin aussi sainte que celle de continuer l'espèce ait été attachée à un acte coupable ou ridicule? On prête ainsi à l'Éternel une intention grotesque, une véritable drôlerie.

Le caractère sérieux de l'amour a été

oblitéré par la légèreté. Le devoir est sûrement quelque chose de plus haut, puisqu'il n'est accompagné d'aucun plaisir et souvent entraîne de durs sacrifices. Et pourtant l'homme y tient presque autant qu'à l'amour. L'homme est reconnaissant quand on lui donne des raisons de croire au dévouement ; lui prouver le devoir, c'est lui retrouver ses titres de noblesse. On est mal venu à lui proposer de l'en délivrer. Le soin de l'animal pour sa progéniture, une foule de faits qui nous présentent le besoin du sacrifice dans les consciences en apparence les plus égoïstes, démontrent que très peu d'êtres se soustraient aux commandements établis par la nature en vue de fins dont eux-mêmes se soucient fort peu. Le devoir et les instincts de nidification et de couvée chez l'oiseau ont la même origine providentielle. Même dans la vie la plus vulgaire, la part de ce que l'on fait pour Dieu est énorme. L'être le plus bas aime mieux être juste qu'injuste ; tous nous adorons, nous prions bien des fois par jour, sans le savoir.

Ces voix, tantôt douces, tantôt austères, d'où viennent-elles? Elles viennent de l'univers, ou, si l'on veut, de Dieu. L'univers, avec qui nous sommes en rapport comme par un conduit ombilical, veut le dévouement, le devoir, la vertu; il emploie, pour arriver à ses fins, la religion, la poésie, l'amour, le plaisir, toutes les déceptions. Et ce que veut l'univers, il l'imposera toujours; car il a pour appuyer ses volontés des ruses inouïes. Les raisonnements les plus évidents des critiques ne feront rien pour démolir ces saintes illusions. Les femmes, en particulier, résisteront toujours; nous pouvons dire ce que nous voudrons, elles ne nous croiront pas, et nous en sommes ravis. Ce qui est en nous sans nous et malgré nous, l'inconscient, en un mot, est la révélation par excellence. La religion, résumé des besoins moraux de l'homme, la vertu, la pudeur, le désintéressement, le sacrifice, sont la voix de l'univers. Tout se résume en un acte de foi à des instincts qui nous obsèdent, sans nous convaincre, en l'obéissance à un langage venant de l'infini, langage parfaitement clair en ce qu'il nous commande, obscur en ce qu'il promet. Nous voyons le charme ; nous le déjouons ; mais il ne sera jamais rompu pour cela. *Quis posuit in visceribus hominis sapientiam?*

De cette résultante suprême de l'univers total, nous ne pouvons dire qu'une seule chose, c'est qu'elle est bonne. Car si elle n'était pas bonne, l'univers total, qui existe depuis l'éternité, se serait détruit. Supposons une maison de banque existant depuis l'éternité. Si cette maison avait le moindre défaut dans ses bases, elle eût mille fois fait faillite. Si le bilan du monde ne se soldait point par un boni au profit des actionnaires, il y a longtemps que le monde n'existerait plus. De l'immense balancement du bien et du mal sort un profit, un reliquat favorable. Ce surplus de bien est la raison d'être de l'univers et la raison de sa conservation. Pourquoi être, s'il n'y avait pas du profit à être ? Il est si facile de n'être pas !

Je trouve superficielles les objections que quelques savants élèvent contre le finalisme, en faisant remarquer certaines imperfections de la nature, les défauts du corps humain, par exemple, tel muscle constituant un levier de l'espèce la moins efficace, l'œil construit avec un singulier à-peu-près. On oublie que les conditions de la création, si l'on peut s'exprimer ainsi, sont limitées par le balancement d'avantages et d'inconvénients contradictoires. C'est une courbe déterminée par la rencontre de ses coordonnées et écrite d'avance dans une équation abstraite. Un meilleur levier à l'avant-bras nous eût conformés comme des pélicans. Un œil qui éviterait les défauts de l'œil actuel tomberait probablement dans des inconvénients plus graves. Des cerveaux plus puissants que les meilleurs cerveaux humains se conçoivent; mais ils eussent amené pour ceux qui en auraient été doués des congestions, des fièvres cérébrales. Un homme qui ne serait jamais malade, au contraire, serait probablement condamné à une incurable médiocrité. Une humanité qui ne serait pas révolutionnaire, tourmentée d'utopies, ressemblerait à une fourmilière, à une Chine croyant avoir trouvé la forme parfaite et y restant. Une humanité qui ne serait pas superstitieuse serait d'un positivisme désespérant. Or la nature a une sorte de prévoyance; elle ne crée pas ce qui serait destiné à mourir par un vice interne. Elle devine les impasses et ne s'y engage pas.

Certains inconvénients du corps sont comme des abus historiques que le progrès de l'évolution n'a pas eu un intérêt suffisant à réformer. Quand l'inconvénient était assez grave pour tuer l'individu et supprimer l'espèce, une lutte à mort s'est établie; le vice mortel a été corrigé ou l'espèce a disparu; mais quand le vice (par exemple, le prolongement inutile du cæcum) était seulement de nature à produire quelques maladies, quelques morts, la nature n'a pas jugé qu'il valût la peine de faire un coup d'État pour si peu de chose. C'est ainsi que, dans une société, l'extirpation des grands abus est plus facile que la correction des petits; car, dans le premier cas, c'est une question de vie et de mort; dans le second, personne n'a assez d'intérêt à la réforme pour engager une lutte radicale. Les objections des savants qui se mettent en garde contre ce qu'ils tiennent pour une résurrection du finalisme portent à fond contre le système d'un créateur réfléchi et tout-puissant. Elles ne portent en rien contre notre hypothèse d'un *nisus* profond, s'exerçant d'une manière aveugle dans les abîmes de l'être, poussant tout à l'existence, à chaque point de l'espace. Ce *nisus* n'est ni conscient, ni tout-puissant; il tire le meilleur parti possible de la matière dont il dispose. Il est donc tout naturel qu'il n'ait pas fait des choses offrant des perfections contradictoires. Il est naturel aussi que la partie du *cosmos* que nous voyons offre des limites et des lacunes, tenant à l'insuffisance des matériaux dont la productivité de la nature disposait sur un point donné. C'est le *nisus* agissant sur la totalité de l'univers qui sera peut-être un jour conscient, omniscient, omnipotent. Alors pourra se réaliser un degré de conscience dont rien maintenant ne peut nous donner une idée.

Au moyen âge, le plus haut résultat du monde, au moins de la planète Terre, était un chœur de religieux chantant des psaumes. La science de notre temps, répondant au désir qu'a le monde de se connaître, atteint des effets bien supérieurs. Le Collège de France est fort au-dessus de la plus parfaite abbaye de l'ordre de Cîteaux. L'avenir amènera sans doute de bien plus beaux résultats encore. A l'infini, l'Être absolu, arrivé au comble de ses évolutions déifiques, et se connaissant parfaitement lui-même, réalisera peut-être ces beaux vers du mystique chrétien :

Illic secum habitans in penetralibus,
Se rex ipse suo contuitu beat.

III

Les deux dogmes fondamentaux de la religion, Dieu et l'immortalité, restent ainsi rationnellement indémontrables ; mais on ne peut dire qu'ils soient frappés d'impossibilité absolue. Les touchants efforts de l'humanité pour sauver ces deux dogmes ne doivent pas être taxés de pure chimère. Une conscience générale de l'univers, une âme du monde, sont choses que l'expérience n'a jamais prouvées ;

mais une molécule d'un de nos os ne se doute pas non plus de la conscience générale du corps dont elle fait partie, de ce qui constitue notre unité.

L'attitude la plus logique du penseur devant la religion est de faire comme si elle était vraie. Il faut agir comme si Dieu et l'âme existaient. La religion rentre ainsi dans le cas de ces nombreuses hypothèses telles que l'éther, les fluides électriques, lumineux, caloriques, nerveux, l'atome lui-même, que nous savons bien n'être que des symboles, des moyens commodes pour expliquer les phénomènes, et que nous maintenons tout de même. Dieu créant le monde en vertu de profonds calculs est une formule bien grossière ; mais les choses se comportent à peu près comme si cela avait eu lieu. L'âme n'existe pas comme substance à part ; mais les choses se passent à peu près comme si elle existait. Rien n'a jamais été révélé à aucune famille humaine par des voix surnaturelles, et pourtant la révélation est une métaphore dont l'histoire religieuse a de la peine à se passer. Le paradis éternel promis à l'homme n'a pas de réalité, et pourtant il faut agir comme s'il en avait ; il faut que ceux qui n'y croient pas surpassent en bonté, en abnégation, ceux qui y croient.

On a coutume de présenter ces grands dogmes consolateurs, Dieu et l'immortalité, comme des postulats de la vie morale de l'humanité ; et certes on a raison à beaucoup d'égards. Agir pour Dieu, agir en présence de Dieu, sont des conceptions nécessaires de la vie vertueuse. Nous ne demandons pas un rémunérateur ; mais nous voulons un témoin. La récompense des cuirassiers de Reichshofen dans l'éternité, c'est le mot du vieil empereur : « Oh ! les braves gens[1] ! » Nous voudrions un mot de Dieu comme celui-là. Les sacrifices ignorés, la vertu méconnue, les erreurs iné-

---

1. Et le mot du vieil empereur lui-même n'a pas été dit, au moins dans de telles circonstances. J'ai reçu une lettre très bien raisonnée d'un militaire ayant participé à ces luttes héroïques et qui me prouve que la version reçue est tout à fait inexacte. Comme il ne s'agit ici que d'une comparaison pour bien faire comprendre ma pensée, je ne crois pas devoir entrer dans des rectifications à ce sujet.

vitables de la justice humaine, les calomnies irréfutables de l'histoire légitiment ou plutôt amènent fatalement un appel de la conscience opprimée par la fatalité à la conscience de l'univers. C'est un droit auquel l'homme vertueux ne renoncera jamais. Dans les situations héroïques de la Révolution, la nécessité de l'immortalité de l'âme fut réclamée à peu près par tous les partis. Le souci des mémoires et des papiers justificatifs tenait, chez les hommes de ce temps, au même principe. Ils écrivaient, écrivaient, persuadés qu'il y aurait quelqu'un pour les lire. On voulait absolument un juge au delà de la tombe ; on le demandait à la conscience du monde ou à la conscience de l'humanité. L'humanité est ainsi acculée à cette singulière impasse que, plus elle réfléchit, mieux elle voit la nécessité morale de Dieu et de l'immortalité, et mieux aussi elle voit les difficultés qui s'élèvent contre les dogmes dont elle affirme la nécessité.

Ces difficultés sont des plus graves ; il ne faut pas se les dissimuler. Les anciennes idées religieuses étaient fondées sur le concept étroit d'un monde créé il y a quelques milliers d'années, dont la terre et l'homme étaient le centre. Une petite terre, contenant un nombre compté d'habitants, un petit ciel la surmontant comme une coupole, une cour céleste à quelques lieues en l'air, tout occupée des enfantillages des hommes, des îles des Bienheureux, situées vers l'Ouest, où les morts se rendent en barque, ou bien un paradis de papier que la moindre réflexion scientifique crèvera, voilà le monde qu'un Dieu à grande barbe blanche enserre facilement dans les plis de sa robe. Quand Nemrod tirait ses flèches contre le ciel, elles lui revenaient ensanglantées ; nous avons beau tirer, les flèches ne reviennent plus. L'élargissement de l'idée du monde et la démolition scientifique de l'ancienne hypothèse anthropocentrique, au XVIe siècle, sont le moment capital de l'histoire de l'esprit humain. Aristarque de Samos avait eu à cet égard les premières lueurs et passa pour un impie. La rage de l'Église contre les fondateurs de l'ordre nouveau, Copernic, Giordano Bruno, Galilée, fut de même assez conséquente. Le petit monde sur lequel l'Église avait régné, avec ses dogmes restreints à la terre, était brisé sans retour. Les vues plus modernes sur les âges de la nature et les révolutions du globe, en ouvrant à l'homme la perspective de l'infini du temps en arrière, ont eu le même résultat d'une façon encore plus démonstrative.

On ne reconstituera pas les anciens rêves. Si la loi du monde était un fanatisme étroit, si l'erreur était la condition de la moralité humaine, il n'y aurait aucune raison pour s'intéresser à un globe voué à l'ignorance. Nous aimons l'humanité, parce qu'elle produit la science; nous tenons à la moralité, parce que des races honnêtes peuvent seules être des races scientifiques. Si on posait l'ignorance comme borne nécessaire de l'humanité, nous ne voyons plus aucun motif de tenir à son existence. L'humanité qu'appellent de leurs vœux nos réactionnaires serait si insignifiante que j'aimerais autant la voir périr par anarchie et manque de moralité que par sottise. Le retour de l'humanité à ses vieilles erreurs, censées indispensables à sa moralité, serait pire que son entière démoralisation.

Il faut donc en prendre notre parti, et dans nos vues sur l'univers, éviter le ridicule des provinciaux qui, ne voyant rien au delà de leur clocher, s'imaginent que tout le monde s'inquiète de leurs affaires, que le roi n'a de souci que pour leur petite ville, que Dieu même a une opinion sur les petites coteries qui la divisent. L'humanité est dans le monde ce qu'une fourmilière est dans une forêt. Les révolutions intérieures d'une fourmilière, sa décadence, sa ruine, sont choses secondaires pour l'histoire d'une forêt. Que l'humanité sombre faute de lumières ou de vertu, qu'elle manque à sa vocation, à ses devoirs, des faits analogues sont arrivés mille fois dans l'histoire de l'univers. Gardons-nous donc de croire que nos postulats soient la mesure de la réalité. La nature n'est pas obligée de se plier à nos petites convenances. A cette déclaration de l'homme : « Je ne peux être vertueux sans telle ou telle chimère », l'Éternel est en droit de répondre : « Tant pis pour vous. Vos chimères ne sauraient me forcer à changer l'ordre de la fatalité. »

Ce qui affaiblit encore les raisonnements *a priori* sur ce point, c'est que, parmi les postulats de l'humanité, il y en a de notoirement impossibles. Il faut bien le remarquer, en effet, le dieu que postule la plus grande partie de l'humanité n'est pas le dieu situé à l'infini, dont nous admettons l'existence comme possible. Ce dieu-là est trop éloigné pour que la piété s'y attache. Ce que veut le vulgaire, c'est un dieu qui certainement n'existe pas, un dieu qui s'occupe de la pluie et du beau temps, de la guerre et de la paix, des jalousies des hommes entre eux, que l'on fait changer d'avis en l'importunant. L'humanité, en d'autres termes, voudrait un dieu pour elle, un dieu qui s'intéresse à ses querelles, un dieu particulier de la planète, la gérant en bon gouverneur, comme les dieux provinciaux que rêva le paganisme en décadence. Chaque nation va plus loin; elle voudrait un dieu pour elle seule. Une idole lui conviendrait mieux encore, et, si on laissait un libre cours aux vœux des hommes, ils réclameraient des pouvoirs pour les reliques nationales, pour les images sacrées[1]. Que de postulats dont il ne sera tenu aucun compte! L'homme a besoin d'un dieu qui soit en rapport avec sa planète, son siècle, son pays : s'ensuit-il que ce dieu existe? L'homme a besoin d'immortalité personnelle : s'ensuit-il que cette immortalité existe? En d'autres termes, l'homme est désespéré de faire partie d'un monde infini, où il compte pour zéro. Un paradis composé d'un décillion d'êtres n'est pas du tout ce petit paradis en famille, où l'on se connaît, où l'on continue de voisiner, de potiner, d'intriguer ensemble. Il faut demander à Dieu de rapetisser le monde, de donner tort à Copernic, de nous ramener au

1. Voilà pourquoi la dévotion du vulgaire va bien plus aux saints qu'à Dieu. Le déisme pur ne sera jamais la religion du peuple; en fait, le déiste et le vulgaire n'adorent pas le même Dieu. Il y a là un malentendu dont une certaine philosophie a pu se couvrir en temps de guerre, mais dont elle devrait se faire scrupule en temps de paix.

cosmos du Campo-Santo de Pise, entouré des neuf chœurs d'anges, et tenu entre les bras du Christ.

Ainsi, on arrive à ce résultat étrange, que l'immortalité est, *a priori*, le plus nécessaire des dogmes et, *a posteriori*, le plus faible. Comme la fourmi ou l'abeille, nous travaillons par instinct à des œuvres communes dont nous ne voyons pas la portée. Les abeilles cesseraient de travailler, si elles lisaient des articles où elles apprendraient qu'on leur soustraira leur miel et qu'elles seront tuées en récompense de leur travail. L'homme va toujours, malgré le *sic vos non vobis*. Nous ne voyons ni ce qui est au-dessus de nous ni ce qui est au-dessous de nous; « nous faisons la chaîne », me disait un esprit supérieur. Les volontés divines sont obscures. Nous sommes un des millions de fellahs qui travaillèrent aux pyramides. Le résultat, c'est la pyramide. L'œuvre est anonyme, mais elle dure; chacun des ouvriers vit en elle. Ce qui ne serait vraiment pas injuste, c'est ce que demandent les ouvriers des manufactures, c'est que nous fussions associés à l'œuvre de l'univers en participation des bénéfices, que nous sussions du moins quelque chose du résultat de notre travail. Or, admis aux labeurs, nous ne sommes pas admis aux dividendes, nous ne savons pas s'il y en a, et même notre salaire nous est assez mal payé. D'autres se mettraient en grève ; nous, nous allons tout de même.

En résumé, l'existence d'une conscience supérieure de l'univers est bien plus probable que l'immortalité individuelle. Sur ce dernier point, nous n'avons d'autre fondement à nos espérances que la grande présomption de la bonté de l'être suprême. Tout lui sera un jour possible. Espérons qu'alors il voudra être juste, et qu'il rendra à ceux qui auront contribué au triomphe du bien le sentiment et la vie. Ce sera un miracle. Mais le miracle, c'est-à-dire l'intervention d'un être supérieur, qui maintenant n'a pas lieu, pourra un jour, quand Dieu sera conscient, être le régime normal de l'univers. Les rêves judéo-chrétiens, plaçant au terme de l'humanité le règne de Dieu, conservent encore ici leur grandiose vérité. Le monde, gouverné maintenant par une conscience aveugle ou impuissante, pourra être gouverné un jour par une conscience plus réfléchie. Toute injustice alors sera réparée, toute larme séchée *Absterget Deus omnem lacrymam ab oculis eorum.*

L'huître à perles me paraît la meilleure image de l'univers et du degré de conscience qu'il faut supposer dans l'ensemble. Au fond de l'abîme, des germes obscurs créent une conscience singulièrement mal servie par les organes, prodigieusement habile cependant pour atteindre ses fins. Ce qu'on appelle une maladie de ce petit *cosmos* vivant amène une sécrétion d'une beauté idéale, que les hommes s'arrachent à prix d'or. La vie générale de l'univers est, comme celle de l'huître, vague, obscure, singulièrement gênée, lente par conséquent. La souffrance crée l'esprit, le mouvement intellectuel et moral. Maladie du monde, si l'on veut, en réalité perle du monde, l'esprit est le but, la cause finale, le résultat dernier et certes le plus brillant de l'univers que nous habitons. Il est bien probable que, s'il y a des résultantes ultérieures, elles sont d'un ordre infiniment plus élevé.

FIN

TABLE

	Pages
Préface	1
I. — Emma Kosilis	1
II. — Supplément a la page 119 des *Souvenirs d'enfance*	40
III. — La double prière	47
IV. — Discours prononcé a l'inauguration de la statue de Brizeux	58
V. — L'amour et la religion	64
VI. — Le diner celtique	73
VII. — Les Gallois en Bretagne	87
VIII. — Peut-on travailler en province ? (Discours prononcé en Sorbonne au Congrès des Sociétés savantes)	93
IX. — Discours prononcé a la fête des Félibres	109
X. — Fête de Bréhat	120
XI. — Souvenirs du *Journal des Débats*	128
XII. — Lettre a M. Berthelot	154
XIII. — Un mot sur l'Exposition	170
XIV. — Le 18ᵉ centenaire de Pompéi (lettre aux *Débats*)	174

		Pages
XV.	— Les portraits de saint Paul (lettre à M. Mézières, de l'Académie française).	204
XVI.	— Réponse au discours de réception a l'Académie française de M. J. Claretie	215
XVII.	— Conférence faite a l'Alliance pour la propagation de la langue française	255
XVIII.	— Discours prononcé a Montmorency pour la translation des cendres de Mickiewicz	271
XIX.	— Victor Hugo au lendemain de sa mort	279
XX.	— George Sand	288
XXI.	— M. Cousin	295
XXII.	— Madame Hortense Cornu	302
XXIII.	— La reine Sophie de Hollande	322
XXIV.	— Discours prononcé aux funérailles de M. Ernest Havet	330
XXV.	— Discours prononcé a l'inauguration de la statue de M. About	338
XXVI.	— Lettre a M. Gustave Flaubert sur la *TENTATION DE SAINT ANTOINE*.	344
XXVII.	— Henri-Frédéric Amiel	355
XXVIII.	— Examen de conscience philosophique	401

PARIS. — IMP. DE LA SOC. ANON. DE PUBL. PÉRIOD. — P. MOUILLOT. — 48385.

CALMANN LÉVY, ÉDITEUR

ŒUVRES COMPLÈTES D'ERNEST RENAN

HISTOIRE DES ORIGINES DU CHRISTIANISME

VIE DE JÉSUS.
LES APÔTRES.
SAINT PAUL, avec cartes des voyages de saint Paul.
L'ANTECHRIST.

LES ÉVANGILES ET LA SECONDE GÉNÉRATION CHRÉTIENNE.
L'ÉGLISE CHRÉTIENNE.
MARC-AURÈLE ET LA FIN DU MONDE ANTIQUE.

INDEX GÉNÉRAL pour les sept volumes de l'HISTOIRE DES ORIGINES DU CHRISTIANISME.

FORMAT IN-8°

LE LIVRE DE JOB, traduit de l'hébreu, avec une étude sur le plan, l'âge et le caractère du poème.	1 vol.
LE CANTIQUE DES CANTIQUES, traduit de l'hébreu, avec une étude sur le plan, l'âge et le caractère du poème.	—
L'ECCLÉSIASTE, traduit de l'hébreu, avec une étude sur l'âge et le caractère du livre.	—
HISTOIRE GÉNÉRALE DES LANGUES SÉMITIQUES.	—
HISTOIRE DU PEUPLE D'ISRAËL, tomes I, II et III.	—
ÉTUDES D'HISTOIRE RELIGIEUSE.	—
NOUVELLES ÉTUDES D'HISTOIRE RELIGIEUSE.	—
AVERROÈS ET L'AVERROÏSME, essai historique.	—
ESSAIS DE MORALE ET DE CRITIQUE.	—
MÉLANGES D'HISTOIRE ET DE VOYAGES.	—
QUESTIONS CONTEMPORAINES.	—
LA RÉFORME INTELLECTUELLE ET MORALE.	—
DE L'ORIGINE DU LANGAGE.	—
DIALOGUES PHILOSOPHIQUES.	—
DRAMES PHILOSOPHIQUES, édition complète.	—
CALIBAN, drame philosophique.	—
L'EAU DE JOUVENCE, drame philosophique.	—
LE PRÊTRE DE NEMI, drame philosophique.	—
L'ABBESSE DE JOUARRE, drame.	—
VIE DE JÉSUS, édition illustrée.	—
SOUVENIRS D'ENFANCE ET DE JEUNESSE.	—
DISCOURS ET CONFÉRENCES.	—
L'AVENIR DE LA SCIENCE.	—

MISSION DE PHÉNICIE. — Cet ouvrage comprend un volume in-4° de 888 pages de texte, et un volume in-folio, composé de 70 planches, un titre et une table des planches.

FORMAT GRAND IN-18

CONFÉRENCES D'ANGLETERRE.	1 vol.
ÉTUDES D'HISTOIRE RELIGIEUSE.	—
VIE DE JÉSUS, édition populaire.	—
SOUVENIRS D'ENFANCE ET DE JEUNESSE.	—
PAGES CHOISIES.	—

En collaboration avec M. VICTOR LE CLERC

HISTOIRE LITTÉRAIRE DE LA FRANCE AU XIV° SIÈCLE. — Deux volumes grand in-8°.

PARIS. — IMP. P. MOUILLOT, 13-15, QUAI VOLTAIRE. — 48385.

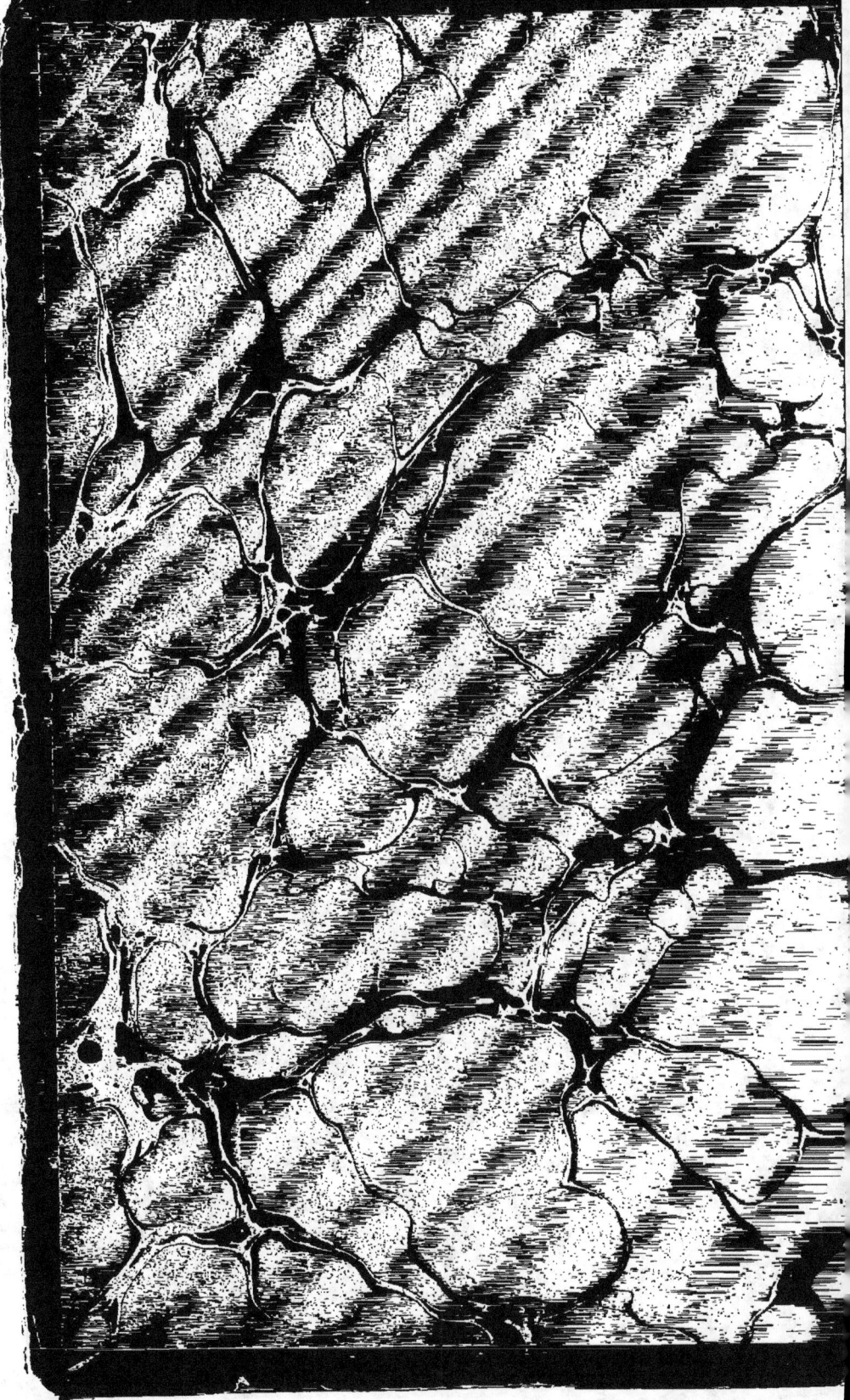

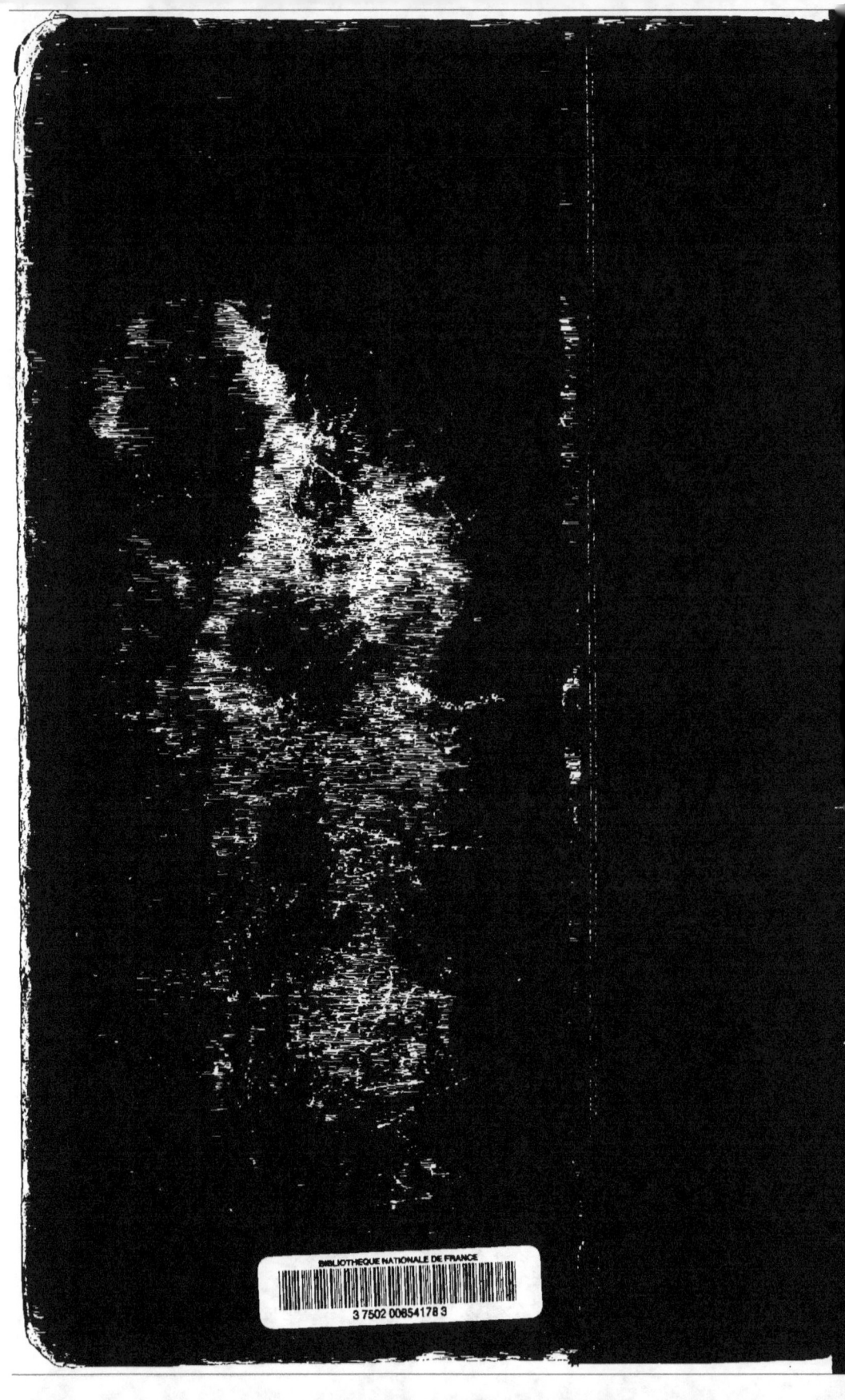

www.ingramcontent.com/pod-product-compliance
Lightning Source LLC
Chambersburg PA
CBHW072214240426
43670CB00038B/1257